第五章 少数民族贫困地区县域经济发展模式的构建 …………… 84

第一节 少数民族贫困地区县域经济发展模式的构建思路 …… 84
第二节 少数民族贫困地区县域经济发展基本模式 …………… 98
第三节 少数民族贫困地区县域经济发展模式选择 ………… 119
本章小结 …………………………………………………………… 124

第六章 少数民族贫困地区县域经济发展模式的实施 ………… 126

第一节 少数民族贫困地区县域经济发展模式实施策略 …… 126
第二节 少数民族贫困地区县域经济发展模式实施绩效评价 … 141

第七章 少数民族贫困地区县域经济发展模式实证分析
——以湖北省长阳土家族自治县为例 ……………… 148

第一节 长阳县域经济基本概况 …………………………… 148
第二节 长阳县域经济发展模式的制定 …………………… 156
第三节 长阳特色农业优先发展模式实施成效、问题与对策 … 164
第四节 长阳旅游业优先发展模式实施成效、问题与对策 …… 171

第八章 结论与展望 ……………………………………………… 179

第一节 研究结论与主要创新点 …………………………… 179
第二节 进一步研究的方向 ………………………………… 181

附 录 ……………………………………………………………… 183

附录一 ……………………………………………………… 183
附录二 ……………………………………………………… 185

参考文献 …………………………………………………………… 188

后 记 ……………………………………………………………… 201

前　言

自古以来，郡县治，天下安；郡县丰，天下富。县域经济是统筹城乡经济社会发展的基本单元，是整个国民经济的重要基础，其改革与发展进程如何，对全国改革、发展、稳定大局有着极其重要的作用。改革开放以来，我国经济发展的不平衡性，使得地区差距和城乡差距有所拉大，差距集中表现在县域经济板块，一定程度影响了国民经济的又好又快发展。尤其值得注意的是，少数民族地区贫困人口比重高，是我国贫困地区分布最集中、贫困发生率最高、贫困程度最深的地区。然而长期以来，少数民族贫困地区县域经济的发展没有引起理论界与实务界的足够重视，城乡二元结构日趋明显，已成为制约我国加快全面建成小康社会进程的"瓶颈"之一。差距的扩大显然与全面建成小康社会的理念相悖，它不仅会激化发达地区与贫困地区的利益矛盾冲突，而且过大的地区差距还会带来严重的经济问题、政治问题和社会公平问题。因此，加强对少数民族贫困地区县域经济研究，在我国当前具有重要的理论价值与现实意义。

本书以中国少数民族贫困地区县域经济发展模式作为研究对象，按照既注重现有理论研究成果，又注重联系实际；既重视对经济较发达地区县域经济发展经验和模式的高度总结，又注重对少数民族贫困地区县域经济发展的矛盾和制约因素的重点分析；既注重对以往或现行的县域经济发展规律的把握，又注重对未来县域经济发展趋势的动态研判；既有充分理性的一面，又有建设性一面的研究思路，以区域经济学、发展经济学、产业经济学和民族经济学相关理论为指导，通过对少数民族贫困地区县域经济发展模式进行理论与实证研究，试图提出适合少数民族贫困地区县域经济发展的基本模式，为加快少数民族贫困地区县域经济发展提供决策依据。

本书首先界定少数民族贫困地区县域经济的内涵与外延。本书认为，少数民族贫困地区的县域经济，从内涵上说，是指以少数民族贫困地区行政县为范围，以实现少数民族贫困地区城乡一体化和城乡经济协调发展为目标的区域经济；从外延上说，是指少数民族贫困地区范围内的县域经济；从行政区划看，主要指我国少数民族聚居的贫困县，包括少数民族地区县级行政区划单位和非民族地区少数民族自治县中的国家级贫困县。

在此基础上，本书通过统计资料分析和典型调查，从经济总量、经济质量、经济发展水平、工业化程度、经济发展环境等诸方面对少数民族贫困地区县域经济发展现状与差距进行了定量研究；并从发展观念、区位条件、基础设施、资源条件、体制环境等方面系统分析了制约少数民族贫困地区县域经济发展的因素，找出导致其发展滞后的症结，为科学制定促进少数民族贫困地区县域经济发展模式与对策提供了依据。

本书在揭示县域经济发展的一般规律和借鉴国内外县域经济发展典型模式的基础上，构建了少数民族贫困地区县域经济发展模式的分析框架，提出了少数民族贫困地区县域经济发展可采用的七种基本模式，即以新型工业化优先发展模式、以特色农业优先发展模式、以旅游业优先发展模式、以资源开发优先发展模式、以新型城镇化优先发展模式、以民营经济优先发展模式、以劳务输出优先发展模式。建立了基于 AHP 和 BP 人工神经网络的少数民族贫困地区县域经济发展模式选择模型，从更新发展观念、创新体制机制、加快"四化"进程、培育市场主体、优化发展环境、强化发展保障等方面提出少数民族贫困地区县域经济发展模式的实施策略，并构建了少数民族贫困地区县域经济发展模式实施效果评价指标体系，提出采用因子分析法和模糊综合评价法进行评价。

最后，本书以湖北省长阳土家族自治县为例，对少数民族贫困地区县域经济发展模式的选择与实施进行了实证研究。

本书的创新之处主要体现在：

第一，研究对象的创新。目前，国内就贫困问题的研究主要集中于对西方贫困理论的介绍以及对财政扶贫的研究，而将少数民族地区贫困问题和县域经济结合起来加以研究的并不多见。本书基于县域经济的重要地位和少数民族地区贫困县较多的现状，以少数民族贫困地区县域经济发展模式作为研究对象，具有一定的创新性。

第二，模式设计的创新。本书将共性研究与个性分析相结合，通过对国内外县域经济发展的典型模式的总结，归纳出县域经济发展的普遍规律，在此基础上立足于少数民族贫困地区的实际，对其县域经济发展模式进行创新设计，提出了七种基本模式，为少数民族贫困县科学制定发展战略提供了重要的参考依据。

　　第三，研究方法的创新。本书综合运用统计调查法、因子分析法、模糊综合评价法、比较研究法等多种定量研究方法对少数民族贫困地区县域经济的现状和发展水平进行定量研究，从中发现问题、寻找规律，将定量研究的结果作为立论和结论的依据，使本书具有较强的科学性。

　　以上是本书研究的基本内容与主要创新点，不当或错误之处，恳请各位读者、专家批评指正。

　　本书在写作过程中，参考引用了国内外大量的理论文献，对其中绝大部分文献做了标注，肯定有许多遗漏之处恳请谅解，并在此向他们表示衷心感谢。

李　刚
2014 年 7 月 22 日

第一章

绪 论

第一节 研究背景与意义

一 研究背景

县域是我国现阶段行政区划的概念，也是国民经济中具有综合性、区域性和相对独立性的基本经济单元。

由于历史、地域、产业、政策以及体制机制和发展模式上的诸多原因，在我国社会主义市场经济建设和国民经济发展中，县域经济的发展相对滞后。因此，2002年11月，中共十六大基于中国的基本国情，从中国特色社会主义现代化的全局出发，在报告中首次提出："发展农产品加工业，壮大县域经济。"[①] 这是"县域"和"县域经济"概念第一次被写进党的文献。自此，"县域经济"被正式纳入国家经济建设和经济体制改革的范畴。2007年中央"一号文件"指出："继续发展小城镇和县域经济，充分发挥辐射周边农村的功能，带动现代农业发展，促进基础设施和公共服务向农村延伸"[②]，之后中共十七大报告提出："以促进农民增收为核心，发展乡镇企业，壮大县域经济，多渠道转移农民就业。"[③] 2010年10月，中共十七届五中全会通过的《中共中央关于制定国民经济和社会发展第十二个五年规划的建议》提出："引导农产品加工业在产区布局，发展农村非农产业，壮大县域经济，促进农民转移就业，增加工资性收入。"[④] 2011年3月，全国人

[①] 十六大报告辅导读本编写组主编：《十六大报告辅导读本》，人民出版社2002年版。

[②] 中共中央国务院：《关于积极发展现代农业扎实推进社会主义新农村建设的若干意见》，新华网（news.xinhuanet.com.2007-01-29）。

[③] 十七大报告辅导读本编写组主编：《十七大报告辅导读本》，人民出版社2007年版。

[④] 《中共中央关于制定国民经济和社会发展第十二个五年规划的建议》，人民出版社2010年版。

大十一届四次会议政府工作报告提出:"大力发展农村非农产业,壮大县域经济,促进农民就地就近转移就业。"① 此外,全国农村工作会议、近年来的中央"一号文件"都对县域经济进行了表述,并将县域经济与发展农产品加工业等非农产业、发展小城镇、扩大就业,增加农民收入、全面建设小康社会等工作结合起来,丰富了县域经济内涵。县域经济越来越受到社会各界的关注。这表明了党中央、国务院对县域经济发展的高度重视和密切关注;也充分说明了县域经济的发展壮大对解决"三农"问题、全面建成小康社会、构建社会主义和谐社会的重要性、紧迫性。

壮大县域经济在全面建成小康社会的历史进程中被广泛关注不是偶然。县域经济之所以引起党中央、国务院及全社会的广泛关注是因为县域经济的重要性。其重要性表现在县域经济在国民经济中的比例很大,具有很重要的基础地位。截至2012年年底,全国县级行政区划单位2852个,其中,市辖区860个、县级市368个、县1453个、自治县117个、旗49个、自治旗3个、特区1个、林区1个②。据统计,2009年中国县域内人口总数达9.31亿,占全国总人口的70.10%;全国县域地区生产总值达15.05万亿元,占全国GDP的50.05%③。因此,壮大县域经济是全面建成小康社会的必然要求,壮大县域经济将贯穿全面建设小康社会的全过程,是历史性的必然选择。从某种意义上说,没有县域的小康,就没有全国的小康。

然而,与县域经济的重要基础地位极不相称的是,诸多县域在发展经济过程中受到资源、市场、人才、观念等方面制约,尚未摆脱贫困。其中,民族地区贫困人口比重高,是我国贫困地区分布最集中、贫困发生率最高、贫困程度最深的地区。被国家列入"八七"扶贫攻坚计划的国家重点贫困县共计592个,其中,少数民族地区就达257个,占总数的43.4%;全国55个少数民族,90%以上分布在贫困地区,涉及5个民族自治区,24个自治州,以及44个民族县的全部。民族种类最多的云南

---

① 温家宝:《政府工作报告》(2011年3月5日在第十一届全国人民代表大会第四次会议上),人民出版社2011年版。
② 民政部:《2012年社会发展服务统计公报》,人民网(politics.people.com.cn/n/2013/0619/c1001 – 21892537.html)。
③ 中郡县域经济研究所·县域经济基本竞争力评价中心:《第十届全国县域经济基本竞争力与科学发展评价报告》,中国县域经济网(www.china – county.org/bqx/pingjia.php)。

省，贫困县达73个，人数达796.9万人①。根据国务院2011年发布的《中国农村扶贫开发纲要（2011—2020）》，作为我国扶贫攻坚主战场的14个连片特困地区中大部分分布在少数民族地区。可见，少数民族贫困地区是国家扶贫重点地区，加快少数民族贫困地区县域经济的发展，帮助这些贫困地区走出困境，是新时期民族工作和民族地区经济工作的重点问题。

但是长期以来，少数民族贫困地区县域经济发展没有引起理论界与实务界的足够重视，特别是20世纪90年代以来，城乡二元结构日趋明显，成为制约我国加快全面建成小康社会进程的"瓶颈"之一。差距的扩大显然与全面建成小康社会的理念相悖，它不仅会激化发达地区与贫困地区的利益矛盾冲突，而且过大的地区差距还会带来严重的经济问题、政治问题和社会公平问题。因此，加强对少数民族贫困地区县域经济的研究，不仅是摆在各级党委、政府面前的一项重大而紧迫的任务，也是经济学界特别是区域经济学界义不容辞的责任。

二 研究意义

鉴于县域经济的重要地位和民族地区贫困县较多的现状，研究少数民族贫困地区县域经济在当前具有重要的理论与现实意义。

（一）理论意义

1. 对于探索符合少数民族贫困地区实际的县域经济发展之路具有重要的理论创新意义

少数民族贫困地区县域经济是一个巨大的、具有鲜明民族特色的经济体，是我国县域经济理论研究不可或缺和忽视的部分，有必要把它作为专门对象加以研究。因此，本书在深入揭示国内外县域经济发展的经验和一般规律的基础上，从少数民族贫困地区县域经济的特点出发，探索少数民族贫困地区县域经济发展模式的创新，具有较强的理论价值。

2. 为少数民族贫困地区制定县域经济发展战略具有重要的指导意义

研究少数民族贫困地区县域经济发展模式，能够为少数民族贫困地区在发展过程中科学地制定发展战略起到理论指导作用，同时也有助于各县域、各地区克服在经济发展过程中战略制定的盲目性，能有效地推动县域经济的壮大，早日实现全面建成小康社会的宏伟目标。

---

① 闫天池：《中国贫困地区县域经济发展研究》，博士学位论文，东北财经大学，2003年，第157页。

(二) 现实意义

1. 对全面建成小康社会和加快社会主义新农村建设具有重要的现实意义

与全国其他地区、特别是东部沿海经济发达地区相比，少数民族贫困地区县域经济发展严重滞后，是目前中国弱势群体最主要集聚地和各种社会矛盾的集聚区、高发区。县域经济作为中国全面建成小康社会的重要载体，其发展将越来越突出地影响到政权稳固、社会稳定、农民增收乃至于已成为关系提高综合国力、全面推进现代化建设的战略问题。这说明，县域经济是名副其实的"国本经济"、"民生经济"和"稳定经济"、"生态经济"。因此，展开对少数民族贫困地区县域经济发展模式的研究，促进县域经济快速而稳健地发展，对于中国全面建成小康社会和建设社会主义新农村具有重要的现实意义。

2. 对完善中国县域经济发展模式具有重要的实践意义

壮大县域经济意义重大，已经成为一个新思维，是统筹城乡、统筹区域经济发展的新思维，是解决"三农"问题的新思维，是推进新型工业化、新型城镇化的新思维，是全面建成小康社会的新思维。但是，中国县域经济发展的总体特征首先是差异性和不平衡性。从区域分布看，东部沿海地区县域经济发展较快，目前中国的百强县绝大多数集中在这一区域，中部次之，西部落后。中国县域经济另外一个明显的特征，就是基本上都处于自组织发展状态。目前，没有什么统一范式或模式供使用或借鉴，发展的动力来自各自因地制宜的规划和开发，即对各自"后发优势"的认识利用以及对"特色经济"的掌握和发展。而少数民族贫困地区的县域经济发展是全国县域经济发展不可分割的组成部分。因此，本书针对少数民族贫困地区的县域经济发展模式展开研究，对于完善中国县域经济的发展模式具有重要的实践意义。

3. 对增强少数民族贫困地区经济实力具有重要的现实意义

县域是少数民族贫困地区的主要行政单元，县域经济是少数民族贫困地区财政收入重要来源，没有县域经济的大发展，就没有少数民族贫困地区的发展。以民族贫困县较多的西部地区为例，中心城区单位少，县域单位多，县域经济比重高，决定了县域和县域经济在西部地区的地位高、作用大，详见表1–1和表1–2。改革开放以来，西部县域经济有了较快发展，但与东部地区相比差距较大。西部地区县域经济在全国县域经济基本竞争力最高等级中的比例占其全部县（市）数量（872个）的11.50%，在最低等级中的比例占82.50%[①]。绝大部分贫困县财政都处于入不敷出的状态，基本都是财政补贴县。壮大县域经济，就是要提高县域经济的综合竞争力，这才是少数民族贫困地区经济快速发展的希望所在。

表1-1　　　　　　　全国四大区域县级行政区划比例

地区	县级行政区数	市辖区数	县域单位数	县域单位比例（%）
东部	786	302	484	61.60
中部	707	208	499	70.60
东北	288	140	148	51.40
西部	1077	205	872	80.97

资料来源：《第十届全国县域经济基本竞争力与县域科学发展评价报告》，2010年。

表1-2　　　　　　　全国四大区域县域经济占省域经济比例

地区	人口比（%）	地区生产总值比（%）	地方财政一般预算收入比（%）
东部	50.45	36.56	20.95
中部	80.31	55.83	31.83
东北	62.44	42.70	19.39
西部	76.36	54.76	28.65

资料来源：《第十届全国县域经济基本竞争力与县域科学发展评价报告》，2010年。

4. 对促进少数民族贫困地区支柱产业发展，壮大县域经济具有重要的现实意义

目前，少数民族贫困地区的县域经济是以农业为主体的经济，从事农业的劳动力约占75%，农业产值约占社会总产值的1/3。积极发展农村非农产业，不仅能够有效增加财政收入，带动农业和服务业发展，而且能够有效促进农村富余劳动力转移，彻底破解"三农"难题，促进经济与资源、生态环境的协调发展，加快实现全面小康社会。因此，发展壮大县域

[①] 中郡县域经济研究所·县域经济基本竞争力评价中心：《第十届全国县域经济基本竞争力与科学发展评价报告》，中国县域经济网（www.china-county.org/bqx/pingjia.php）。

经济，关键还是要立足县域经济特征，培育新的支柱产业，大力发展农业产业化、推进城镇化，形成经济聚集效应。

因此，对少数民族贫困地区县域经济发展模式进行研究，探索适合少数民族贫困地区特点的县域经济发展之路，是少数民族贫困地区自身改革发展的迫切需求，对于促进少数民族贫困地区加快发展、全面建成小康社会、协调国家经济社会发展具有重要战略意义。

第二节 国内外研究综述

一 关于县域经济的含义、特点及地位与作用的研究

（一）国外研究

世界主要发达国家，一级经济和行政地区相当于中国的省级地区，二级行政地区相当于中国的县，县（county）被称为郡（prefecture，辖区/县）[1]。由于行政区划不同，国外的郡同中国县域经济的现代化内容和特点具有较大差别。国外对县域经济的基本定义是"一种区域经济，是以县城为中心，集镇为纽带，广大农村为腹地的，区域广阔、资源丰富、人口众多、生产门类齐全的一种区域经济，其结构同生物细胞或原子相似，有一个核和一个互补的外围区"[2]。在发达国家工业化进程中，加强了农村区域经济的发展。由于主要发达国家在行政管理体制上，区域经济发展的权限主要集中在一级经济和行政区域，而二级行政区域所承担的主要是社会管理职能。因此，国外处于主流地位的是相对于更大范围的区域经济和城市经济研究，有关郡域经济发展的研究常常作为二级行政地区而被提及，专门针对郡域经济研究的论著很少。

区域经济学的理论发展，在早期杜能（Johan Heinrich von Thunnen）、韦伯（Alfred Weber）等创立的古典区位理论基础上，20世纪50年代美国经济学家艾萨德（Walter Isard）在其代表作《区位与空间经济学》中把成本最小和利润最大的区位决策引入一般经济学当中并设立了区域分析与应

---

[1] 参见周金堂《国家背景下的工业化与县域经济发展》，经济管理出版社2005年版，第1—9页。

[2] Krueger, A., "Policy Lessons from Development Experience Since the Second World War", in J. Behrman and T. N. Srinivasan, *Handbook of Development*, 1995, pp. 76–79.

用的模型，从而形成现代区域经济学①。1950年，法国经济学家佩鲁（Perroux）首次提出增长极概念，其出发点是抽象的经济空间，以部门分工所决定的产业联系为主要内容②。1957年，缪尔达尔（Myrdal）在他的代表作《经济理论与不发达地区》中提出，经济发展过程在空间上并不是同时产生和均匀扩散的，而是从一些条件较好的地区开始，一旦这些地区由于初始优势而比其他地区超前发展，这些区域就能通过积累因果过程不断积累有利因素，从而进一步强化和加剧区域间的不平衡③。1958年，赫希曼（Hirschman）在《经济发展战略》中提出"发展是一连串不均衡的锁链"的命题，指出"发展确实是按照主导部门带动其他部门增长，由一个行业引发另一个行业增长的方式进行的"④，并提出了产业关联效应概念。

自20世纪50年代开始，一些经济学家开始转向以实证分析来回答区域经济增长的收敛性问题。这方面的研究，自50年代美国经济学家威廉姆逊（Williamson）提出区域收入趋同假说⑤，到80年代小阿莫斯（Amos）提出"在经济发展后期阶段地区收入趋异"的假说开始⑥，许多学者开始运用新古典增长模型来探讨地区经济增长的收敛性问题。巴罗和萨拉·艾·马丁（Barro and Sala I. Martin, 1991）在研究美国各州和西欧73个区域人均收入增长的收敛性后得出结论，无论是从部门还是从地区的角度考察，地区收入水平的趋同现象是客观存在的，只不过这一趋同过程十分缓慢⑦。此后，库隆贝和李（Coulombe and Lee, 1995）、迪林·汉森等人（Dilling Hansen, Petersen and Smith, 1994）、陈和弗谢尔（Chen and Fleisher, 1996）等都进行了相关的研究。

---

① [美]艾萨德：《区域科学导论》，陈宗兴等译，高等教育出版社1990年版。
② Perroux, F., "Economic Space: Theory and Application", *Quarterly Journal of Economics*, Vol. 64, No. 1, 1950, pp. 64–89.
③ Myrdal, G., *Economic Theory and Underdeveloped Regions*, London: Gerald Duckworth & Co. Ltd., 1957.
④ Hirschman, A. O., *The Strategy of Economic Development*, New Haven: Yale University Press, 1958.
⑤ Williamson, J. G., "Regional Inequality and the Process of National Development: A Description of the Patterns", *Economic Development and Cultural Change*, Vol. 8, No. 2, 1956, pp. 3–45.
⑥ Amos, O. M., "Unbalanced Regional Growth and Regional Income Inequality in the Latter Stages of Development", *Regional Science and Urban Economics*, Vol. 18, No. 4, 1988, pp. 104–123.
⑦ Barro, R. J. and Martin, S. I., "Convergence across States and Regions", *Brookings Papers on Economic Activity*, No. 1, 1991, pp. 89–98.

目前，区域经济学分为三大流派：新经济地理学派、新制度学派和区域管理学派①。

（二）国内研究

中国有关"县域经济"的研究，最先出现于政府的有关区域经济发展的政策与规划中。中共十六大将"县域"和"县域经济"概念第一次写进党的文献。此后县域经济成为各界关注的热点。

关于县域经济的内涵，传志福（2000）认为，县域经济属于区域经济范畴，是以比较优势为基础，以主导产业为主体，围绕主导产业建立起来的县级经济综合体，是县级空间范围内形成的再生产全过程②。杨万江、朱允卫（2000）认为，县域经济是以县级行政划为地理空间，以县级政权为调控主体，以市场为导向，优化配置资源，具有地域特色和功能完备的区域经济③。马庆栋、常景铎（2002）认为，县域经济内部涵盖城镇经济和农村经济两种形式，是城镇经济和农村经济的有机结合，并且是以农村经济中的农业经济作为基础④。谢庆奎（2003）认为，县域经济是指在县域内存在的各种经济，主要包括两大部分，即城镇经济和农村经济⑤。《安徽省加快县域经济发展纪实》（2005）一文认为县域经济是指县域范围内以城镇为中心，农村为基础，由各种经济成分有机构成的一种区域经济⑥。县域经济学研究专家孟宪刚、刘福刚（2005）将"县域经济"笼统地定义为："是国民经济的重要组成部分，是一种区域性经济，是以县域为单位进行资源配置的经济"⑦。该定义指明了县域经济的突出作用，却忽视了县域经济的经济成分。

关于县域经济的特征，冯德显（2004）认为，"县域"是政治性较强的地域单元，"县域经济"是指县辖范围内，各种经济成分有机构成的一

---

① Dawkins, C. J., "Regional Development Theory: Conceptual Foundations, Classic Works and Recent Developments", *Journal of Planning Literature*, Vol. 18, No. 2, 2003, pp. 131 – 172.

② 参见传志福《加速发展县域经济研究》，硕士学位论文，重庆大学，2000年，第23—24页。

③ 参见杨万江、朱允卫《县域经济影响因素的数量经济分析》，《西北农林科技大学学报》2000年第6期。

④ 参见马庆栋、常景铎《县域主导产业的生成分析》，《经济理论研究》2002年第4期。

⑤ 参见谢庆奎《政府改革与政府创新》，中信出版社2003年版，第66—67页。

⑥ 参见安徽省桐城市政府办信息科《安徽省加快县域经济发展纪实》，桐城政府网（www..tongcheng.gov.cn）。

⑦ 孟宪刚、刘福刚：《给县域经济更大的发展空间》，《经济日报》2005年12月2日第5版。

种区域性经济系统,在国民经济体系中占据特殊重要地位。相对于城市化和工业化,县域经济基本上体现的是农业和农村经济;相对于城市经济,县域经济有较强的独立性和自身发展规律,应当把县域经济作为一个整体,用企业理念来经营和运作;相对于农村经济,它是城市经济与农村经济的结合点,是国家经济发展和社会稳定的重要基础;相对于一般经济区域,县域经济是以政治单元组织起来的区域经济发展系统,是一个政治性较强的政治与经济的矛盾统一体。县域经济的独特地位和特征主要表现在基础性、独立性、过渡性、稳定性等方面[1]。高焕喜(2005)认为,县域经济是赋税经济、民生经济、区域经济、资源经济、生态经济;具有区域性、系统性、整体性、综合性、复合性、层次性、开放性、行政性、历史性、易变性等特点[2]。许宝健(2005)认为,县域经济的一个基本特征就是其经济活动内容的广泛性、综合性和丰富性,县域经济是以农村经济为主体的经济,其发展的本质就是民生经济,发展的关键在于调整所有制结构和产业结构[3]。张秀生(2007)认为,县域经济是以县城为中心、乡镇为纽带、农村为腹地的区域经济,是既具有完整性、系统性,又具有地域特点的特色型、开放型区域经济[4]。

关于县域经济的地位与作用,厉以宁(1999)认为,县域经济是中国国民经济中具有综合性和区域性的基本单元、国民经济的基本支柱和协调城乡关系的重要环节[5]。刘福刚(2004)认为,县域经济是国民经济的基本单元,是充满活力和蕴含潜力的经济;发展县域经济是解决"三农"问题的新的切入点,是稳定基层政权的物质基础,将为国民经济提供广阔的发展空间[6]。高焕喜(2005)认为,县域经济在整个国民经济中具有基础地位,在解决"三农"问题上具有担纲地位,在全面建成小康社会中具有关键地位;在经济社会发展中具有坚实基础、承上启下、强国富民的

---

[1] 参见冯德显《县域经济协调发展战略研究》,《地域研究与开发》2004年第23卷第4期。
[2] 参见高焕喜《县域经济有关基本理论问题探析》,《华东经济管理》2005年第19卷第4期。
[3] 参见许宝健《县域经济发展:本质、关键和措施》,《农业经济问题》2005年第4期。
[4] 参见张秀生《县域经济发展:现状、问题与对策》,《武汉大学学报》(哲学社会科学版)2007年第60卷第4期。
[5] 参见厉以宁《区域发展新思路》,经济日报出版社2000年版。
[6] 参见刘福刚《专家解读县域经济基本竞争力》,中国县域经济网(www.china-county.org)。

重要作用。郑炎成、陈文科（2006）采用比较分析范式研究了县域经济在我国国民经济中的现实地位及其变迁，认为，国家经济发展战略从垂直和水平两个方向给定了县域经济相对于其他行政性区域经济体在一国国民经济中的现实地位，且改革开放后，我国经济发展战略的调整降低了我国县域经济的现实地位[①]。张秀生（2007）认为，县域经济是整个国民经济的基础环节和关键环节，又是其薄弱环节，是促进农民增收的重要载体。

二　关于县域经济发展模式的研究

（一）国外研究

从研究的地理位置看，国外有关郡域经济发展模式的研究主要集中在以下方面：

1. 沿海地区农村区域经济发展模式

具有代表性的主要有法国地中海沿岸地区的发展模式、荷兰西部沿岸地区发展模式[②]。

2. 内陆和边远地区经济发展模式

具有代表性的主要有美国田纳西流域的发展模式、墨西哥北部边境地区的发展模式[③]。

3. 城市周边地区经济发展模式

具有代表性的主要有新西兰的奥克兰、希腊的雅典、奥地利的维也纳等发展城市服务导向的产业模式[④]。

概括国外有关区域经济研究成果，涉及二级行政单位，即郡域经济的主要内容体现在以下两个方面：一是认为郡域经济发展中，提高生产力和生活水平是关键，城市化是必需的，同时需要建立初等免费义务教育、普及电话和电视、建立工业化的公共基础设施；二是认为郡域经济发展模式是多样化的，需要因地制宜，建设地区创新体系，有选择地推进工业化和工业转移、城市化和城市现代化，有选择地建设科技工业园、生态工业园和生态农业园等。

---

① 参见郑炎成、陈文科《县域经济在国民经济中的现实地位变迁：理论与实证》，《财经研究》2006年第32卷第3期。

② 参见杨荫凯等《中国县域经济发展论——县域经济发展的思路和出路》，中国财政经济出版社2005年版。

③ 参见王盛章、赵桂滨《中国县域经济及其发展战略》，中国物价出版社2002年版，第178—191页。

④ 参见王青云《县域经济发展的理论与实践》，商务印书馆2003年版。

（二）国内研究

自从中共十六大报告提出"壮大县域经济"的号召后，学术界和各级行政领导从不同行业、层面和视角，例如县域工业化、城镇化、市场化、国际化、农业产业化、县域工商、县域金融、县域经济可持续发展、县域民营经济、县域园区经济等，对县域经济的发展迅速展开了广泛而深入的理论研究和实践探索，涌现出了大量的研究成果。县域经济发展目前在中国正处于一个总结模式和经验至全面推进的重要发展时期。

1. 地方县（市）政府对本县经验的总结

地方县（市）针对本地摸索出改革与发展的经验和模式，并进行了理论总结。比如，山东的诸城、北京顺义等的贸工农一体化或工商一体化模式和经验；广东顺德、江苏海安等的政企分开、转变企业经营机制的经验；山东寿光、浙江义乌、江苏常熟等的培育市场体系的经验；山东莱芜、辽宁海城等的简政放权、完善乡镇功能的经验。

2. 学者对县域经济发展模式的研究

20世纪八九十年代，专家、学者试图建立对县域经济社会发展进行研究的专门学科，并进行了尝试，初步构架了较系统的理论体系。他们对县域经济、县级经济管理、县级经济区域等概念进行了定义；对县域经济社会发展研究对象内容和方法，县域经济社会发展的历史现状、前景进行了阐述；对县域经济社会的功能、结构，特别是县域经济中的各个系统和县级经济管理的职能组织形式进行了分析；对影响县域经济发展的因素、县域经济社会发展战略的制定、县域生产力布局、县域产业结构、县域城镇体系建设、县级决策科学化等进行了探讨。1993年出版的王长远主编的《县域经济发展战略》一书，具有一定代表性，较系统地介绍了县域经济发展战略的一系列问题，不仅研究了县域经济发展战略的目标模式、对策等基本理论，还从农业县、市郊县、贫困县、发达县、生态县等不同类型深入探讨其经济发展战略的理论和实践问题[1]。该著作对系统研究我国县域经济发展问题起到了促进作用。伍新木等（1988）在全面总结了全国县域经济发展的实践之后，提出了农村商品经济发展型、综合发展型、农牧工结合型、贸工农结合型、林牧工开发型、农渔工商结合型、山区劳务输出启动型、农业加工业拓展型、牧工商结合型、牧农林型、粮棉

---

[1] 参见王长远主编《县域经济发展战略》，中国经济出版社1993年版。

工结合型、机械化粮食生产型、传统农业开发型13种县域经济发展模式[1]。王盛章等（2002）在《中国县域经济及其发展战略》中，将成功模式总结为苏南模式、珠江模式和温州模式[2]。王青云（2003）在《县域经济发展的理论与实践》中，将县域经济发展的主要模式总结为七大模式，包括苏南模式、珠江模式、温州模式、济源模式、晋城模式、义乌模式和农安模式[3]。后来，不少学者又提出一些新的模式，例如"晋江模式"，并认为这种发展模式与苏南模式、温州模式、珠江模式并称为中国农村经济发展四大模式。闫天池（2003）在《我国县域经济的分类发展模式》一文中，按县域的区位优势，把我国县域分为城郊县与非城郊县、山区县、平原县以及丘陵县，按主导产业模式把我国县域分为农业主导县、工业主导县和服务业主导县，然后根据各自不同的特点，提出了不同的县域经济发展模式[4]。赵伟（2007）基于产业驱动的视角，提出县域经济有四种发展模式：工业驱动型、农业驱动型、第三产业驱动型、资源禀赋驱动型[5]。宋效中等（2010）将中国发达县域经济发展的主要模式归纳为资源主导型、产业主导型、综合发展型三类[6]。战炤磊（2010）以推动县域经济发展的主导因素为基准，将县域经济发展模式概括为区位导向型、资源导向型、资本导向型、市场导向型、企业导向型、体制导向型、产业导向型等类型[7]。刘吉超（2013）从县域经济发展的主导产业、组织方式、发展特色内容等维度对我国县域经济的发展模式进行了总结。以县域经济发展的主导产业为依据，可将县域经济划分为农业主导型、工业主导型和第三产业（服务业）驱动型；以县域经济发展的组织模式为依据，可将县

---

[1] 参见伍新木、方惠明主编《县经济概论》，中共中央党校出版社1988年版，第373—420页。

[2] 参见王盛章、赵桂滨《中国县域经济及其发展战略》，中国物价出版社2002年版，第178—191页。

[3] 参见王青云《县域经济发展的理论与实践》，商务印书馆2003年版。

[4] 参见闫天池《我国县域经济的分类发展模式》，《辽宁师范大学学报》（社会科学版）2003年第1期。

[5] 参见赵伟《县域经济发展模式：基于产业驱动的视角》，《武汉大学学报》（哲学社会科学版）2007年第60卷第4期。

[6] 参见宋效中、贾谋、骆宏伟《中国县域经济发展的三大模式》，《河北学刊》2010年第30卷第3期。

[7] 参见战炤磊《中国县域经济发展模式的分类特征与演化路径》，《云南社会科学》2010年第3期。

域经济划分为集体经济主导型、民营经济主导型、政企合作产业园区带动型、产业集群引领模式；按照县域经济发展的特色内容，可以将县域经济发展模式分为资源禀赋型、劳务经济型、外向经济主导型和承接产业转移等发展模式①。

由于研究视角不一致，不同学者得出的结论不尽相同。总体来说，县域经济发展模式的选择必须立足实际，发挥地区比较优势，顺应国际和地区产业分工调整趋势，建立更加节约环保和更有竞争力的现代产业体系，推进新型工业化进程，坚持工业化与城镇化融合发展，以更高水平的工业化带动农业和服务业升级。

三　关于县域经济发展存在的问题与对策的研究

（一）县域经济发展问题研究

关于县域经济发展存在的问题，主要有如下观点：

1. 县域经济发展不平衡

王海燕（2005）认为，突出表现为地区之间县域经济实力差距较大；县域经济的产业结构层次相对较低；县域经济的发展资金一般不足②。张毅（2010）根据1980—2008年县域统计数据，以农民人均纯收入为主，辅之人均地区生产总值等指标，从绝对差异和相对差异两个方面，对中国县域经济差异的变化情况、差异构成因素等进行了系统的分析。研究表明，中国县域经济差异巨大，并呈现不断扩大的趋势；县域经济差异主要由区域内差异引起，而区域间差异是县域经济差异波动的主要来源。从产业分解看，第二产业对县域经济差异的贡献最大，且贡献率逐年上升；第一产业对县域经济差异的影响非常有限，且贡献率逐年下降③。

2. 效率低下，增长缓慢

凌耀初（2003）认为，一是传统农业的低效率。新中国成立以来，尽管我国的农业生产取得了稳步增长，农业土地产出率在世界上处于领先地位。但是，由于人口的增加，以及工业化和城镇化发展不足，大量农业剩余劳动力窝在有限的土地上，导致我国农业呈现出没有发展的增长。二是中小工商业发展不足。工业在县域经济中的比重过低；特色经济发展不

---

① 参见刘吉超《中国县域经济发展模式研究评述及其反思》，《企业经济》2013年第2期。
② 参见王海燕《发展县域经济解决"三农"问题》，《理论学刊》2005年第6期。
③ 张毅：《中国县域经济差异变化分析》，《中国农村经济》2010年第11期。

明显；发展速度逐年趋缓，平均盈利水平进一步下降；工业的布局分散。三是滞后的城镇化①。

3. 可持续发展水平不高

邱晓华（2003）认为，从经济上看，总体的生产力水平还比较不足，可持续发展能力比较低，许多县域经济结构比较单一，农业的比重依然非常大，财政比较困难，经济基础比较薄弱。从社会角度来说，文化教育程度比较低，人才不足、教育落后是一个突出的问题。发展不平衡，差异比较大。同时，县域经济单位的贫困问题，仍然是一个突出的问题。另外，缺乏国际一流的现代企业，缺乏国际知名的品牌。国际竞争能力是县域经济发展中面临的新的国际环境中最薄弱的环节②。

4. 发展指导思想与思路需要反思

林光彬（2006）认为，一是存在发展指导思想的偏离。一些县乡脱离实际发展经济，一哄而上以工业为主线，把调整产业结构放第一，发动全员招商，大搞建设，发展"五小"企业，情况糟糕。二是存在发展方向的定位问题。以县域为界限调整产业结构，往往都以发展工业为中心，从整体资源配置角度看，这在发展方向上不利于资源的合理配置，县域经济发展应以本县特色经济、有市场潜力的经济为导向。三是在宏观发展思路与战略上，中央、省、市、县、乡五级层层下指标的发展思路，到县乡层次往往形成脱离实际情况的政绩数字游戏经济，同时齐头并进的经济和社会发展战略都对县域经济发展形成难以承受的财政压力。因此，这种发展指导思想十分不利于县域市场经济的良性发展③。

5. 县域经济的核心难题仍然是"三农"问题

林光彬（2006）认为，首先是就业问题；其次是教育问题；再次，农民增收比较困难；最后，从经济学的角度看，"三农"问题，第一是农村资源的产权落实问题，第二是土地、劳动力等要素的流动性问题，第三是农村经济的企业化和组织化问题，第四是农村的市场化程度太低和"三农"在市场中处于不平等的竞争地位问题，最后是农民的法权、知情

---

① 参见凌耀初《中国县域经济发展分析》，《上海经济研究》2003年第12期。
② 参见邱晓华《努力壮大县域经济》，《在全国发达县域经济发展研讨会上的报告》，2003年9月6日。
③ 参见林光彬《我国县域经济发展中的问题与对策》，《中央民族大学学报》2006年第6期。

权、国民待遇问题与农村的法治化、民主化问题。

6. 县域城镇化载体不发达

辜胜阻等（2008）认为，我国县域经济内涵式发展不充分，在相当大程度上弱化了农村城镇化进程中城镇载体的质量，具体表现为：（1）县域建设缺水少电，交通不便，信息等基础设施不配套。（2）县域城镇的文化教育、医疗卫生、社会保障等公共服务体系不健全，相关配套服务设施缺乏。（3）有的地方注重城镇的"硬件"设施建设，注重经济增长指标的考核，忽视经济、社会、生态、人文、环境的协调发展①。

（二）县域经济发展对策研究

针对以上问题，学者们提出了各种对策建议，主要观点有：

1. 县域经济发展要以科学发展观为指导

王敏（2005）认为，关键是要注重统筹兼顾，促进经济与社会、城市与农村、区域之间、人与自然、国内发展与对外开放的统筹协调发展②；孙维义、张斌（2005）认为，坚持以人为本是促进县域经济发展的关键，应该从确立"富国强民"目标、尊重群众首创精神和自主创业精神、提高群众科教文化素养、重视解决"三农"问题四个方面，在发展县域经济中充分体现以人为本的精神③；方赐德（2005）认为，县域经济的发展必须走可持续发展之路，重视和发展县域循环经济是解决当前资源环境问题和落实科学发展观的必然选择④；郭素良（2005）认为，应当在科学发展观的指导下，从调整经济结构、发展工业经济、特色经济、民营经济和创新体制等五个方面发展县域经济⑤。

2. 县域经济发展要以解决"三农"问题为依托

吴敬琏认为，大力发展中小企业是解决县域经济发展中"三农"问题的关键。陈锡文（2003）在"首届中国县域经济论坛"上对发展县域经济和国民经济的关系做了描述，并对目前县域经济的发展经验和必须解

---

① 辜胜阻、李华、易善策：《依托县城发展农村城镇化与县域经济》，《人口研究》2008年第32卷第3期。

② 参见王敏《用科学发展观引领县域经济协调发展》，《党政干部学刊》2005年第8期。

③ 参见孙维义、张斌《坚持以人为本理念，促进县域经济发展》，《吉林师范大学学报》（人文社会科学版）2005年第3期。

④ 参见方赐德《重视和发展县域循环经济》，《中共福建省委党校学报》2005年第7期。

⑤ 参见郭素良《发展县域经济促进农民增收》，《嘉兴学院学报》2005年第17卷第5期。

决的问题作了总结①。唐仁建（2003）认为，发展县域经济，解决"三农"问题，从国家体制来说要解决两个问题，即财政体制和金融体制②。

3. 县域经济发展要以合理进行产业定位为主导

闫天池（2003）认为，我国县域经济的发展，可以根据区位发展的不平衡和复杂性，因地制宜地选择自己的主导产业，由主导产业带动县域经济的增长③。毛艳华（2003）认为，产业定位，一要根据产业的地理定位原理，县域经济的产业发展应考虑港口、铁路、公路和机场等地理（或区位）因素对地方产业的定位与布局的重要影响作用；二要根据资源定位，现阶段我国县域经济的发展面临着劳动力相对丰富的优势和资金相对短缺的劣势，因此，要使劳动力资源优势在很大程度上变成县域经济的发展优势，必须选择发展劳动密集型产业；三要根据市场需求种类和需求弹性选择主导产业并确定产业的布局；四要依据中心城市的特殊地位围绕中心城市构筑产业带④。

4. 县域经济发展要以加快经济结构调整为方向

柯美录（2004）认为，调整县域经济结构，一要加快县域工业化进程，努力提升工业化水平，使工业经济成为县域经济的主体；二要加快农业产业化、现代化的步伐，优化农业内部结构，提高农业劳动生产率；三要大力发展第三产业，加快发展新兴行业，逐步形成功能齐全、结构合理、综合配套、相互促进的第三产业体系；四要坚持县域经济以民营经济为主体的改革导向，大力发展民营经济，增强县域经济结构优化的活力；五要建立与完善教育、科技、经济紧密结合机制，积极吸纳高新科技人才，加大科技创新力度，实施科技兴县战略，实现县域经济增长方式的转变；六要抓紧小城镇建设，以城镇化助推新型工业化、产业化的发展⑤。杨荫凯、黄冬梅（2005）认为，新时期，我国县域经济必须以农业结构

---

① 参见陈锡文《深化农村改革发展县域经济》，南方日报网（www.nanfangdaily.com.cn.2003-11-07）。

② 参见唐仁建《三种经济构建县域经济内核》，中国农村研究网（www.ccrs.org.cn.2003-11-07）。

③ 参见闫天池《我国县域经济的分类发展模式》，《辽宁师范大学学报》（社会科学版）2003年第1期。

④ 参见毛艳华《县域经济的产业定位研究》，中国农村研究网（www.ccrs.org.cn.2003-09-04）。

⑤ 参见柯美录《加快县域经济结构调整的对策研究》，甘肃经济信息网（www.gsei.com.cn.2004-11-01）。

调整为基础，提高产业化水平，建设现代农业；按照立足资源、强化特色、合理布局的原则积极推进新型工业化道路；以非公有制经济为主体，大力发展民营经济；以县城及中心镇为依托，加快城镇化步伐，统筹城乡发展；以改革开放和体制创新为动力，不断增强县域经济实力[①]。张秀生（2007）指出，农业调整，要按照"区域调特、规模调大、品种调优、效益调高"的思路，以国内外市场需求为导向，大力推进农业产业化经营，龙头带农，科技兴农，基地扶农，市场活农，促进传统农业的优化升级，提高农业的整体效益；工业调整，则应加快机制转换和体制创新，以技术改造、产品创新为突破口，立足本地主导产业，抓大扶强；第三产业以市场建设为重点，加快发展交通运输、邮电通信、金融保险业，以及信息咨询、中介服务等新兴产业，构筑以城市为中心的区域购物中心、乡镇级的商业服务中心和村的三级服务体系[②]。

5. 县域经济发展要以加快推进新型工业化为载体

闫恩虎（2003）认为，县域经济走新型工业化道路，要通过县域经济增量发展来实现；要坚持以开放为突破口，积极招商引资，内引外联，以此弥补县域资源、技术、资金的不足，为新型工业化发展开创空间；尽快建立科学的县域经济发展规划体系；新型工业化必须同农业产业化结合起来；要消除一切不利于新型工业化发展的观念、体制和政策障碍[③]。卢荣善（2005）认为，解决中国"三农"问题的根本出路在于将工业化重心下移到县域[④]。李容根（2004）认为，县域经济发展要搞好农产品加工业和资源开发性工业，推进农村工业化，要以加工工业为龙头，以工业园区为载体，以招商引资为手段，以经济、社会、生态三大效益为目标，因地制宜，扬长避短，突出特色，发挥优势，加快新型工业化的步伐[⑤]。

---

① 参见杨荫凯、黄冬梅《我国县域经济发展的基本思路》，《经济纵横》2005年第8期。

② 张秀生：《县域经济发展：现状、问题与对策》，《武汉大学学报》（哲学社会科学版）2007年第60卷第4期。

③ 参见闫恩虎《县域经济要走新型工业化道路》，三农数据网（www. sannong. gov. cn. 2003 - 08 - 21）。

④ 参见卢荣善《解决中国"三农"问题的大思路：工业化重心下移到县域》，《中国农村经济》2005年第4期。

⑤ 参见李容根《统筹城乡社会经济发展 建设社会主义现代新农村》，中国农业出版社2004年版，第89—93页。

6. 县域经济发展要以坚持集群化发展战略为突破

贺耀敏（2004）认为，必须把培养和扶持县域集群经济作为突破口①。谷家栋（2004）认为，县域经济加快集群化发展，要突出四大重点：一要把特色产业作为发展集群经济的方向，凸显区域经济的优势；二要把工业园区作为发展集群经济的载体，促进同类企业的地理集中；三要把创新作为发展集群经济的动力，蓄积产业发展的强大势能；四要把政府推动作为发展集群经济的支撑，加快生产要素的有效配置②。

7. 县域经济发展要以重视培育特色经济为目标

蔡剑辉、张春霞（2003）在探讨县域特色经济发展中认为，县域经济发展要立足"特"字，根据区域比较优势，确立特色产品和特色产业，培育和生成核心竞争力，进而依托核心产业向相关产业拓展，走专业化生产下相关多元化的发展路子③。

8. 县域经济发展要以提高县域城镇化为支撑

王一鸣（2003）认为，县域经济发展过程是从城乡二元结构向现代经济结构转换的过程。发展县域经济，小城镇具有无可替代的优势。打破城乡二元结构，培育城乡统一的商品和要素市场，整合城乡各种资源，实现优化配置，小城镇有十分重要的作用。加快小城镇发展，是新阶段发展县域经济的重要支撑④。辜胜阻等（2008）提出，以县城为中心推进农村城镇化⑤。

9. 县域经济发展要以加大财政金融支持为后盾

蔡则祥（2003）认为，加强金融对县域经济发展的支持，要重构与县域经济发展相适应的金融组织体系；综合治理县域经济发展中金融资源外流现象；加大对县域经济发展的信贷支持力度；建立社会信用担保制度，改善社会信用环境；开展金融创新，增强县域金融服务功能⑥。朱建

---

① 参见贺耀敏《集群式经济：我国县域经济发展的新思路——兼论我国县域经济发展的几个认识误区》，《西北大学学报》（哲学社会科学版）2004年第1期。

② 参见谷家栋《拓展县域经济集群化发展之路》，《决策探索》2004年第3期。

③ 参见蔡剑辉、张春霞《县域经济发展的特色之路探析》，《福建农林大学学报》（哲学社会科学版）2003年第4期。

④ 参见王一鸣《新阶段县域经济发展的主题》，中国农村研究网（www.ccrs.org.cn.2003-06-01）。

⑤ 参见辜胜阻、李华、易善策《依托县城发展农村城镇化与县域经济》，《人口研究》2008年第32卷第3期。

⑥ 参见蔡则祥《县域经济发展中的金融支持问题研究》，《南京社会科学》2003年第7期。

华、洪必纲（2010）指出，在县域经济发展中，充分考虑金融资源配置机制，积极构建与县域经济发展相适宜的金融发展规划，明确县域金融规划的关注重点，打造县域经济发展的金融平台，营造县域金融良好的生态环境，实现县域经济可持续发展①。

10. 县域经济发展要以切实转变政府职能、优化发展环境为保障

王一鸣（2003）认为，政府职能转变需要从多方面入手：一是推进县乡管理体制改革，大力精减县乡政府人员，稳步推进撤乡并镇工作，提高工作效率和服务质量；二是减轻企业和农民负担；三是塑造良好的投资环境；四是要高度重视市场体系建设②。潘峰（2011）认为，应着力按照市场经济的要求，创新服务思路，拓宽服务领域，创造宽松的宏观社会环境、平等竞争的体制环境、加快发展的政策环境和高效快捷的服务环境，努力形成"磁场效应"，实现县域经济跨越式发展③。

四 关于民族地区县域经济发展的研究

（一）民族地区县域经济发展战略的研究

金世洵等（2005）从区域经济学角度认为，应从本地区县域经济发展现状和特殊性出发，制定出切实可行、有效的县域经济发展战略④；熊耀平（2001）从发展经济学的角度认为，要分析影响本地区县域经济发展的各种制约因素，从本地区县域经济发展的现实环境出发，找到并确定本地区县域经济发展的优势⑤；施正一（2001）从民族经济学角度认为，制定少数民族地区县域经济发展战略应以民族经济学理论为理论依据，从中国少数民族地区经济发展水平和现状出发，少数民族地区县域经济的发展应该选择和实施加速战略⑥。

（二）民族地区县域经济发展模式与路径的研究

龙祖坤（2007）认为，民族地区必须依据比较优势、发挥特色作用、

---

① 参见朱建华、洪必纲《县域经济发展规划中的金融支持研究》，《经济地理》2010年第30卷第4期。

② 参见王一鸣《对发展县域经济的几点认识》，三农数据网（www.sannong.gov.cn.2003-01-30）。

③ 参见潘峰《推动湖北县域经济跨越发展的对策》，《学习月刊》2011年第4期。

④ 参见金世洵、牛治富主编《西藏县域经济发展战略研究》，中央民族大学出版社2005年版，第4—10页。

⑤ 参见熊耀平《县域经济发展理论、模式与战略》，国防科技大学出版社2001年版，第32—40页。

⑥ 参见施正一主编《民族经济学教程》，中央民族大学出版社2001年版，第333—337页。

以市场为主导、注重"三效益"的结合，选择具有核心竞争力的经济发展模式，如矿产资源依托模式、农业生产主导模式、旅游产业带动模式、劳动密集加工支柱模式、劳务经济先导模式等[①]。吴庭菊（2008）指出，民族地区必须找出自身的比较优势，确定自己的发展道路，宜农则农，宜工则工，宜商则商。走特色发展的创新之路，走"拿来主义"的榜样之路，走科学发展的先进之路，走民族政策发展的阳光之路[②]。

（三）民族地区县域经济结构的研究

在县域所有制结构上，熊耀平（2001）认为，民族地区县域经济应该盘活国有经济，壮大集体经济，激活民营经济[③]；吴海鹰（2004）认为，应大力发展民营经济，民营经济是少数民族地区县域经济发展的主导力量[④]。对于民族地区县域经济产业结构的调整和优化，很多学者认为，农牧业是民族地区县域经济发展的基础力量，应该大力推进农业产业化经营；工业是民族地区县域经济发展的主导力量，应该走新型工业化道路。蒋焕洲（2010）针对贵州少数民族地区县域经济的现状和存在的问题，提出，以特色农业促发展，推进农业产业化，破解少数民族地区县域的"三农"难题；发展少数民族地区县域经济特色主导产业，提升县域工业化水平；加快发展少数民族地区县域城镇化，促进城乡一体化进程；发展民族文化产业经济，促进少数民族地区县域经济可持续发展[⑤]。

此外，还有学者对民族地区县域经济区域规划、城镇化、基础设施建设、财政体制改革、金融体制改革、农村社会保障体系建设、县域经济综合竞争力测评等问题进行了探讨。

五 关于贫困地区县域经济发展的研究

（一）国外研究

西方学者对贫困问题作了大量研究，并提出了许多理论，如阿瑟·刘易斯（W. A. Lewis）的"二元经济理论"和"发展计划"、罗森斯坦-罗

[①] 参见龙祖坤《民族地区县域经济的发展模式选择》，《生产力研究》2007年第2期。

[②] 参见吴庭菊《少数民族地区县域经济发展路径选择——以怀化市五个民族自治县为视角》，《湖湘论坛》2008年第5期。

[③] 参见熊耀平《县域经济发展理论、模式与战略》，国防科技大学出版社2001年版，第32—40页。

[④] 参见吴海鹰主编《宁夏县域经济研究》，宁夏人民出版社2004年版，第99—122页。

[⑤] 参见蒋焕洲《贵州少数民族地区县域经济问题及发展对策研究》，《特区经济》2010年第8期。

丹（P. N. Rosenstein – Rodan）的"大推进理论"、纳克斯（R. Nuykse）的"贫困恶性循环理论"、W. W. 罗斯托（Walt Whitman Rostow）的"经济起飞理论"、赫希曼（Albert Hirschman）的"不平衡发展战略"、劳尔·普雷维什（Raul Perish）及萨米尔·阿明（Samir Amin）的"中心—外围理论"，等等，这些研究既说明了人们对贫困问题的重视，也反映了人们对贫困问题的认识过程。总体来看，西方对于贫困的研究主要从发展经济学角度，围绕贫困的根源展开的，其最主要的结论就是认为资源稀缺是经济发展的阻碍或约束条件，要消除贫困，实现经济增长，必须大量积累资本，大幅度提高投资率，以有效打破"贫困恶性循环"和摆脱"低水平均衡陷阱"。在上述理论指导下，西方发展经济学家提出了许多促进资本形成的反贫困模式，如哈罗德-多马经济增长模型、罗森斯坦-罗丹的平衡增长模式、刘易斯的二元经济模型、赫希曼的不平衡增长模式、佩鲁的增长极理论、罗斯托的经济成长模式、舒尔茨的反贫战略理论以及缪尔达尔的反贫理论模式，等等。

（二）国内研究

国内对于贫困地区县域经济发展的研究比较重视。特别是在国家提出西部大开发战略以后，对于贫困的研究也形成了一阵热潮。如赵曦（2000）的"中国西部贫困地区扶贫攻坚战略及西部农村反贫战略"、朱凤歧和高天红等（1995）的"中国反贫困研究"、康晓光（1995）的"中国贫困与反贫困理论"、张志良（1997）的"中国贫困山区开发性扶贫移民研究"及陈端计（1999）的"中国经济转型中的城镇贫困问题研究"，等等。闫天池（2004）在这方面进行了创新和深入研究，他在《中国贫困地区县域经济发展研究》一书中，围绕现存贫困地区的特色，着眼于贫困地区的自我脱贫、自我发展，为贫困地区的脱贫与发展提供了一些应用方面的指导[①]。赵奕凌（2005）也在《贫困地区县域经济发展滞后性分析与对策》中，对贫困地区县域经济发展的滞后性进行了深入的分析，指出只有大力推进县域内产业结构的调整，把以农业为主导的经济发展模式逐步转换为以农、工、商一体化协调发展的经济模式，才是解决我国贫困地区县域经济发展滞后性的根本原则[②]。钟一民等（2007）分析了

---

① 参见闫天池《中国贫困地区县域经济发展研究》，东北财经大学出版社2004年版。
② 参见赵奕凌《贫困地区县域经济发展滞后性分析与对策》，《科技情报开发与经济》2005年第6期。

黑龙江省农村贫困地区县域经济发展战略的选择及反贫困对策①。单纬东（2007）根据资源理论将贫困县域分为资源丰富型和资源缺乏型两类，提出，资源丰富型县域的经济发展要充分利用、开发和保护现有的资源，如旅游资源、矿产资源、经济作物、传统工艺产品等，来发展贫困县域的经济，同时，创建具有企业家精神的政府，发展其自然资源、人文资源与具有企业家精神的政府相结合的发展路径；资源缺乏型贫困县域的经济竞争优势应根据县域实际情况，构建贫困县域的无形资产，以建立具有企业家精神的政府和企业家为主，创建地区的产业结构，制定发展战略，从而带动贫困县域的经济发展②。张议（2010）从推动经济结构调整、城镇化建设、项目建设、培育特色经济、壮大民营经济、优化经济环境等方面提出加快贫困地区县域经济发展方式转变的对策③。目前，专门针对少数民族贫困地区县域经济的研究很少，如周德金等（2003）以湖北省恩施市为例分析了民族贫困地区县域经济实现跨越式发展的思路与对策④。韦韡、韦春竹（2013）以广西河池10个县市为例对老少边穷地区县域经济效率的空间特征进行了分析⑤。

综合来看，国内对于贫困的研究主要集中于对西方贫困理论的介绍以及对财政扶贫的研究，能够将民族地区贫困问题和县域经济结合起来加以研究的并不多见。有些仅仅是对某些贫困县脱贫致富的经验介绍，并没有从理论上加以总结，并且由于我国现存的贫困地区可以说是各有特色，这些经验对某一个贫困县可能是适用的，对于其他贫困县则不一定适用。

六 已有研究存在的不足

上述研究成果无疑为本项目的研究奠定了很好的基础。但已有的研究在以下方面尚需要进一步深入探讨：

第一，对县域经济不同的发展模式，缺乏系统的比较研究，往往局限

---

① 参见钟一民、孙雨南、冯威《黑龙江省农村贫困地区县域经济发展战略的选择及反贫困对策》，《东北农业大学学报》（社会科学版）2007年第5卷第3期。

② 参见单纬东《基于资源理论的贫困县域经济竞争优势的获取》，《中国人口·资源与环境》2007年第17卷第4期。

③ 参见张议《加快贫困地区县域经济发展方式转变的思考》，《前进》2010年第7期。

④ 参见周德金、张静、萧海生《民族贫困地区县域经济实现跨越式发展的思路与对策》，《湖北财税》（理论版）2003年第7期。

⑤ 参见韦韡、韦春竹《老少边穷地区县域经济效率的空间特征分析——以广西河池10个县市为例》，《广西民族大学学报》（哲学社会科学版）2013年第35卷第1期。

在一个地域内对某一发展模式进行孤立研究，因而对县域经济发展的普遍规律缺乏理性的揭示。

第二，专门针对少数民族贫困地区县域经济的研究还很缺乏。有些仅仅是对某些贫困县脱贫致富的经验介绍，没有从理论上加以总结。因此，本书将从少数民族贫困地区的实际出发，采用共性与个性分析相结合的方法，对少数民族贫困地区县域经济发展模式进行归纳、总结与创新。

第三，需要对少数民族贫困地区县域经济发展模式实施的绩效进行评价，建立科学的评价指标体系，并采用适当的评价方法进行评价。

第三节 研究思路、内容与方法

一 研究思路和主要内容

本书以中国少数民族贫困地区县域经济发展模式作为研究对象，按照既注重现有理论研究成果，又注重联系实际；既重视对经济较发达地区县域经济发展经验和模式的高度总结，又注重对少数民族贫困地区县域经济发展的矛盾和制约因素的重点分析；既注重对以往或现行的县域经济发展规律的把握，又注重对未来县域经济发展趋势的动态研判；既要有充分理性的一面，又要有建设性的一面的研究思路，以区域经济学、发展经济学、产业经济学和民族经济学的相关理论为指导，对国内外研究县域经济发展的基本理论进行回顾和分析，借鉴相关研究的已经成熟的理论成果，揭示县域经济发展规律；在此基础上通过分析少数民族贫困地区县域经济的特征、发展差距及其影响因素，从民族贫困地区的实际出发，提出少数民族贫困地区县域经济发展模式的构建原理和具体内容，以及实施策略和绩效评价方法；最后以湖北省长阳土家族自治县为例，通过对少数民族贫困地区县域经济发展模式进行实证研究。全书共分为八章：

第一章阐述研究背景和意义，对国内外相关研究进行综述，并阐明本书研究的基本思路、主要内容和方法。

第二章主要界定县域经济的内涵和基本类型，阐述少数民族贫困地区县域经济的内涵与特征，分析少数民族贫困地区县域经济发展的理论基础。

第三章主要分析少数民族贫困地区县域经济发展差距及其原因。通过将少数民族贫困县在县域经济规模、经济发展水平、经济运行质量、工业化程度、经济发展环境等方面与全国平均水平进行比较，分析其存在的差距，并深入分析导致全方位差距的主要原因。

第四章主要研究国内外县域经济发展的典型模式及启示。主要揭示县域经济发展的一般规律，对国内外县域经济发展的典型模式进行比较分析，并找到可供少数民族贫困地区县域经济发展借鉴的经验和启示。

第五章构建少数民族贫困地区县域经济发展模式。主要阐述少数民族贫困地区县域经济发展模式的构建思路，在此基础上，提出少数民族贫困地区县域经济发展的七种基本模式；阐明少数民族贫困地区县域经济发展模式选择应遵循的原则，建立基于层次分析法和BP人工神经网络综合集成的少数民族贫困地区县域经济发展模式选择模型。

第六章阐述少数民族贫困地区县域经济发展模式的实施策略，并对其实施效果进行评价。

第七章以湖北省长阳土家族自治县为例，对长阳县域经济发展模式以及绩效进行研究，并分析进一步发展存在的问题，提出对策建议。

第八章阐明研究结论和主要创新点，并提出今后的研究方向。

本书的研究框架如图1-1所示。

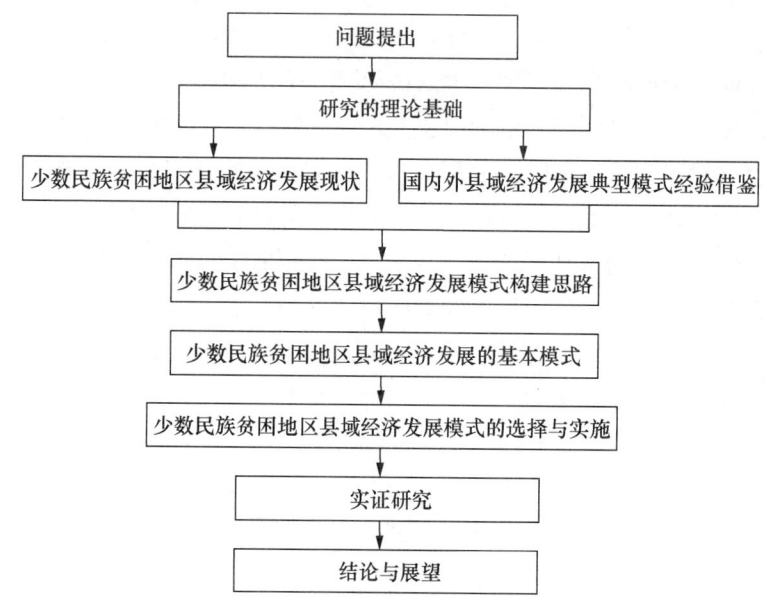

图1-1 本书的研究框架

二 研究方法

本书以科学发展观为指导，综合运用区域经济学、发展经济学、产业经济学、民族经济学等相关理论，采取宏观分析与微观分析相结合、实证研究与规范研究相结合、定量分析与定性分析相结合、典型调查与案例分析相结合、共性与特性分析相结合以及比较分析等多种研究方法。

第一，理论与实际相结合。研究参考了区域经济学、发展经济学、产业经济学、民族经济学等相关理论，并将理论运用于解决少数民族贫困地区县域经济的实际问题，使本书具有较强实用性。

第二，实证分析与规范分析相结合。在研究中，重点是实证分析，发现问题，找准症结。同时采用规范分析的方法，对今后的发展提出了一些建设性意见，并提出相应的理论依据。

第三，定性分析与定量研究相结合。在研究中，除了大量定性的描述外，还应用层次分析法、BP人工神经网络、因子分析法、模糊综合评价法等进行了定量分析，从中发现问题、寻找规律，将定量研究的结果作为结论的依据，使本书具有较强的科学性。

第四，普遍调查与典型调查相结合。本书通过查阅近几年统计年鉴以及县域经济发展的有关材料，取得了面上的资料，同时选取长阳土家族自治县作为典型进行深入调查研究，取得详细资料。这样，既能找出少数民族贫困地区县域经济发展的普遍问题，又能发现少数民族贫困县的个体差异，使研究的针对性更强。

第五，共性研究与特性研究相结合。县域经济的共性是指县域经济的普遍特征，而县域经济的特性是指不同类型的县各自的特殊性。在研究县域经济时，必须根据不同的县情特征，具体分析不同县的个性及经济运行的特殊性，着眼于发展特色经济。

第二章

少数民族贫困地区县域经济基本理论

第一节 县域经济概述

一 中国县域的历史沿革

我国县域的历史演变，从古到今，根据其不同历史阶段及主要特点，大致可分为如下三个阶段[①]：

（一）从春秋时期到民国境内普遍推行郡县制

县级建制作为地方行政区域划分，始于我国春秋时期，最初设置在边地，如秦、晋、楚等大国，往往把新兼并得来的土地置县。到战国时期，边地逐渐繁荣，各国才将"县"制推广到内地。秦朝统一是对春秋战国时期国家政体变革的一个总结。"秦并兼四海，以为周制微弱，终为诸侯所丧，故不立尺土之封，分天下为郡县"。县制度作为一种地方政权组织体系伴随着秦王朝统一中国而最终确立起来。中国秦代地方行政体制中设有36郡，1000余县。汉承秦制，设100郡，每郡辖10—20个县。唐朝是中国历史上政治、经济、文化高度发展的时期，县制也更趋向完备和系统化。唐代把县分京、畿、望、紧、上、中、中下、下八等。县的主要职责是："导扬风化、抚黎民、审察冤屈、躬亲狱讼、养鳏寡、恤孤穷，务知百姓之疾苦。"明清时期以县拥有的经济实力作为划分等级的标准，直到1928年南京国民政府成立。在这两千多年间，除有一段时间以乡为基层行政建制外，大部分时间都是以县为基层行政建制。县的这种行政地位，

---

① 林峰：《中国特色县域经济发展模式研究——兼以河南省县域经济发展模式为例》，硕士学位论文，湖南师范大学，2006年，第24—25页。

是由当时农业社会的自然经济状况决定的，国家行政事务和社会公共事务比较简单，县的规模就人口而言也比较少。

（二）从1928年到20世纪70年代末

这半个多世纪，县的行政地位发生了较大的变化，基层行政建制由县一级变为乡一级，县虽然仍是一级完备的行政单位，但许多事务需要县以下的乡直接办理。新中国成立后，我国仍然保留了县的建制。这一阶段，县的数量虽然一直摆动在2000个左右，但全国人口已从4.7亿猛增到10亿左右，管理规模和内容的扩大，决定了基层行政建制的下移和县行政地位的上升。

（三）十一届三中全会以来

随着社会主义市场经济体制的建立和完善，县域内所具有的潜在经济功能大大释放，县域经济获得了空前广阔的发展舞台。过去城乡分治的行政体制开始向城乡合治转变，愈来愈多的地方实行了市领导县的体制，从而使这些地方的县成为省辖市所属的农村分治单位。在仍实行由省的派出机关管县的地方，县的自主权一定程度受到截留和牵制。县域范围内的经济、社会、文化交融发展，逐渐形成相对独立的地域实体，县域发展已是国民经济运行和发展的重要基础。如今，县域范围内的经济活动内容有了极大的丰富，县域经济在全面建设小康社会进程中起着越来越重要的作用。

二　县域经济的含义

县域经济概念的提出，应在改革开放以后，而理论界给予特别关注，则在20世纪90年代中期开始。自中共十六大以来，县域经济的提法越来越频繁，说明社会各界对县域经济的认识正在逐步深入，但是何谓县域经济，目前仍众说纷纭，尚无统一的看法，众多专家、学者纷纷从不同角度给出了不同的定义。

本书论及的县域经济指以我国的行政县为区域范围，以县级财政为标志，以县城、镇、乡、村各层次的经济元素间的联系和比例关系为基本结构，通过双向反馈的人流、资金流、物质流、信息流而显示出整体功能的经济系统。

从综合的角度进行分析，县域经济是一个县域范围内全部经济活动的总和，是国民经济各部门相互交织的综合体。其主要含义包括：

一是县域经济是各部门的综合体，包括工业、农业、商业、运输业、建筑业、旅游业、信息业、金融业等多种产业；

二是县域经济活动是在一定空间范围内进行的，包括社会再生产的全过程，牵涉生产、分配、交换、消费等各环节，纳入上级省（市、自治区）或地（市）经济的总盘子，直接联系乡村经济，又与各级部门、各周边地区的经济活动交织在一起，形成多层次立体交叉的三维和多维结构；

三是县域经济不是各部分经济活动的简单汇总，而是组成要素有机结合的整体，这个有机体是由共同目标所联系起来的许多相互依存的子系统、分系统组成的复杂的社会经济系统；

四是县域经济应属于中观经济，从宏观经济看，全国或全省的经济条件和经济调控手段比较齐备，而县域经济包含的范围较小，只是一种较小范围的区域经济，从微观经济看，县域经济不是一个独立的经济法人，而是县行政区划内微观经济活动量的总和；

五是从"条块管理"的关系看，县域经济是宏观经济与微观经济的结合部，是发展市场经济的重要的中间环节，县不是一个"微观经济细胞"，而是一个"微观经济细胞集合体"；

六是从县域经济的地域范围看，县域经济是一种典型的区域经济，与行业经济相比，县域经济是较为完整和相对独立的经济体系。

三 县域经济的基本类型

在县域经济中，有一些县在资源、地理位置等方面状况极其相似，优势和劣势也十分相当，因此，对于县域经济可以按一定标准进行分类。目前，国内学者根据研究的需要，对县域经济的分类有多种尺度和方法，总结起来，大致有以下几种：按地形划分，可分为高原地区县、山区地区县、丘陵地区县、平原地区县等类型；按地带划分，分为东部、中部、西部地带县三种类型；按经济发展程度划分，可分为发达县、中等县和贫困县三种类型；按产业结构划分，可分为农业主导型县、工业主导型县和服务业主导型县；考虑自然条件、交通运输因素、市场因素，可分为东部沿海型、沿江（河）型、沿线型、沿边型和内地型；以县域经济所拥有的优势为依据将县域经济划分为资源优势型县域经济、区位优势型县域经济、政策优势型县域经济。本书着重探讨按经济发展程度和产业结构划分的县域经济类型。

(一) 按经济发展程度划分的县域经济类型

根据经济发展程度，可将县域分为发达县、中等县和贫困县①。

所谓发达县是从以下两种意义上讲的：一是着眼于我国现阶段总的发展水平，相对于贫困县（欠发达县）和中等县而言的；二是从一个县整体意义上的综合状况而言。这种分类是相对的、可变的。县域经济发展是一个渐进的过程，发达县的形成，是主客观因素在动态组合中多种优势因素长期积累的结果。我国的经济发达县大部处在沿海一带，如长江三角洲、珠江三角洲、山东半岛等地带。发达县一般具有地理位置优越、与外界联系广泛、科技文教发达、人口密度高、人均收入水平高的特点或现实优势条件。

贫困县是指人均GDP、财政收入、就业率、第二、第三产业发展程度等方面水平均比较低的县，一般分布在自然条件、交通、区位等条件较差的地区。本书主要研究民族自治地方贫困县。

中等县介于发达县与贫困县两者之间。

(二) 按产业结构划分的县域经济类型

根据各县产业结构的状况，大致可以把县域经济划分为三类，即农业主导型经济、工业主导型经济和服务业主导型经济②。

1. 农业主导型经济

所谓农业主导型经济，就是指农业（包括畜牧业、水产业）份额在全县国民生产总值中占绝对优势地位的一种经济形态，这种经济形态的产业构成一般属于一种低级产业。在农业主导型经济中，我们还可以细划分为种植业主导型、畜牧业主导型和水产业主导型等，但不管是哪一种类型都是根据当地自然资源和环境条件以及生产力发展水平来决定的。正因为如此，农牧渔业就不仅成为这类县份产业结构的基础，同时也成为产业结构的主导。经过20年的改革开放，我国多数的县域经济已经脱离了仅仅依靠农业来推动经济增长的发展模式，但是目前我国县域经济仍有相当一部分基本上属于农业主导型，特别是在我国的老少边山地区的贫困县更是如此。

---

① 陈志德：《吉林省县域经济发展机制与模式研究》，博士学位论文，东北师范大学，2006年，第10—11页。

② 乔恒：《县域经济科学发展机理及路径研究——以东北地区为例》，博士学位论文，东北师范大学，2007年，第11—13页。

与产业结构以农业为主导相适应，这类县也呈现以农业人口为主的就业结构，农业就业人口比重高于60%以上的县大部分是低收入县和下中等收入县。根据以上情况不难看出，属于农业主导型经济类型的县，产业结构处于较低水平。整个经济主要是在农业的支撑下运动的，农业的状况直接影响着经济全局，这是农业主导型经济运行的一个基本特征。

2. 工业主导型经济

随着产业结构的高级化，农业份额下降，工业份额上升，当工业份额超过农业份额后农业主导型经济转变为工业主导型经济。在工业主导型经济中，产业结构的基本趋势是：农业份额不断下降，工业份额不断上升，农业份额平均每年下降近2个百分点，而工业份额上升幅度最大时，达到了24.1个百分点。同时，工业主导型经济中，其他各业也获得了很大程度的发展。这种产业结构的变革，使经济由农业转移到非农产业。从就业结构看，由于以乡镇工业为主体的县域企业的发展，为新增劳动力提供了广泛的就业渠道，对县域经济结构变革作出了重要贡献。

在工业主导型的县域经济中，外向型发展模式值得重视，其主要特点是积极参与国际经济合作和交流，发挥本县经济优势，并取得比较利益。另外，私营工业也是工业主导型县域经济发展中不可忽视的力量。

3. 服务业主导型经济

这种经济发展模式是以第三产业为主体，主要包括服务业、商业和旅游业等。这种经济发展模式在地域布局上有明显的特征，它主要集中在大城市的市郊和边境贸易地区，或者旅游贸易区。这种经济模式是随着我国改革开放和市场体系的进一步发育而逐步形成的，在服务业主导型经济中，第三产业在国民经济总产值中的份额占有很大比重，从业人员比例有明显优势。

第二节 少数民族贫困地区县域经济的内涵与特征

一 少数民族贫困地区县域经济的内涵

（一）民族自治地方贫困县的界定

国家级贫困县是中华人民共和国部分实施经济扶持的县级行政区特定

称谓，其资格需经过中华人民共和国国务院扶贫开发领导小组办公室认定，审批工作在1986年、1994年、2006年和2012年共进行过四次。少数民族自治地区有着不同的评定批准，称其为民族自治地方国家扶贫工作重点县。本书所指少数民族贫困县或称民族自治地方贫困县，包括少数民族地区县和非民族地区少数民族自治县中的国家级贫困县。

国家级贫困县划定标准以当地人年均纯收入作为依据，而少数民族地区与革命老区则相应地降低标准。国家级贫困县主要集中在中西部地区，且多集中于革命老区、少数民族地区以及边疆地区。标准随着时间的推移而有所更改，部分县也随之退出国家扶持范围。1986年中央政府第一次确定了国定贫困县标准：以县为单位，1985年年人均纯收入低于150元的县和年人均纯收入低于200元的少数民族自治县。1994年制订《国家八七扶贫攻坚计划》时，中央政府重新调整了国定贫困县的标准。具体标准是：以县为单位，1992年年人均纯收入低于400元的县，全部纳入国家级贫困县扶持范围，高于700元的原国定贫困县，一律退出国家扶持范围[①]。

为了抓好新世纪的扶贫开发工作，中国政府确定以中西部少数民族地区、革命老区、边疆地区和特困地区作为扶贫开发重点，并决定在上述地区确定扶贫开发工作重点县（简称重点县）。重点县数量的确定采用"631指数法"测定：贫困人口（占全国比例）占60%（其中绝对贫困人口与低收入人口各占80%与20%）；农民人均纯收入较低的县数（占全国比例）占30%；人均GDP低的县数、人均财政收入低的县数占10%。其中，人均低收入以1300元为标准，老区、少数民族边疆地区为1500元；人均GDP以2700元为标准；人均财政收入以120元为标准。根据以上原则和方法，在全国中西部21个省、区、市确定了592个县（旗、市）为国家扶贫开发工作重点县。它们集中在少数民族地区、革命老区、边境地区和特困地区，其中老、少、边县的比例分别由"八七计划"的18%、43%、6%上升到31%、45%、9%。重点县与"八七计划"的贫困县相比，新列入89个，原贫困县出列51个，调整比例为9.2%[②]。

1994—2000年，国家实施"八七扶贫攻坚计划"，确定了592个国家重点扶持的贫困县，其中少数民族聚居县为257个。为推进新世纪的扶贫

---

① 参见国务院扶贫开发领导小组办公室《中国农村扶贫开发概要》，中国财政经济出版社2003年版。

② 同上。

工作，2001年国家重新确定了592个扶贫重点县，其中少数民族聚居县为267个（西藏除外）。根据国务院发布的2006年版《中国农村扶贫开发概要》，592个扶贫重点县中民族自治地方贫困县共有341个，分布于全中国17个省级行政区内，以西藏自治区为最，其次为云南省和贵州省，各省分布详见附录一。2012年3月，国务院扶贫开发领导小组办公室公布了新的国家级贫困县名单，进行了部分调整，但总数不变，其中民族自治地方贫困县共有335个，各省分布详见附录二。

（二）少数民族贫困地区县域经济含义

所谓少数民族贫困地区的县域经济，从内涵上说，就是指以少数民族贫困地区的行政县为范围，以实现少数民族贫困地区城乡一体化和城乡经济协调发展为目标的区域经济；从外延上说，就是指少数民族贫困地区范围内的县域经济，从行政区划看，主要指我国少数民族聚居的贫困县，包括少数民族地区县级行政区划单位和非民族地区少数民族自治县中的国家级贫困县，分布于内蒙古、新疆、广西、宁夏、西藏5个民族自治区和云南、贵州、青海3个民族省（以下简称全国民族八省区），以及甘肃、四川、河北、吉林、湖北、湖南、海南、重庆等总共16个省级行政区内。

二 少数民族贫困地区县域经济特征

少数民族贫困地区的县域经济除了具有县域经济的一般特征外，还具有以下一些特征：

（一）民族性

由于民族自治地方贫困县是我国少数民族聚居地区，因而少数民族人口在这些地区占据多数，少数民族劳动者成为少数民族地区县域经济发展的当然主体。同时，民族自治地方民族成分多样，在经济结构、地理环境、文化理念、生活习俗、宗教信仰等方面均有自己的特点，因此，少数民族贫困地区县域经济的发展带有显著的民族特色[1]。

（二）落后性

由于我国民族贫困地区各少数民族社会发展程度相对滞后，导致少数民族贫困地区县域经济发展呈现明显的落后性。这主要表现在：少数民族贫困地区的县域经济发展水平不仅落后于东部地区，而且落后于中部地区

---

[1] 参见廖乐焕《中国少数民族地区县域经济发展战略研究》，博士学位论文，中央民族大学，2007年，第25页。

和全国县域经济发展平均水平。县域经济竞争力是衡量县域经济发展水平的综合指标，开始于2001年的全国县域经济基本竞争力评价已经进行了13届（截至2013年底），从历届评价结果来看，竞争力强弱与区域经济发展水平高度一致，即东部地区县域经济竞争力最强，中部地区次之，西部地区最弱。民族自治地方贫困县大多位于西部地区[①]。

（三）以农牧业为主导

由于交通不便，信息闭塞，少数民族贫困地区的县域经济仍以自给自足的自然经济为主，在本质上仍属于农村经济，是以县为单位划分的一种农村区域经济类型。在少数民族贫困地区，农牧业在县域经济中占有特殊的重要地位，仍然是县域主要的就业渠道和重要的收入来源，而其他部门的经济活动都或多或少地与农牧业生产有联系。同时这也决定了县域经济的经营活动波动性相对较大，因为农牧业生产活动受自然条件的影响很大，客观上造成县域经济发展不稳定，起伏变化相对较大。

（四）经济规模总量偏小，结构不合理，运行质量差

少数民族贫困地区县域特色经济规模不大，发展缓慢。县域经济一定程度上就是特色经济。考察发达地区的经验，关键在于形成自己的特色，壮大支柱产业。少数民族贫困地区县域农业基础比较好，发展农产品加工业可以形成资源禀赋的优势，但是，由于多方面的原因，潜在的资源优势并没有形成现实的经济优势，特色资源的发掘、生产、加工、营销等方面都还不够。由于特色经济发展缓慢，使本地资源无法得到充分利用，或处于闲置状态，或以低附加值的原材料销售，或处于低效率利用中[②]。

少数民族贫困地区县域工业布局分散，缺乏企业的集群效应，与中心城市的工业高度聚集形成巨大的反差。一是目前工业企业，尤其是乡村企业，设备陈旧，技术水平低，影响产品质量和档次；二是产品和原料"两头在外"的外向型企业少，对当地农产品的依赖程度过大，相当部分工业受农业自然因素影响，季节型工业比数大；三是工业高附加值产业缺乏，如电子、化工、成套设备生产等，影响工业总量和经济效益的大幅度增长；四是企业规模小，没有国家或省重点项目、骨干企业、相同行业没

---

① 参见廖乐焕《中国少数民族地区县域经济发展战略研究》，博士学位论文，中央民族大学，2007年，第25页。

② 参见李军《欠发达地区县域经济发展战略研究》，硕士学位论文，吉林大学，2004年，第14页。

有组织起在生产经营上能够最大限度发挥技术、设备、人才优势的企业集团，规模小，经营分散。

少数民族贫困县第三产业层次低，发展速度不快。少数民族贫困县第三产业在 GDP 中所占比重基本处于第三位，其层次水平也较低，主要集中在小商品、餐饮、服装等传统服务业领域。新兴服务业，特别是商贸业、金融业、物流业、旅游业等虽然有所发展，但进展缓慢，在很大程度上制约了县域经济活力的发挥。

（五）城镇建设规模小，城镇化水平低，城镇的极化效应难以发挥

改革开放以来，特别是国家推进小城镇发展战略以来，县域城镇化进程得到快速推进。《城市蓝皮书》的数据显示，2000—2009 年，我国城镇化率由 36.2% 提高至 46.6%。在东南沿海等发达地区和大中城市郊区，一大批中小县城和乡镇，发展成为崭新的现代化中小城市，而且其辐射带动能力越来越强。中西部少数民族贫困地区的县域城镇建设也有长足发展，一些县城立足自身优势，努力扩大规模，城镇化水平明显提高，城镇建设已经成为少数民族贫困地区县域经济的新的增长点。但是，城镇化是工业化的结果，由于少数民族贫困县工业化水平普遍不高，且分布较散，严重制约了城镇化的发展。改革开放初期，为发展乡镇企业，县域农村大搞"村村办厂，户户冒烟"，鼓励农民"离土不离乡"、"进厂不进城"，虽然形成一时的繁荣，但也造成了严重的后患，由于这种做法人为地割裂工业化和城镇化，导致工业化没能有效地促进城镇化。城镇规模过小，导致城镇的极化效应难以发挥，同时带来一些不良影响，比如供水、供电、供气等城镇基础设施建设的平均成本和边际成本趋于高昂，不利于城镇居民的日常生活和城镇企业的经营活动；市场容量狭小，企业分工协作程度和专业化程度较低，居民消费在总量上也达不到足以带动当地经济发展的规模。

（六）对外开放不够，以内向型经济为主，难以融入全国经济大循环

少数民族贫困县由于经济基础较差，加之政策的滞后效应，以及区位、资源等方面的因素，导致了少数民族贫困县在招商引资上缺乏足够的竞争力和吸引力，无论是经济总量和市场发展消费量等方面，少数民族贫困县想吸引外来投资均十分困难，经济发达的东部地区仍然是社会投资的首选，对于少数民族贫困县而言，更多只是能够承接由于环境保护等因素而无法在发达地区发展的污染型项目；少数民族贫困地区县域经济运行上以内循环为主，经济发展以国内市场为主，甚至以本地市场为主，进出口

贸易极少，发展局限性较大，发展潜力较小，经济发展的外向度很低，不能形成规模型经济实体，不能形成聚集型产业带，难以依靠本地经济发展吸引外来投资。

（七）人才短缺

人才短缺是制约少数民族贫困地区经济加速发展的瓶颈，随着大专院校毕业生分配的市场化和各地人才市场的开放，这种人才短缺现象愈加严重，"孔雀东南飞"、"一江春水向东流"已成为人才流动的大趋势。人才的"回归率"太低、人才难求、人才外流、人才"赤支"的严峻形势（见表2-1和表2-2），对少数民族贫困地区经济已构成了新的制约因素，如果不给予足够的重视，认真加以解决，必将阻碍经济的加速发展[①]。

表2-1　　部分民族地区高级人才流失占人员专业技术岗位比例　　单位:%

地区	2003年	2005年	2008年	2010年
广西	34.5	38.3	43.6	53.4
甘肃	32.4	37.2	42.9	54.1
新疆	33.1	36.9	42.4	53.9

表2-2　　部分民族地区考出去的大学生回到各民族地区人员比例　　单位:%

地区	2003年	2005年	2008年	2010年
广西	33.7	30.6	28.2	24.6
甘肃	36.2	33.1	30.5	25.3
新疆	35.2	31.4	28.7	24.9

（八）科技落后

没有树立依靠科技振兴经济的战略意识，科技经济一体化进程缓慢，科技进步未能对经济增长起到应有的推动作用。其具体表现在：一是对现有的人才资源没有充分开发利用，用才不善，用非所长，人才被埋没、浪费，甚至受压抑的现象广泛存在。科技人才的作用和社会地位并未被真正认识和承认。社会结构从总体上看仍是"官本位"结构，而且越是贫困落后地区，"官本位"结构越加牢固。二是企业没有成为技术开发主体，

---

① 参见李军《欠发达地区县域经济发展战略研究》，硕士学位论文，吉林大学，2004年，第15—16页。

用于技术开发的资金投入不足,开发能力薄弱。三是科技成果转化率低,对经济增长贡献小,由于少数民族贫困地区经济落后,企业自我发展能力差,技术进步缓慢,对科技成果的吸纳能力弱,加上体制隔断和技术市场发育程度低,造成这些地区科技成果商品化、产业化步子缓慢,一批技术上领先的市场成果不能及时得到推广应用[1]。

(九) 长期推行粗放式经济增长模式

忽视现代科学技术发展和应用,科技进步和智力开发对经济增长的作用小,主要依靠增加投入和消耗大量资源来发展经济。技术、设备、工艺落后是长期以来少数民族贫困地区经济增长质量不高和效益不高、产品缺乏竞争力的重要原因,面临着尽快发展经济和保护生态的尖锐矛盾。少数民族贫困地区发展经济的任务是十分严峻的,为了缩小与发达地区经济水平的差距,尽快摆脱贫穷,常常跟在发达地区后面亦步亦趋地再走消耗资源来发展经济的老路,沿袭重复前人"先发展,后治理"的老路。尤其我国是一个资源相对短缺的国家,少数民族贫困地区又是相对短缺的自然资源蕴藏最集中的地区,不仅矿产资源主要集中于此,生物资源也主要集中在这些地区,如果为了赶超发达地区,加快经济发展,而大量消耗资源,不仅对发达地区,对全国生态环境也会造成无法挽回的严重后果。如果说中国由于人口压力巨大而资源相对短缺,必须选择新的可持续发展道路,那么,少数民族贫困地区就更加迫切需要尽可能快地找到一条经济快速增长的同时又能有效保护生态和资源的新路[2]。

第三节 少数民族贫困地区县域经济发展的理论基础

一 发展经济学理论

发展经济学理论是县域经济发展的重要理论支点。20世纪60年代以前,一些西方经济学家主要运用西方发达国家进行现代化建设并取得成功的历史经验为研究基点,探讨不发达国家怎样才能快速走上西方发达国家

---

[1] 参见李军《欠发达地区县域经济发展战略研究》,硕士学位论文,吉林大学,2004年,第16页。

[2] 同上书,第16—17页。

曾经走过的道路，从而使不发达国家走向发达①。他们的基本观点是：通过经济增长（主要是国民生产总值的增长）来实现现代化②。因此，他们极力强调提高资本积累率、实行工业化、计划化和进行政府干预，认为只要不发达国家经济能快速增长，就能走向现代化③。中国著名发展经济学家张培刚教授在《农业与工业化》一书中也论述了这一问题④。后来的发展经济学家也沿袭了早期发展经济学家的理论观点和研究方法，其中较为著名的是刘易斯的二元经济理论。

（一）刘易斯、拉尼斯 – 费景汉的二元经济结构理论

二元经济作为发展经济学的一种概念是刘易斯（William Arthur Lewis）提出的⑤。他于1954年和1955年先后在《劳动力无限供给条件下的经济发展》和《经济增长理论》两本著作中指出，在落后国家，弱小的资本主义部门（现代工业部门）与相对强大的传统部门（古代村落为载体的传统农业部门）并存形成社会的二元经济结构，前者资本相对充足，实行竞争，产生利润，工人得到自己的边际产品；后者资本相对稀缺，没有竞争，不产生利润，人们如果要维持生计，必须要消费多于边际产出的产品。刘易斯考察了印度和埃及等许多发展中国家，发现农业部门存在大量剩余劳动力，即隐蔽性失业。这种失业的含义是：假如农业部门的一部分劳动力转移到其他部门，则农业部门的剩余劳动力不仅能够保持原有的产量，而且在一定的情况下还会增加产量。因此，一部分农业劳动力对于农业部门而言是多余的。农业部门的剩余劳动力向工业部门转移，对两个部门都有利。因为，这一转移不仅为农业的隐蔽性失业人口提供了新的就业机会，减轻了人多地少的负担，有利于提高农业劳动生产率，而且使工业部门也得到了自身发展中所需要的劳动力。因此，这种过剩的劳动力在部门之间的转移，对于工业和农业乃至整个国家经济的发展都是必要的。同时，他认为，由于工业的发展，农业中的这种剩余劳动力最终将被全部吸收。

---

① E. Wayne Nafziger, *The Economics of Developing Countries*, Englewood Cliffs, N. J: Prentice – Hall, 1956.
② Gene M. Grossman, *Economic Growth: Theory and Evidences*, Cheltenham, 1957.
③ Maurice F. G. Scott, *A New View of Economic Growth*, New York: Oxford University Press, 1959.
④ Pei – Kang Chang, *Agriculture and Industrialization*, Arcadia Press, 2002.
⑤ ［美］阿瑟·刘易斯：《二元经济论》，施炜等译，北京经济学院出版社1989年版。

美国发展经济学家拉尼斯（Gustav Ranis）和费景汉（John C. H. Fei）发展了刘易斯的二元经济结构理论，提出了改造二元经济结构的新设想。拉尼斯和费景汉认为，二元经济是处于农业经济和现代增长之间的一个历史时期，从农业经济阶段过渡到现代增长阶段，主要标志就是农业剩余劳动力的转移状况[①]。可见，拉尼斯、费景汉与刘易斯在主要观点上是相同的，所不同的是拉尼斯和费景汉强调现代工业与农业部门的平衡，以使农业部门所提供的农业剩余刚好能满足工业部门对于农产品的要求。不但如此，拉尼斯和费景汉还将劳动力转移速度快于人口增长速度作为改造二元经济结构的必要条件，并且十分重视技术进步在经济发展中的作用，认为技术进步与资本同样是促进生产率提高的根本途径。

（二）舒尔茨的改造传统农业理论

舒尔茨（Theodore W. Schultz）针对20世纪60年代西方经济学家对待发展中国家经济发展问题上的主流观点，即只有通过工业化才能实现经济起飞，而农业是停滞的、愚昧的，农业不能对经济发展作出贡献，充其量只能是为发展工业提供劳动力、市场和资金等指出，并不存在使任何一个国家的农业部门不能对经济增长作出贡献的基本原因。欧洲、日本、墨西哥等国正是通过农业发展而实现了较快的经济发展。他通过对危地马拉的帕那加撒尔和印度的塞纳普尔这两个传统农业社会的详细调查后得出结论：在传统农业，生产要素配置效率低下的情况是比较少见的，相反，传统农业的要素配置达到了很高的效率。他认为，在传统农业中农民并不愚昧，农民多年来的努力，使现有的生产要素配置达到了最优化，重新配置这些生产要素并不会使传统农业的生产增长，外来的专家也找不到发展中国家传统农业的生产要素配置有什么低效率之处[②]。

舒尔茨用收入流价格理论解释了传统农业停滞落后、不能成为经济增长源泉的原因。他分析说，在传统农业，由于生产要素和技术状况不变，所以，持久收入流来源的供给是不变的，即持久收入流的供给曲线是一条垂直线。另外，传统农业中农民持有和获得收入流的偏好和动机是不变的，所以对持久收入流来源的需求也不变，即持久收入流的需求曲线是一

[①] ［美］费景汉、拉尼斯：《劳动剩余经济的发展》，王璐等译，经济科学出版社1992年版，第45—48页。

[②] ［美］西奥多·W. 舒尔茨：《改造传统农业》，梁小民译，商务印书馆1999年版，第65—70页。

条水平线。这样，持久收入流的平衡价格就长期在高水平上固定不变。这说明来自农业生产的收入流来源（生产要素）的价格是比较高的，即传统农业中资本的收益率低下，在这种情况下就不可能增加储蓄和投资，也无法打破长期停滞的平衡状态。资本收益率低下，也就是收入流来源的价格高，即社会所依靠的生产要素是昂贵的经济增长源泉。因此，改造传统农业的出路，就在于寻找一些新的生产要素作为廉价的经济增长源泉。

舒尔茨以危地马拉帕那加撒尔和印度塞纳普尔传统农业社会农业资本收益率低下的实证研究论证了上述观点。他提出，改造传统农业的关键是引进新的现代农业生产要素，这些要素可以使农业收入流的价格下降，从而使农业最终成为经济增长的源泉。促进整个经济增长关键是技术变化，技术的变化就是生产要素的增加，所以，改造传统农业的根本途径是应该对农业进行技术引进，包括技术本身、农业制度；发展中国家应当向农民投资——发展农村教育事业，以改善农村的人力资本结构。所有这些的目的是希望从供给和需求两方面为引进现代的农业生产要素创造条件。

舒尔茨对发展中国家，特别是以传统农业经济占主导地位的发展中国家的经济发展作出的重要警示，对中国县域经济的现代化建设具有重要参考价值。

（三）速水佑次郎的借用技术理论

借用技术论是日本经济学家速水佑次郎提出的[①]。速水佑次郎主要用比较制度方法和对东亚，尤其是日本经济发展的经验和知识，从人口增长、资源耗竭、资本积累和技术变化等方面，对不同地区、不同时期和不同社会和文化传统，由资源禀赋和技术变迁引起的制度演进进行了研究。其主要观点包括：

（1）发展机制潜在于表面落后之中，一旦这种机制被开发出来，发展中国家就有可能实现赶超目标。他认为，发展中国家经济增长的差异与自然资源禀赋没有多大关系，而要用物质资本和人力资本来解释，其中关键是技术的引进和消化。

（2）发展中国家所需的投资超过了国内的储蓄能力，所以，引进资本是其摆脱低增长率和低储蓄率恶性循环的措施。当然，外债的配置必须

---

① ［日］速水佑次郎：《发展经济学——从贫困到富裕》，李周译，社会科学文献出版社2003年版，第63—74页。

有效，用它们生产出来的商品能为减少进口、扩大出口做出贡献，从而可以用由此节约或挣来的外汇偿还外债，否则外债有可能累积到无法偿付责任的危险。速水佑次郎认为，只要政策适宜，低收入国家或地区就能动员足够的国内储蓄和国外资本而步入发展的良性循环，实现收入和投资增长的相互促进。相反，一个国家，即使收入达到高水平，如果政策选择不当，它仍会处于停滞或延迟的危险中。

（3）发展中国家与发达国家在发展上的差距正是其加快增长的潜力。开发这种潜力的关键是在市场结构、产业组织、劳动管理和研究、教育、培训等领域进行制度创新，使其适应自身的经济和社会环境，以避免经济基础和上层建筑之间发生灾难性的冲突。

（4）发展中国家应当实现政府与企业家之间对产业政策和信息的分享，这是促进经济增长的重要条件之一。速水佑次郎认为，战后日本产业政策主要是保护零售业和农业这样的低生产率部门，以及像纺织这样趋于下降的产业，而不是上升中的产业。日本产业结构提升和出口竞争力的增强，主要依靠私人公司的决断和调整能力。产业政策对经济增长的贡献，是在制订计划过程中通过各种渠道的对话实现政府和企业的信息分享，这对于动员企业家齐心合力地发展具有战略互补特性的产业，包括前向关联产业，避免所谓的"协调性失败"，可能是有效的。

（5）发展中国家农业发展的前提是建立产权界定与保护规则。产权界定和保护是促进现代农业技术引进和本土化的必要条件。农业产权界定和保护绝非个人努力就能做到，必须依靠人们的集体行动。有效地组织人们采取这些集体行动，需要有适宜的制度。

（四）诺斯的制度变迁理论

新制度经济学的出现，是西方经济学界最近数十年间最为引人注意的经济理论的突破[1]。新制度经济学把交易成本、产权、契约、制度选择等概念引入经济分析，阐明制度在经济发展中的决定作用，从而把制度纳入经济发展理论研究范畴[2]。

新制度主义经济学家诺斯（Douglass C. North）以新制度经济学研究

---

[1] Rutherford, M., *Institutions in Economics: The Old and New Institutionalism*, Cambridge: Cambridge University Press, 1994, pp. 78–80.

[2] Hodgson, G. M., *Economics and Institutions: A Manifesto for a Modern Institutional Economics*, Cambridge: Polity Press, 1998, pp. 67–69.

方法研究了社会经济制度的变迁问题,创立了独具特色的制度变迁理论(或称新经济史学)[①]。按照诺斯的观点,有两种制度安排:正式制度安排和非正式制度安排。正式制度安排是人们有意识创造的一系列政策法规;非正式制度安排则是人们在长期交往中无意识形成的,具有永久的生命力,并构成世代相因、渐进演化文化的一部分。相对于较为活跃的技术变迁过程来说,正式制度安排经常做出"滞后调整",而非正式制度安排则由于其固有的传统性和历史的积淀,其"滞后"现象更为严重一些。非正式制度安排也可能由于技术变迁过程的推动而较快地更新,也可能由于外部示范移植先于正式制度安排而形成,并构成对正式制度安排的压力而缩减时滞。但非正式制度规则尤其是意识形态能否移植,要取决于移植国的技术变迁状况和其文化遗产对移植对象相容的程度。若二者相容,制度创新的引入将进一步降低制度变迁的成本。概言之,正式或非正式制度变迁所设定的目标与既定的制度遗产距离越小,亲和力越强,制度变迁的目标越容易实现。

诺斯指出,制度变迁一般是渐进的、连续的。渐进性变迁来源于企业家对改变现存制度将改善其状况的感知。这一感知主要取决于企业家所获信息及其处理信息的方式,包括企业家的经济活动常常根据不完全的信息行事,而且常常凭想象处理问题,因而也可能误入无效之歧途。政治和经济市场中所存在的交易成本会导致效率低下的产权及产权制度[②]。

所以,诺斯强调,应该根据制度绩效来评价制度的作用。制度绩效表现于对生产活动的激励或促进。据此,诺斯认为,"第三世界所以贫困,是因为他们的制度为其政治经济活动所确立的一系列规则没有促进生产性活动。社会主义经济直到现在才开始承认,他们所依赖的制度框架是绩效不佳的根源,因而他们试图重建制度框架以引导激励,从而引导经济组织向提高生产率的方向发展"[③]。

新制度经济理论对于分析发展中国家的农业发展缓慢原因、过程和途

[①] Douglass C. North, *Structure and Change in Economic History*, New Haven: Yale University Press, 1983.

[②] Douglass C. North, "Institutions", *Journal of Economic Literature*, No. 1, 1991, pp. 134 – 145.

[③] Douglass C. North, *Institutions, Institutional Change and Economic Performance*, Cambridge: Cambridge University Press, 1990, pp. 62 – 64.

径,以及技术进步与发展中国家农业发展关系等问题,具有重要的意义。它可以使我们更加清楚地认识制度在发展中国家农业发展中所具有的至关重要的作用。发展中国家的农业之所以落后,不仅是由于其农业技术落后、缺乏资本、产业结构不合理等纯经济原因,制度不完善也是重要的原因之一。因为,制度通过影响信息和资源的可获得性,建立交易的基本规则,可以降低信息成本和交易成本,由此扩展人类选择的机会,丰富包括农业发展在内的经济发展的内涵,是直接影响县域经济发展的重要因素。

二 区域经济学理论

(一) 区域比较优势理论

比较优势理论应用于区域经济发展,形成了区域比较优势理论,这为县域经济发展战略定位奠定了理论基础。比较优势理论最早由亚当·斯密(Adam Smith)应用于国际贸易中的出口生产成本分析,也被总结为绝对比较优势理论或内生比较利益说[1]。大卫·李嘉图(David Ricardo)发展了这一理论,产生了相对比较优势理论,并且由于其理论关注资源禀赋的配置状况,因此又被称为外生比较利益说。此后的比较优势学说的发展主要是沿着斯密和李嘉图这两条相互联系又具有差异的思路进行。其中,外生比较优势理论由赫克歇尔(Eil F. Heckscher)和奥林(Beltil G. Ohlin)进一步发展,总结成禀赋比较优势说(简称为HO定理)[2]。这一理论流派长期以来一直居于主流地位,多应用于区域经济发展。

比较优势理论从系统科学角度看是县域经济的定位理论,它解决了一个子系统在大系统中如何定位问题。按照这一理论,每一子系统只有找到自己的特色并发挥了自己的这种比较优势,才能在大系统中找到自己生存和发展的合理性和可行性。我国的许多县特别是民族地区贫困县,都可以说是发展弱势地区,所以比较优势理论已经在县域经济发展中被广泛运用。这种运用主要以发展特色经济的形式出现,利用本地区产业传统和资源优势,所谓"一县一特"、"一乡一业"、"一村一品",都是强调"特色就是优势"。比较优势理论告诉我们,一个地区应该根据自己的资源和技术禀赋条件发展自己有比较优势的行业,生产自己有比较优势的产品,

---

[1] [英]亚当·斯密:《国富论——国家财富的性质和起因的研究》,谢祖钧等译,中南大学出版社2003年版。

[2] [瑞典]贝蒂尔·奥林:《地区间贸易和国际贸易》,王继祖等译,首都经济贸易大学出版社2001年版。

这样才能更好地促进本地区经济的发展。

(二) 区域发展阶段理论

区域经济成长是一个渐进的过程。这一渐进过程通常会表现出一定的阶段性特征。美国著名的区域经济学家埃德加·胡佛（Edgar M. Hoover）认为，任何区域的发展都存在着"标准阶段次序"[①]。这种标准阶段的次序是：

第一，自给自足经济阶段。这是区域经济发展的初期阶段，其特征是：区域投资和区域间贸易较少，区域产业几乎全为农业，区域人口绝大部分为农业人口，经济活动均随农业资源呈均匀分布。

第二，乡村工业崛起阶段。随着交通运输业发展，乡村工业及相关行业随之产生。由于乡村工业的原料、市场和劳动力来源于农业区域，因此，乡村工业的分布与农业人口的分布相对应。

第三，农业生产结构转换阶段。随着区域间贸易的日益扩大，区域农业生产开始由粗放型农业转变为集约型农业。

第四，工业化阶段。由于人口的增加及农业生产发展到相当规模后所产生的规模效益面临递减现象，迫使区域不得不谋求工业化，谋求制造业和矿业的发展。

第五，服务业输出的阶段（成熟阶段）。区域经济发展的最后阶段，是以资本、技术以及专业性服务等输出为主的发展阶段。

(三) 梯度推移理论

梯度推移理论起源于美国哈佛大学教授弗侬等人首创的"工业生产生命周期阶段论"。中国区域经济研究工作者将工业生产生命周期阶段论引入到区域经济发展研究领域，创立了区域梯度推移理论，并广泛运用于经济发展战略和县域经济发展的实践中[②]。

区域梯度推移理论认为当区域经济发展已形成了经济发达区和经济落后区，经济发展水平出现了差异，就形成了经济梯度。所谓经济梯度是指地区间的经济发展水平的差异。地区间经济发展水平的差异程度可通过考察地区间生产力的先进程度（如劳动力的素质、劳动手段的先进程度、劳动对象的供需状况和科技发展水平等）、市场的发育程度、产业结构的

---

① [美] 埃德加·M. 胡佛、弗兰克·杰莱塔尼：《区域经济学导论》，郭万清等译，上海远东出版社1992年版。

② 参见郝寿义、安虎森《区域经济学》，经济科学出版社2004年版。

优劣、人均收入水平的高低等进行综合测评,目前多采用人均收入水平来反映地区的差异和经济梯度的高低。该理论重视地区间经济发展水平的差距,认为较为发达地区属于高梯度地区、不发达地区属于低梯度地区。

该理论的主要观点是:区域经济发展取决于其产业结构的状况,而产业结构的状况则又取决于地区经济部门,特别是其主导产业在工业生命周期中所处的阶段。如果其主导产业部门由处于创新阶段的专业部门所构成,则说明该区域具有发展潜力,因此将该区域列入高梯度区域。该理论认为,创新活动是决定区域发展梯度层次的决定性因素,而创新活动大都发生在高梯度地区。随着时间的推移及生命周期阶段的变化,生产活动逐渐从高梯度地区向低梯度地区推移,而这种梯度推移过程主要是通过多层次的城市系统而扩展开来。梯度推移之所以成为必要与可能,这主要是由于市场的扩大及由此而引发的生产规模扩大、生产费用节约等,从而使处于下一级梯度的具有某些比较优势的城市或地区成为该产品的最大生产地,而取代原来最高梯度的创新发源地,进而实现了技术及产品生产的梯度转移。当然,由于地区接受能力的差异,致使梯度推移只能顺次进行。从上面论述的观点来看,梯度理论实际上是从静态的观点将不同的区域划分成不同的等级梯度,从而使产品的生产技术依次转移。

(四) 不平衡发展理论

不平衡发展理论是县域经济发展的又一个重要理论支点,该理论以赫希曼(A. Hirschman)和威廉姆森(J. G. Williamson)为代表。

赫希曼认为,由于不发达国家或地区不具备产业和地域全面增长的资金和其他资源,包括人才、技术和原材料等[1]。因此,理论上的平衡发展是不可能的,经济进步并不同时出现在所有地方,而一旦出现在某一处,会使得经济增长围绕最初的增长点集中。这种增长点或增长极的出现,必然形成区域间的不平等,而增长极发展到一定程度,会产生一种力量扩散到其他地区,即极化效应和涓流效应。增长中心(极)存在的高工资、高利润以及完善的生产和投资环境,一方面,不断吸引周围落后地区的资本、技术和人才,从而使得这些地区的经济发展受到制约,两个地区之间的经济差距日益扩大;另一方面,发达地区(增长极)向周边地区的购

---

[1] Albert Otto Hirschman, *The Strategy of Economic Development*, New Haven: Yale University Press, 1958.

买力或投资增加,以及周边地区向发达地区的移民,提高了落后地区边际劳动生产率和人均消费水平。从长期来看,由于经济增长达到一定程度,发达地区会产生集聚不经济,从而促进产业向周边扩散。因而,地域上的涓流效应将超过极化效应,逐步缩小发达地区与不发达地区的经济差距。

威廉姆森的"区域成长"理论认为,一国或一地区经济发展的早期阶段,区域间成长的差异将会扩大,倾向不平衡成长,即区域发展差异的扩大是经济增长的必要条件[①]。以后,随着经济发展,区域间不平衡程度将趋向稳定,当达到发展成熟阶段,区域间经济水平发展的差异将逐步趋于缩小,倾向平衡成长,而区域间经济发展差异的缩小又构成经济增长的必要条件。这是一种有时间变量的平衡发展理论,即所谓倒"U"形理论。区域经济成长从不平衡到平衡的演变过程是极化效应和扩散效应相互作用、相互转化的结果。在区域成长的初期,极化效应较扩散效应显著,区域经济差距呈现拉大趋势,这种不平衡表现在生产要素首先集中在少数点或地区,即增长极上,可以获得较好的效益和发展。而在区域成长后期,扩散效应变得更为重要,集聚经济向周围扩散渗透,并导致区域经济差异的进一步缩小。

(五)增长极理论

增长极理论,最早由法国经济学家佛朗索瓦·佩鲁(Francois Perroux)提出[②],汉森对这一理论进行了系统研究和总结。该理论从物理学的"磁极"概念引申而来,认为受力场的经济空间中存在着若干个中心或极,产生类似"磁极"作用的各种离心力和向心力,每一个中心的吸引力和排斥力都产生相互交汇的一定范围的"场"。这个增长极可以是部门的,也可以是区域的。

该理论的主要观点是,区域经济发展主要依靠条件较好的少数地区和少数产业带动,应把少数区位条件好的地区和少数条件好的产业培育成经济增长极。通过增长极的极化和扩散效应,影响和带动周边地区和其他产业,主要表现为生产要素内外围的转移。在发展的初级阶段,极化效应是主要的,主要表现为资金、技术、人才等生产要素向极点聚集。当增长极

---

① J. G. Williamson, "Regional Inequality and the Process of National Development: A Description of the Patterns", *Economic Development and Cultural Change*, Vol. 8, No. 2, 1956, pp. 3 - 45.

② Francois Perroux, "Economic Space: Theory and Application", *Quarterly Journal of Economics*, Vol. 64, No. 1, 1950, pp. 64 - 89.

发展到一定程度后，极化效应削弱，扩散效应加强，资金、技术、人才等生产要素更多地向周边地区和其他产业流动。

增长极理论主张通过政府的作用来集中投资，加快若干条件较好的区域或产业的发展，进而带动周边地区或其他产业发展。这一理论的实际操作性较强，有利于发挥政府的作用，集中投资、重点建设、集聚发展、注重扩散，弥补市场的不足。该理论对于贫困地区经济发展具有很强的现实意义。但是，在培育增长极的过程中可能加大增长极与周边地区的贫富差距，因为增长极的培育和成长有一个过程，在起始阶段，极化效应很强，周边地区生产要素流向增长极，影响周边地区的发展，因此，政府在地方发展过程当中应该适当考虑协调地区间的发展。

（六）点轴开发理论

点轴开发理论最早由波兰经济学家萨伦巴和马利士提出。该理论是增长极理论的延伸，也是从区域经济发展不平衡规律出发，十分重视"点"即增长极和"轴"即交通干线的作用，认为随着连接各种中心地的重要交通干线如铁路、公路、河流航线的建立，连接地区的人流和物流迅速增加，生产和运输成本降低，形成了有利的区位条件和投资环境，使产业和人口向交通干线聚集，使交通干线连接地区成为经济增长点，沿线成为经济增长轴①。增长点和增长轴是区域经济增长的发动机，是带动区域经济增长的领头羊。

与增长极理论不同的是，点轴开发是一种地带开发，在空间结构上是点线面的结合，基本上呈现出一种立体网络结构的态势。它对地区经济发展的推动作用要大于单纯的增长极开发，一方面可以转化城乡二元结构，另一方面又可以促进整个区域逐步向经济网络系统发展。点轴开发理论适合于贫困地区。

（七）区域经济可持续发展理论

可持续发展是指既满足当代人的需要，又不损害后代人满足需要的能力的发展②。可持续发展系统中，经济、环境、社会等是不可分割的可持续发展要素，虽然它们本身就是复杂的系统，有自身的结构和功能，但是，单独一个要素的发展都不是可持续发展。

---

① 参见张金锁、康凯《区域经济学》，上海人民出版社2003年版。

② World Commission on Environment and Development, *Our Common Future*, New York: Oxford Paperbacks, 1987, p. 43.

生态可持续性是可持续发展的基础。经济的持续发展要与有限的自然承载能力相协调，这就要求我们在追求经济发展时，必须同时注意保护环境，包括控制环境污染，改善环境质量，保护生命支持系统，保持地球生态的完整性，保证以持续方式利用可再生资源，使人类的发展保持在地球的承载能力之内。"资源的永续利用和良好的生态环境是可持续发展的标志"[1]。

经济可持续性是条件。经济增长是国家实力和社会财富的体现，它既为提高人民生活水平及其质量提供保障，也为可持续发展提供必要的物力和财力。可持续发展不仅重视经济增长数量，更要追求经济增长质量。"数量的增长是有限的，而依靠科学技术进步，提高经济活动中的效益和质量，采用科学的经济增长方式才是可持续的"[2]。

社会可持续性是目的。可持续发展强调社会公平，没有社会公平，就没有社会的稳定。不同的国家或区域，因其发展水平不同，在不同的时期可持续发展的具体目标可能不尽相同，但其本质应当是一致的，即改善人类生活质量，提高人类健康水平，创造一个保障人人平等、自由和免受暴力，保障人人有受教育权和发展权，保障人权的社会环境。"谋求社会的全面进步是可持续发展的目标"。

三 产业经济学理论

产业经济学从"产业"出发来揭示产业的发展和变化、产业内部企业之间的相互作用和产业间的相互联系等产业本身所特有的经济活动和规律，这些经济活动和行为介于单个经济主体和国民经济整体的中间层次，因而形成了产业经济自身特有的发展规律和特征，包括：产业内部各企业之间相互作用关系的规律、产业本身的发展规律、产业与产业之间互动联系的规律以及产业在空间区域中的分布规律[3]。产业经济学有关产业结构的理论对县域经济中产业结构调整与优化具有重要的指导意义。

产业结构是指产业与产业之间形成的经济技术关系和数量比例关系，是指在社会再生产过程中，一个国家或地区的产业组成，即资源在产业间

---

[1] V. U. James, *Sustainable Development in the Third World Countries*, Praeger Publisher, 1996.

[2] Goldin and A. L. Wintersed, *The Economics of Sustainable Development*, Cambridge: Cambridge University Press, 1995.

[3] 参见戴伯勋、沈宏达主编《现代产业经济学》，经济管理出版社 2001 年版，第 25—43 页。

配置状态。目前实证研究中运用比较广泛的是"克拉克大分类法",系由英国经济学和统计学家科林·克拉克(Colin Clark)创建,并经美国经济学家西蒙·库兹涅茨(Simon Kuznets)发展和应用,逐渐发展成为各国进行国民经济统计、制定经济政策的结构基础。

(一)产业结构演变的发展规律

劳动力在三次产业间的转移规律。随着经济的发展和人均国民收入水平的提高,劳动力首先由第一产业向第二产业转移,当人均国民收入水平进一步提高时,劳动力便向第三产业转移。总的趋势是,劳动力在第一产业的比重下降,在第二产业和第三产业的比重将提高。

国民收入在三次产业间的分布变化规律。随着经济发展和人均国民收入水平的提高,由农业实现的国民收入在整个国民收入中所占的比重将不断下降,由工业实现的国民收入在整个国民收入中所占的比重将不断上升,由服务业实现的国民收入在整个国民收入中所占的比重变化不明显。

工业结构变动的一般规律。在工业化的进程中,消费品部门的增值价值和资本部门的增值价值之比是不断下降的。

主导产业决定产业结构演变趋势的规律。即前述产业结构演变的总趋势决定于主导产业,美国经济学家罗斯托曾把经济成长划分为六个阶段,即传统社会、为"起飞"创造条件、起飞、成熟、高额消费、追求生活质量,每个阶段都以主导产业的更替为特征。

(二)产业结构的高级化和合理化

产业结构优化理论是产业结构理论的核心部分,是众多经济学家相继研究的成果。基本内容包括两个方面:一是产业结构高级化,即在科技进步的基础上,优先发展主导产业,加速产业结构转换,进而提高整个产业结构素质,使在新技术水平上保持持续增长和形成新的经济增长点。二是产业结构合理化,即在产业结构高级化的基础上,大力发展市场需求大,附加值高,主要支撑一国经济发展的支柱产业,积极发展限制经济增长的瓶颈产业,使产业间保持均衡和协调发展,形成经济持续、快速、高效益和健康发展的基础。产业结构的演进是许多经济的和非经济的因素综合作用的结果,几乎可以说,一切影响经济发展的因素,都直接或间接地作用于产业结构,推进或制约产业结构的发展变化。

四 民族经济学理论

民族经济学是20世纪80年代由我国理论界首先提出,并逐步形成体系的研究各民族经济问题的新型学科。民族经济学关于少数民族地区经济发展的"加速战略"理论是研究少数民族贫困地区县域经济发展的重要理论基础。

(一) 加速战略基本内容

加速战略的基本构想是，在实现现代化的建设过程中，少数民族地区需要不断加快前进步伐，尽可能地在短时期内逐步缩短与东部沿海地区的社会经济发展差距，为最终摆脱总体上的落后局面打下坚实基础。加速战略的实施重点是强化经济体制改革，把以往追求外延式扩大再生产转向实现内涵式扩大再生产，把曾经注重产值数量的增长转向提高经济效益的增长。加速战略的执行总方针是同时搞好经济建设和文化建设诸多方面的工作，以物质文明作为精神文明的发展保障，使精神文明成为物质文明的促进力量，加快经济与社会的发展速度[①]。

系统改革僵化封闭且效益低下的经济体制及其运行机制，是少数民族地区社会发展实现经济腾飞的关键环节。改革的重点应该是经济体制与结构，并要消除企业旧有体制中一些阻碍生产力发展的因素，调整产业结构，建立符合市场经济要求的现代企业制度。同时也要慎重地进行政治体制改革，充分发扬民主，完善法律法规，使两方面的改革要相互配套，稳步推进[②]。

简言之，加速战略是一项系统工程。它的宗旨是建立一种全新的具有少数民族地区特色且充满生机与活力的社会主义经济体制与机制。

(二) 加速战略实施步骤

一是强化农牧业基础地位。第一，要合理利用自然资源，实施可持续发展。在农牧业中，要大力推广有机和无机相结合的旱作农业，重视草原建设，把种草植树作为长远的战略方向，走农林牧综合发展之路。第二，大力发展多种经营，疏通商品流通渠道。要调整种植业内部比例，增加经济作物播种面积，为发展多种经营提供生产原料。畜牧业要坚决消除草原超载放牧现象，调整畜群结构，加快存栏牲畜周转，提高畜牧业商品率。第三，积极促进乡镇企业发展，广泛应用农业新技术。通过兴办乡镇企业，既可增加农民个人收入，又可以向农业提供中低档生产设备。应用先

---

① 参见施正一主编《民族经济学教程》，中央民族大学出版社2001年版，第333—337页。
② 同上。

进适用的科学技术，能使农业的粗放经营向集约化和专业化转变。

二是推行工业资源转换对策。第一，轻重工业并举，以重工业为龙头。要利用现有重工业资源优势，生产出更多品种全质量好的产品，更好地为全国农业和消费品工业服务，为国防现代化服务。第二，稳定原料性产品生产，适当增加最终产品生产。原料性工业品生产是西部地区的一大优势，要通过企业技术改造继续发扬这种优势，并量力而行增加少部分最终产品的生产。第三，组建企业集团公司，优化内部组合。通过专业协作的方法，把分散各地的工业企业单位组建成大集团公司，重新配置存量资产，提高企业的市场竞争能力。第四，大企业坚持国有制经营，中小企业实行灵活改革措施。

三是实行点、线、面发展对策。第一，集中力量建设自治区、省的首府和重要城市，使它们成为一个个辐射力强大的经济增长点。第二，利用铁路公路物资运输和信息、交流便利的条件，促进沿线附近地带经济快速增长。第三，依靠点、线构建的网络，建立各具特色的经济开发区。

本章小结

本章界定了县域经济的内涵和基本类型，阐述了少数民族贫困地区县域经济内涵与特征，分析了少数民族贫困地区县域经济发展的主要理论基础。本章主要结论如下：

第一，县域经济是指以我国的行政县为区域范围，以县级财政为标志，以县城、镇、乡、村各层次的经济元素间的联系和比例关系为基本结构，通过双向反馈的人力流、资金流、物质流、信息流而显示出整体功能的经济系统。根据经济发展程度，可将县域分为发达县、中等县和贫困县，本书主要研究民族自治地方贫困县；根据各县产业结构的状况，大致可以把县域经济划分为农业主导型经济、工业主导型经济和服务业主导型经济。

第二，少数民族贫困地区的县域经济，从内涵上说，就是指以少数民族贫困地区的行政县为范围，以实现少数民族贫困地区城乡一体化和城乡经济协调发展为目标的区域经济；从外延上说，就是指少数民族贫困地区范围内的县域经济，从行政区划看，主要指我国少数民族聚居的贫困县，包括少数民族地区县级行政区划单位和非民族地区少数民族自治县中的国家级贫困县。

第三，少数民族贫困地区的县域经济除了具有县域经济一般特征外，还具有以下一些特征：民族性；落后性；以农牧业为主导；经济规模总量偏小，结构不合理，运行质量差；城镇建设规模小，城镇化水平低，城镇的极化效应难以发挥；对外开放不够，以内向型经济为主，难以融入全国经济大循环；人才短缺；科技落后；长期实行粗放式经济增长模式。

第三章

少数民族贫困地区县域经济发展差距及原因分析

截至2012年年底,少数民族自治地方县级行政区划单位共有702个,其中,贫困县共335个,占民族自治地方县级区划数47.72%,占全国贫困县56.59%。少数民族贫困地区县域经济发展总体上比较落后,本章将通过统计资料分析和典型调查,以湖北省少数民族贫困县为例,从经济总量、经济质量、经济发展水平、工业化程度、经济发展环境等多方面对少数民族贫困地区县域经济与全国平均水平及发达地区水平进行比较分析,说明其存在的差距,并分析其原因。

第一节 少数民族贫困地区县域经济发展差距分析

一 县域经济规模

县域经济规模主要包括人口规模、地区生产总值规模、地方财政一般预算收入规模等指标。目前,湖北省内的国家级贫困县共25个,其中位于民族自治地方的国家扶贫工作重点县就有9个(包括长阳土家族自治县、恩施市、利川市、建始县、巴东县、宣恩县、来凤县、咸丰县、鹤峰县),占36%。从表3-1中可以看出,在主要经济指标上,2011年,湖北省少数民族贫困县的经济发展平均规模虽然高于全国少数民族自治县平均规模,但与全国县域经济百强县相比差距悬殊。其中,地区生产总值仅为全国县域百强县的9.47%;地方财政一般预算收入仅为全国县域百强县的8.55%。

二 县域经济发展水平

人均地区生产总值、城镇居民人均可支配收入、农民人均纯收入等人

第三章　少数民族贫困地区县域经济发展差距及原因分析

表 3-1　　　　　　　　县域经济规模比较

地区		人口（万人）	地区生产总值（亿元）	地方财政一般预算收入（亿元）
湖北少数民族贫困县（市）	长阳县	38.29	75.30	3.4008
	恩施市	76.12	105.34	7.8669
	利川市	65.55	64.77	5.7069
	建始县	41.29	47.87	2.9200
	巴东县	42.18	57.52	3.8472
	宣恩县	30.00	34.64	1.4800
	咸丰县	30.23	41.98	1.9428
	来凤县	24.34	35.24	1.4719
	鹤峰县	20.03	30.43	1.6402
湖北少数民族贫困县（市）平均规模		40.89	54.79	3.3641
全国少数民族自治县平均规模		26.80	40.06	2.2205
全国县域经济百强县（市）平均规模		87.93	578.34	39.3600

资料来源：《中国统计年鉴》（2012）、《湖北统计年鉴》（2012）、《第九届全国少数民族自治县县域经济基本竞争力评价报告》、《第十二届全国县域经济基本竞争力与县域科学发展评价报告》。

均指标反映县域经济发展水平。表 3-2 显示 2011 年湖北少数民族贫困县经济发展水平与全国的对比情况。

表 3-2　　　　　　　　县域经济发展水平比较

地区		人均地区生产总值（元）	城镇居民人均可支配收入（元）	农民人均纯收入（元）
湖北少数民族贫困县（市）	长阳县	19666	13557	4190
	恩施市	13839	15033	3946
	利川市	9881	12636	3930
	建始县	11594	12522	3898
	巴东县	13637	12696	3915
	宣恩县	11547	12502	3893
	咸丰县	13887	12627	3921
	来凤县	14478	12892	3895
	鹤峰县	15192	12929	4116

续表

地区	人均地区生产总值（元）	城镇居民人均可支配收入（元）	农民人均纯收入（元）
湖北少数民族贫困县（市）平均水平	13747	13044	3967
全国少数民族自治县	16782	—	4538
全国	35181	21810	6977
全国县域经济百强县（市）	69390	25110	12320

资料来源：《中国统计年鉴》（2012）、《湖北统计年鉴》（2012）、《第九届全国少数民族自治县县域经济基本竞争力评价报告》、《第十二届全国县域经济基本竞争力与县域科学发展评价报告》。

从表3-2可以看出，湖北少数民族贫困县经济发展水平与全国平均水平相比，存在较大的差距。2011年湖北少数民族贫困县人均地区生产总值为13747元，低于全国少数民族自治县16782元的平均水平，仅为全国平均水平的39.07%，全国县域经济百强县人均地区生产总值达到69390元，是湖北少数民族贫困县的5倍。从居民收入水平来看，差距明显。以县域人口主体农民人均纯收入为例，2011年，湖北少数民族贫困县农民人均纯收入为3967元，低于全国少数民族自治县4538元的平均水平，仅为全国平均水平的56.86%和全国县域经济百强县平均水平的32.20%。

三 县域经济运行质量

地方财政一般预算收入与地区生产总值比是反映县域经济运行质量和效益的一个重要指标。从表3-3可以看出，2011年，湖北少数民族贫困县地方财政一般预算收入与地区生产总值的比为5.78%，虽然略高于全国少数民族自治县5.54%的平均水平，但与全国县域经济百强县的平均水平相比，还有较大差距。

四 工业化程度

工业化是一个历史范畴，是指传统农业向现代工业社会转变和推进现代工业在国民经济中占主要地位的过程。在工业化进程中，主要表现为工业生产量的快速增长，工业产值比重和工业人口比重不断上升，同时农业产值和就业人口比重不断下降，新兴部门大量出现，高新技术广泛应用，劳动生产率大幅提高，城镇化水平和国民消费层次全面提升。国际上衡量

表 3-3　　　　　　　　县域经济运行质量比较

地区		地方财政一般预算收入与地区生产总值的比（%）
湖北少数民族贫困县（市）	长阳县	4.52
	恩施市	7.47
	利川市	8.81
	建始县	6.10
	巴东县	6.69
	宣恩县	4.27
	咸丰县	4.63
	来凤县	4.18
	鹤峰县	5.39
湖北少数民族贫困县（市）平均水平		5.78
全国少数民族自治县		5.54
全国县域经济百强县（市）		6.81

资料来源：笔者根据《中国统计年鉴》（2012）、《湖北统计年鉴》（2012）、《第九届全国少数民族自治县县域经济基本竞争力评价报告》、《第十二届全国县域经济基本竞争力与县域科学发展评价报告》相关数据计算得出。

工业化程度，主要有四项指标[①]：一是人均生产总值。人均 GDP 达到 1000 美元为初期阶段，3000 美元为中期阶段，5000 美元为后期阶段；二是工业化率，即工业增加值占生产总值的比重。工业化率达到 20%—40%，为工业化初期，40%—60% 为半工业化国家，60% 以上为工业化国家；三是三大产业结构。一般情况下，在工业化初期，三大产业结构为：第一产业小于 33.7%，第二产业大于 28.6%，第三产业大于 37.5%；工业化中期为：第一产业小于 15.1%，第二产业大于 39.4%，第三产业大于 45.5%；工业化后期为：第一产业小于 14%，第二产业大于 50.9%，第三产业大于 35.1%；四是城市化率，即城镇常住人口占总人口的比重。一般情况下，工业化初期为 30% 以下，中期为 30%—60%，后期为 60% 以上。

---

① 参见中国社会科学院经济学部课题组《我国进入工业中期后半阶段（1995—2005 年中国工业化水平评价与分析）》，《新华文摘》2008 年第 1 期。

表 3-4　　　　　　　　　工业化进程比较

指标		工业化标准水平			湖北少数民族贫困县	全国	发达地区（苏南县域）
		初期阶段	中期阶段	后期阶段			
人均GDP标准（美元）		1000-3000	3000-5000	>5000	2178	5446	14030
工业化率（%）		20-40	40-60	>60	27.21	44.7	48.43
产业结构	第一产业比重（%）	<33.7	<15.1	<14	28.74	10.0	2.29
	第二产业比重（%）	>28.6	>39.4	>50.9	31.30	46.6	52.87
	第三产业比重（%）	>37.5	>45.5	>35.1	39.96	43.4	44.84
城市化率（%）		<30	30-60	>60	26.51	51.3	71.9

说明：人均 GDP 采用汇率——平价法（将汇率法与购买力平价法结合，取其平均值），其中 2011 年美元兑人民币的累计平均汇率为 6.4588。

资料来源：笔者根据《中国统计年鉴》(2012)、《湖北统计年鉴》(2012)、《江苏统计年鉴》(2012) 相关数据计算得出。

从表 3-4 可以看出，全国的工业化进程总体处于工业化中期阶段，发达地区县域在工业化进程中已经开始进入工业化后期阶段，而湖北少数民族贫困县还处于工业化初期阶段，差距较大。

五　县域经济发展环境

相对发达地区而言，少数民族贫困县在发展环境建设上显得滞后。在基础设施类硬件环境上的差距与发达地区是普遍存在的；同时就发展软环境来看，少数民族贫困县也存在较多问题：一是少数领导干部思想认识不到位。个别领导无全局意识，只顾部门利益，有利益的事就争抢，没利益的事就推托，把上级政策作为捞取部门利益的工具，不顾本地经济发展。二是诚信不足，优惠政策落实不到位。一些地方只顾眼前利益和短期利益，在吸引外来投资时，大方许诺各种优惠政策，而等投资落户、项目上马后却不真正兑现或被大打折扣，从而大大影响政府诚信度，损害政府形象，不利再招商。三是行政审批制度改革落实不到位。如，对于涉及两个以上部门的审批事项仍存在推诿、扯皮现象，审批程序还不够简化，一次性告知制、时限制等服务承诺落实不到位。四是中小企业融资困难。不少中小企业享受不到外资企业和规模企业的优惠政策，特别是贷款难的问题尤为突出。五是办事难、人情办事现象仍有存在。在一些职能部门，虽然公开了办事程序和限时办事承诺，但执行不到位。总的来说，少数民族贫困县的信用环境、法制环境、政策环境、市场环境、服务环境相对发达地区依然存在一定的差距，有待进一步优化。

第二节 少数民族贫困地区县域经济发展差距的原因分析

从以上对湖北省少数民族贫困地区县域经济发展状况与全国平均水平以及发达地区水平的比较分析中可以看出，少数民族贫困地区县域经济发展总体上比较落后，存在全方位的差距，导致这种差距的原因也是多方面的。

一 思想观念因素

观念落后是少数民族贫困地区县域经济发展落后的主要原因之一。在少数民族贫困地区，有的地方对自身优势缺乏分析，只是一味地在政策上提供优惠。有的领导干部缺乏现代市场经济的知识和本领，对办好工业园区心里没有底，有的地方开发区建起来了，但项目进不来；有的项目进来了，但迟迟不能开工。一些干部急于求成的心态比较重，忽视了按经济规律办事，行政措施多，市场运作少；考虑眼前多，考虑长远少。如对城市规划，往往是一任领导一个规划，或变相改变前任规划，造成了决策浪费。有的地方经济条件落后，仍然不切实际地大兴土木，建了一些标志性建筑和公益性建筑，使政府背上沉重的包袱，造成新的拖欠。总的来说，少数民族贫困县因为地域的限制和信息的不对称，从而导致思想观念较为落后，对发展缺乏科学的认识和全面的规划，阻碍了地方经济的更快发展和持续发展。

二 区位条件因素

从区位条件看，发达地区普遍具备交通、地理位置等方面的区位优势，这使得大多位于中西部的少数民族贫困县在区位方面存在巨大的差距，也使得少数民族贫困县无论在吸引外来投资还是自身经济发展上均存在巨大的障碍。外来投资因为需要便利发达的交通、畅通的运输网络等因素，在同等条件下肯定会选择优势明显的发达地区；少数民族贫困县工业企业的发展，由于受制于自身区位的劣势，无法进一步做强做大。在这样的情况下，就会形成发达地区发展越来越快，投资越来越多，而少数民族贫困县缺少投资拉动，无法依靠本地经济实体的进一步发展推动的恶性循环。

三 基础设施因素

少数民族贫困县大多处于西部地区，生产条件比较差。从农业基础设施来看，民族贫困县域多数地方农业生产抗灾能力较差，农业灌溉排涝设施不完善，很难抵御较大的旱涝灾害。从交通条件上看，多数民族贫困县仅有一两条公路同外界联系，没有进入立体化的现代交通网络，有的山区县甚至连公路都还没有通到乡镇驻地，交通设施的落后，使少数民族贫困地区县域经济无法和现代市场经济有效接轨。从电力设施上看，民族贫困县域电力供应普遍不足，尤其是近几年，由于全国电力供应紧张，县域农村通常成为拉闸限电的对象。从通信设施上看，民族贫困县域电话、广播电视、网络的覆盖率很低，人民群众获取信息渠道不畅，实现电子商务和电子政务还有很大的距离。

四 资源因素

（一）资金资源

投入是经济发展必不可少的，特别是资本投入，是工业化和县域经济发展初期很重要的因素。发展经济学代表人物、美国经济学家罗森斯坦－罗丹提出的"大推进"理论认为，一个国家或地方的经济要想突破发展障碍，必须形成一个很高的最小投资总量（或临界投资总量）[①]。因此，要想使县域经济步入发展轨道，一个最小的投资总量是必不可少的。而少数民族贫困地区县域经济发展的资金来源十分匮乏。从表3-5可以看出，湖北省少数民族贫困县的固定资产投资平均规模不足江苏发达地区县域的1/10。正因为缺乏投资，少数民族贫困地区县域经济规模必然大大低于发达地区县域，其发展的速度也大大低于发达地区县域。

（二）技术资源

技术水平落后与资金短缺往往是对应关系，资金短缺必然导致技术水平落后。因为良好的现代技术往往体现在技术设备或生产装备上，要获得这些技术装备，需要大量的投资。少数民族贫困县的工业企业除个别企业可能在政府投资和金融投资支持下，获得技术上的升级，其他绝大多数

[①] P. N. Rosenstein Rodan, "Industrialization and the Big Push", *Journal of Political Economy*, No. 5, 1969, pp. 1003–1026.

表 3-5　　　　　　　　　　　县域固定资产投资比较

地区		固定资产投资（亿元）
湖北少数民族贫困县（市）	长阳县	34.84
	恩施市	69.04
	利川市	43.02
	建始县	39.71
	巴东县	41.52
	宣恩县	19.19
	咸丰县	24.41
	来凤县	23.00
	鹤峰县	26.21
江苏发达县（市）	江阴市	711.92
	昆山市	642.57
	张家港市	532.56
	吴江市	504.84
	常熟市	492.83

资料来源：《江苏统计年鉴》（2012）、《湖北统计年鉴》（2012）。

企业的技术装备水平都没有得到较好的改善。很多企业的设备是在20世纪五六十年代装备起来的；或者是在80年代末、90年代初大力发展乡镇企业期间，因陋就简建立起来的。这些企业既没有资金、也没有足够的人才来完成技术改造。技术上的差距造成的直接后果就是少数民族贫困县工业化进程大大落后发达地区县域，从而使得少数民族贫困县产业结构升级变得困难重重，走工业化、现代化道路变得更加困难。

（三）人才资源

少数民族贫困县同经济发达地区相比，人才资源竞争处于不利地位。从人才总量上看，以江苏省昆山市和湖北省长阳土家族自治县为例，截至2009年年底，长阳县人才总量为13796人，占全县总人口的3.3%[1]，低于全国（5.5%）的平均水平，离国际通行的经济起飞阶段7%的人才密集度差距更大；而昆山市大专以上学历和中级以上职称人才资源总量达到

---

[1] 长阳县人力资源和社会保障局：《长阳县强化"立体培养"模式构筑"人才皋地"》，湖北省人力资源和社会保障厅网（www.hb.hrss.gov.cn/hbwzweb/html/xwzx/dfdt/dtxx/20086.shtml）。

18.6万人，占全市总人口的26.6%。在人才结构上，少数民族贫困地区高层次人才所占比重也明显偏低。仍以2009年江苏省昆山市和湖北省长阳土家族自治县的数据为例，昆山市人才结构中具有高级专业技术职称或研究生学历的高层次人才2587人，其中，博士180人，长江学者7人，两院院士15人，3人入选国家千人计划，1人入选"新世纪百千万人才工程"国家级人选名单，17人入选江苏省高层次创新创业人才，11人入选姑苏创新创业领军人才，17人（团队）入围首批昆山市领军型创新创业人才，均居全国前列；而长阳县各类专业技术人员中高级职称仅为326人（正高级职称11人），享受国务院津贴专家2名，省管专家3名，市管专家4名。

少数民族贫困县劳动力资源丰富，但受教育程度普遍较低。现阶段，专业技术人才向大中城市集聚的趋势还要延续相当长一段时间，从少数民族贫困县走出去的本科以上毕业生很少回家乡工作。这些都导致少数民族贫困县在经济发展上缺乏人才的支撑，也缺乏发展的后劲。同时，经济的落后反过来又造成人才流失，更加不利于经济的发展。

（四）能源资源

少数民族贫困县很多处于偏远的中西部地区，普遍缺乏丰富的能源资源，没有能够支撑地方经济发展的重要能源，即便如新疆等拥有巨大能源资源的地区，由于国家发展的宏观调控，使得少数民族贫困县在能源资源上无法获得更大的支持。据统计，我国能源消费地区主要集中在东部经济发达省（市、区）。近年来，中国东北和华北、华东、中南地区的沿海各省（市、区），包括黑龙江、吉林、辽宁、北京、天津、河北、山东、江苏、上海、浙江、福建、广东、广西、海南等，合计一次能源消费量约占全国总量的55%[①]。可以看出，少数民族贫困地区和发达地区在资源获得上的不平衡性，也导致了少数民族贫困县不能很好地满足工业企业做强做大的能源需求，也造成了外来投资的能源限制，从而也制约了少数民族贫困县的进一步发展。

五 体制因素

制度变迁的路径依赖及体制性矛盾等因素导致县域经济发展问题较多，后劲乏力（刘奇中，2013），这些因素主要包括以下方面：一是社会

---

① 参见崔民选《中国能源发展报告（2006）》，社会科学文献出版社2006年版。

体系和经济体系的开放度差。随着发达地区的发展拉动,各种符合市场经济规律的合理紊流现象层出不穷,对旧的运行系统特别是经济社会管理体系产生了巨大冲击。而少数民族贫困地区的经济社会运行系统还不具备从容应对这种变化的能力,管理体系难以主动适应这些积极的变化,往往通过限制紊流来实现阶段效果的平稳控制,这必然限制了自身的开放程度,也严重抑制了创新力的形成。二是市场化主体支撑薄弱。少数民族贫困地区投资增长过于依赖国家的政策调整和直接投资,资源配置和资本配置过于依赖政府的直接干预,无法最大限度地提升区域性资本聚集能力,也无法按市场价值实现本地资源效能,市场体系的支撑力明显不足。三是投资增长是经济增长的根本拉动力。对少数民族贫困地区而言,没有快速的投资增长和必要的投资总量规模,劳动投入要素、科技进步要素就没有必需的存在基础,县域经济就无法完成发展的阶段转换。在相当长的时间内,少数民族贫困地区县域经济增长只能通过投资拉动来实现。四是在宏观区域经济结构中表现出明显从属性。现阶段,少数民族贫困地区由于自身体系和基础缺陷、资本导向力和聚集力不足、产业配套和市场配置能力薄弱,在全国宏观区域经济结构中处于比较被动的地位,其战略方向和战略目标不能单纯地按照自身的区域特点来确定,很大程度上要服从于发达地区的经济走势和战略方向,具有明显的战略从属性。此外,在领导干部任用、税收、金融等方面也存在所有县域经济发展中普遍存在的问题。

本章小结

本章主要分析了少数民族贫困地区县域经济发展差距及其原因。主要结论是:少数民族贫困地区县域经济发展总体比较落后,特别是和发达地区相比,在县域经济规模、经济发展水平、经济运行质量、工业化程度、经济发展环境等方面都存在较大差距。导致全方位差距的原因也是多方面的,主要包括思想观念因素、区位条件因素、基础设施因素、资源因素、体制因素等。

第四章

县域经济发展一般规律与典型模式

第一节 县域经济发展模式的内涵与分类

一 县域经济发展模式的内涵

在界定县域经济发展模式之前，先弄清楚什么是模式。一些人认为，模式是指一个"模型"或"格式"，成为一个框架，是某种相对来说已经定型的事物的标准形式或使人们可以照搬照套的标准式样。但事实上，此提法易助长其他地区不顾本地区特点、条件照搬照套用某一模式，束缚当地探索前进的手脚。模式是一个被广泛使用的范畴，就经济模式而言，是指各种经济成分的构成形式和调节经济运行机制的一定式样，是撇开经济活动中的次要因素和细节，对现实经济活动和经济增长方式框架和原则所作的抽象；也可以是对国民经济基本运行规则、增长类型以及主要经济政策理论上的一种设计和构造。前者属于实证研究范畴的经济模式，后者是规范研究范畴的经济模式。而经济模型是对经济生活中存在的各种各样关系进行抽象的、简化的表达。表达方式可以是一张图、一个统计表或数学方程式。由于所采用的方法基本上是数学方法，所以常称为"经济数学模型"。

经济模式的本质特征是形成于一定时空之中的，不断发展变化的，形成鲜明特点的经济发展方式，常常称之为经济发展模式。如国外许多文献中，经济模式甚至被视为经济发展道路的同义词，如development model、development pattern、development path 或 development form，反映经济发展的轨迹。

关于经济发展模式，首先是对于经济运行实践中取得显著经济绩效主体的成功运作方式的总结。市场经济发展历史表明，无论是国家，还是企业,总是在经济发展和国际竞争中,取得了突出的竞争力后,其模式才引起重视和模仿,也正是为了有效地提升国际竞争力,我们才重视研究、总结各个不同的经济发展模式。其次,既然是模式,势必要着眼经济发展中已经成型的一些特点和方法,表现为一定的发展定式,具有相对稳定性。但是,经济发展模式最本质的特点则是其动态性特点,它是对经济发展有效方式的总结,并且要对现行的经济发展和国际竞争具有示范和推动作用,如果不从发展的动态角度予以研究,模式趋于刚性,或者僵化,也就失去了其应有的意义。再次,经济发展模式主要是一个经济学范畴,它是对于经济过程某一主体成功运作方式的总结,但是该主体的构成,背后是人的设计和推导,任何一个经济模式都深深地打上文化的印记,是某一特定文化的经济表现,只有把它放在特定的历史文化的背景中分析,才能够透视该模式的本质特点和深层结构。最后,经济发展模式是一个比较的范畴,无论是处于同样的经济制度下,还是立足不同的制度背景,通过比较,才能更加显示出该模式的本质特征。

基于上述对经济发展模式的分析,县域经济发展中所使用的模式,更偏重于"类型",是有区域特色的或地方特色的,不同于另一个区域或地方。存在着共性,可相互借鉴,但重点在于其个性,主要反映此类型的本质。所以本书把县域经济发展模式界定为:某一县所选择的县域经济发展战略,以及县域经济发展过程中所形成的、具有本县特色的县域经济结构和经济运行方式。

下列因素构成县域经济发展模式主要内容[①]:

(一) 产业结构

产业结构是指在社会再生产过程中形成的产业构成、产业间相互联系和比例关系。县域产业结构,就是指县域经济由哪些产业构成、各产业所占比重大小及相互联系。县域产业结构、转换及结构高度化过程,构成县域经济发展的核心内容。这对于每一个县都是一样的。但由于各县的资源禀赋的不同和产业结构的转换及其特征的不同,它成为区别不同县域经济发展模式的一个重要标志。

(二) 所有制结构

所有制结构也构成区别县域经济发展模式的一项重要内容。不同的县

---

① 王曼:《县域经济发展动力机制与发展模式研究》,硕士学位论文,华东师范大学,2006年,第22—24页。

域经济发展模式往往在所有制结构上表现出很大的差异。有的模式表现为以集体所有制为主体的，集国有、集体、个体、私营等多种经济成分的混合所有制类型；有的县域经济发展模式表现为以个体、私营经济所有制占较大比重的混合所有制类型；还有的县域经济发展模式则表现为以外向型经济占较大比重的混合所有制类型。

（三）资源结构

资源结构是指一定地域范围内各种资源要素间的组合特征和配套关系。资源结构是区域产业结构形成与演变的物质基础，也是区域主导产业选择依据。县域凭借其资源比较优势，形成以单种资源为主体的产业，并且带动相关产业发展的产业链，或者以多种资源多元发展的模式促进经济的发展。

（四）技术结构

技术结构是指生产经营中的技术水平和技术状况，即先进技术和装备、中间技术和装备以及传统技术在生产中的构成状况和所起作用。由于区域经济发展的不平衡，各县的技术水平和状况不可能一模一样，它也成为区分不同县域经济发展模式的标志。

（五）市场结构

市场是商品交换关系的总和。有商品交换就有市场，要发展商品经济就必须培育和发展市场。在实际生活中，有的县域经济发展以面向国际市场为主，有的模式以面向区域市场或国内市场为主。

（六）外向型结构

外向型经济发展程度是衡量一个地区经济发展水平的重要标志。经济全球化和区域一体化促使每个地区的发展都不能故步自封，需要与外界不断进行各种交流与合作。有些县域经济是以外商直接投资为主带动发展，有些县域经济是凭借自身的资源优势，以与外商合作的方式发展的。

二　县域经济发展模式分类

县域经济发展模式的选择，是县域生产力、县域自然资源、经济资源及其开发利用方式、资源组合方式的具体体现。我国共有2000多个县级行政区，不同地区的县域经济发展基础不一样，发展条件各异，因而发展模式各不相同。各县都应按照各自的特点和实际情况，如区域环境、发展历史、特殊资源、交通条件等来确定自己的发展模式。

根据我国县域的发展情况，可以从不同角度对我国的县域经济发展模式类型进行划分。

(一) 区位优势下的县域经济发展模式

县域经济及其发展模式根据县域的经济地理条件，将县域经济分为沿海县、沿边县和内陆县。沿海县可以充分发挥靠海的区位优势，发展港口经济；沿边县可以充分发挥与别国临近的地理优势，发展国际贸易。各县的情况不同，经济发展模式也不尽相同。

(二) 主导产业下的县域经济发展模式

改革开放以来，我国县域经济的产业结构发生了巨大的变化，这些变化深刻地反映了县域生产力发展的县域自然资源、经济资源及其开发利用状况。合理的产业结构能够体现出自然资源、经济资源的充分合理利用，传统技术与先进技术的有机结合，产业之间的协调发展以及供给与需求之间的平衡等。以主导产业或先导产业为依据，对县域经济进行划分，可分为农业主导县、工业主导县和服务业主导县。

(三) 不同市场下的县域经济发展模式

县域经济是国民经济中的基础，比较贴近市场，因此，市场的导向性成为县域经济发展的指向标。以市场类型来划分县域经济，可分为以产品出口为主、面向国际市场的外向型经济主导县和以面向区域及国内市场的内向型经济主导县。

(四) 不同所有制类型下的县域经济发展模式

随着改革的不断深入，我国已经建立了以公有制为主体的多种所有制结构。环境的改善为民营经济创造了更大发展空间。民营经济在国民经济中的作用日益突出，尤其在县域范围内，以乡镇企业为主体的民营企业发挥了重要作用。根据县域经济所有制结构的不同，以占大比重的所有制为依据对县域经济进行划分，可分为以集体经济为主的县域经济模式、以个体、私营经济为主的县域经济模式和以外资经济为主的县域经济模式。

第二节 县域经济发展一般规律

一 县域经济区际分工阶梯规律

县域经济的发展存在不平衡性。各地由于自然、经济、社会等基础条件不同，在此基础上建立起来的经济规模和结构就必然存在差异，使各县

(市)经济发展的状况不同,分别处在高层次与低层次、主动与被动、有利与不利的位置上。在以自然资源和劳动密集型产业为主的县域和以资金、技术密集型为主的县域的区际分工中,以及初级产业为主的县域与加工业为主的县域的区际分工中,前者一般居于劣势,后者居于优势。它们的地位好像分别处在一座阶梯的上下方,这就是区际分工阶梯。区际分工阶梯反映出生产力发展水平在区域空间分工阶梯中实现"梯度转移"。比如有资源优势但缺技术、缺资金的县,可以通过加快对外开放,引进资金和技术,变资源优势为经济优势,使经济跨越式发展,实现区域分工阶梯的升级。

县域经济在区际分工阶梯中的升级模式可以有多种选择。有两种主要模式:一是建设经济强县模式,把区域内的县市在区际分工阶梯中排列,经过综合评判比较,选择位置相对优越的一些县市进行重点培育,给予优惠政策,促其加快发展,率先突破。二是扶持贫困县模式,将贫困县中没有实现脱贫目标的一些县市继续列为重点扶持对象,促其深化改革,扩大开放,引进资金技术,改善生产和投资条件,并适当加大资金的投入,争取早日达到脱贫目标,从而使贫困县在区际分工阶梯中跨过若干发展阶段,直接跳上较高的阶梯[1]。

二 县域经济比较优势动态变化规律

县域经济之间具有比较优势,这种比较优势不断被创造出来又不断消失,呈动态变化趋势。导致县域之间比较优势的动态变化主要有以下原因:

第一,技术创新与扩散的空间不平衡性使县域之间在技术水平方面的比较优势不断发生变化。技术创新与扩散趋向于经济实力雄厚、能承受高昂科技开发费用,以及经济环境优越、聚集大批科研人员和企业家的县市。因此,在经济、技术上对创新吸收能力较强的县市往往能较早、较快地接受创新技术的扩散。这对县域经济之间形成技术差异有重要影响。但任何具体技术都有创新、采用、增长、成熟、下降乃至过时的过程。由于技术生命周期的存在,创新区域原有的优势会随着创新的扩散而逐步消失,而更新的发明会使这一地区产生新的优势[2]。

---

[1] 陈志德:《吉林省县域经济发展机制与模式研究》,博士学位论文,东北师范大学,2006年。

[2] David B. Audretsch, Maryann P. Feldman, "R&D Spillovers and the Geography of Innovation and Production", *American Economic Review*, Vol. 86, No. 4, 1996, pp. 253-273.

第二，技术进步对自然资源优势有很大影响。随着技术的进步，人类对自然资源开发利用的深度、广度不断发展，技术程度越高，自然资源对经济发展的约束程度越低，技术进步在很多方面弱化了自然资源的优势。因为技术进步中产生的大量新材料、新能源不断替代着自然资源，降低了运输成本，加大和加快了自然资源流动的范围与速度，进一步改变产业的原料指向，从而使资源产地的相对优势逐步下降。随着技术进步，机器越来越多地替代了人力，科技的发展要求从业的劳动力素质越来越高，这将使劳动力多的优势逐渐向其反面转化，出现结构性失业问题，优势变劣势。一个地区固定资产规模越大，淘汰更新的任务及由此遭受的损失也越大，而后进地区可直接购买更先进的设备，不仅缩短了与先进地区的差距，而且可以避免因淘汰设备而遭受的损失。

第三，生产要素的流动对县域间比较优势具有直接影响。如发达地区在落后地区投资可弥补落后地区资金缺口，如果落后地区人才流向发达地区，则进一步恶化落后地区的发展条件。

比较优势动态变化规律要求有一定比较优势的县市要抓住机会充分发挥优势，使资源优势变为经济优势，使较小的优势变为较大优势，使低层次优势变为高层次优势。没有比较优势的县市要加快改革开放步伐，引进资金、技术，靠技术扩散和创新、靠加快生产要素的流动来不断创造新的比较优势，从而有效地利用比较优势动态变化的机会加快县域经济的发展。

三 依靠经济增长点和隆起带拉动发展规律

对地域系统而言，经济带是一个地域经济系统，对大的地域系统而言，经济带又是一个地域单元，由于线状基础设施束本身具有带状特征，所以，经济带的性质就是一个以城市为核心、与周围中小城市或集镇组成网络的带状经济地域系统。经济带作为一种产业、城市、人口、沿线交通基础设施集中的以城市为核心的带状的经济区域，其形成主要受经济活动的集聚与扩散机制的影响。经济空间是非均衡的，且存在于极化过程中，经济单元之间存在支配效应，处于支配地位的经济单元具有带动效应，称为新的经济增长点。随着增长点产业的扩散效应带动邻近产业、邻近地区共同发展，从而形成经济发展的隆起带。在由二元化经济向工业化经济转变时期，经济增长点和隆起带可能在少数社会经济条件优越的区域生长发育，成为"点"和"带"[①]。

缪尔达尔探讨了经济带的形成机理。他认为，发展并非同时在全区域均匀进行，而首先是从一些条件较好的优区位开始，这些增长点一旦开始发展，就通过循环累积因果过程取得增长动力，然后通过扩散效应促进整个区域发展[②]。同样，西方一些学者研究表明，极化过程与扩散过程两者互为作用、互为制约，在不同的历史阶段，其作用的强度和方式大不相同，主要表现为：

第一，起始阶段，即建立推进型产业之前，具有优势条件的区位的经济发展水平比周围腹地（边缘区）原有水平高；

第二，极化阶段，当增长以不同的程度首先出现在某些点上时，便开始出现极化过程，增长点以其优越的经济实力、经济发展条件通过后向联系效应将周围地区的人、财、物吸引过来，压制周围地区竞争力差的产业，使中心和周围腹地之间的经济水平差距扩大；

第三，扩散阶段，当集聚达到一定程度，扩散效应占据了主导地位，增长中心对周围地区投资，形成分厂，并为周围地区初级产品提供市场等，中心与周围腹地的经济发展水平的差异越来越小，区域内部经济趋于一体化。

根据上述理解，笔者认为，经济带的形成与发展也始终存在着这两种过程，即极化过程和扩散过程，两者既相互依存又相互制约，并在一定条件下相互转化。极化过程最先使产业在原料产地、运输终点和转运点、廉价劳动力区位和主要市场等节点上集聚，形成若干大小不等的产业集群中心，随后又通过扩散过程（包括梯度扩散、等级扩散和位移扩散等）而使产业集群中心逐渐向外扩散，形成若干个次级中心。这实质上是实现产业活动在更大地域范围内的集聚，但在经济带形成过程的扩散机制中，工业扩散的方向、强度主要取决于其区位因素，其中最主要的是运输，沿轴线扩散是工业活动的一种重要方式。产业活动首先大都集中于某个节点（港口、城市）上，沿交通干线的基础设施束是控制和引导工业空间扩散的关键因素，但工业活动的扩散作用力并不是向各个方向辐射的，而是以

---

① Hubert Schmitz and Khalid Nadvi, Clustering and Industrialization: Introduction, *World Development*, Vol. 27, No. 9, 1999, pp. 1503–1514.

② G. Myrdal, *Economic Theory and Underdeveloped Regions*, London: Gerald Duckworth & Co. Ltd., 1957.

交通干线为主体的基础设施束传输速度最快，辐射强度最大，引起或加强沿线方向上较大规模的产业集聚，尤其沿线企业之间的物质、信息、能量交换方便，集聚效果明显，并出现了一系列新的增长中心，各中心彼此由线性基础设施束相连结，产业空间分布明显呈现出点——轴带状结构。可见，极化过程与扩散过程的相互作用，是区域经济的空间结构演变的动因，其作用的结果，使区域经济空间不断扩大，非经济空间逐渐变小，生产部门、生产要素、生产环节的空间组合日趋复杂和多样化。由于极化过程和扩散过程是对立统一、相辅相成的两种效应，在区域经济形成过程的不同历史阶段，其作用强度和方式大不相同。形成初期，极化效应比扩散效应显著，空间二元结构明显；形成后期，扩散效应是产业走向集聚不平衡发展的时期，变得较为重要，并开始占主导地位，导致区域经济内部差异进一步缩小，使经济逐步走向相对均衡发展的时期。

第三节 国外县域经济发展典型模式及其经验借鉴

尽管国外的县制不一样，县级职能有差异，县级财政体制也不尽相同，但发展县域经济的任务是一致的。为了改善中国的县域经济管理，完善县级政府服务社会经济发展的功能，有必要对发达国家的县制以及功能进行分析，积极借鉴其成功经验。

一 国外县域经济发展典型模式

由于世界各地县域经济情况差异很大，发展的手段、措施也各式各样，这里主要介绍几种具有代表性的县域经济发展模式。

（一）法国地中海沿岸地区的发展模式

法国地中海沿岸农村区域曾是法国传统的葡萄种植单一经济区。第二次世界大战后，随着临海城市工业和第三产业的发展，地区经济出现了多元化的发展趋势，然而，在这一地区的广大农村区域，农业仍是支柱产业，农业在农村区域经济中仍然具有十分重要的地位。

法国地中海沿岸农村区域经济发展的主要措施是：充分利用地区自然条件，因地制宜，调整产业结构，保持地区经济特色。与此同时，加快发展产品加工业，提高区域经济效益。充分利用沿海港口优势，发展以农产品贸易为主的第三产业。

首先，大力改变农村产业结构，削减葡萄种植，对葡萄进行集约化生产，以便发展饲养业和经济作物生产，逐步形成了葡萄种植业、加工业和销售业以及水果、蔬菜、家禽、乳品生产等多元化的区域经济结构。

其次，根据地中海气候的特点和地区的实际情况，大力开展以兴修水利工程为主的区域整治。通过水利设施的修建，不但保持葡萄生产的优势，而且还发展果木和饲养业，从而把几乎单一的经济结构变成多元化综合经济结构。

最后，充分利用农产品原料发展食品工业。食品工业是对农产品的深加工，发展农业——食品工业，是提高农产品经济效益的最有效途径之一。通过区域整治规划后，内河航运业变得十分发达，交通方便，农产品除一部分就地进行初加工外，相当部分运往区域内的中小城镇进行深加工。另外，该地区还充分利用港口在本区的有利条件，用进口农产品为原料，发展食品加工业。

（二）日本大分县开展的"一村一品"运动

日本开展"一村一品"运动及社区组织建设成效显著，是现代农业的重要组成部分。该运动始于1979年的大分县。所谓"一村一品"运动，就是一个村子的居民为了提高一个地区的活力，充分利用本地资源优势，因地制宜，自力更生，建设家乡，挖掘或者创造可以成为本地区标志性的、可以使当地居民引以为豪的产品或者项目，并尽快将它培育成为全日本乃至全世界一流的产品和项目。这样的项目不仅仅是农特产品，也可以是特色旅游项目、文化项目，真正能够代表地区特色的还是农特产品开发。"一村一品"的实质是搞活地区经济的一种手段，是一个地方的象征，它代表一个地方的社会经济发展水平，也代表着这个地方在全国和全世界市场上享有的盛誉，同时还反映着这个地方的精神风貌。

30多年来，大分县开展"一村一品"运动获得了巨大的成功。在过去的30多年里，县内各地共培育出有特色的产品336种，现在1年销售额相当于94亿元人民币。其中产值达到100万美元以上的有126项，产值达1000万美元以上的有15项。人均收入在1994年就达到了27000美元。全县面貌发生了巨大变化，成为一个生活安定、环境优美、经济发达的国际化都市。这一运动在世界引起广泛关注，韩国、法国、英国、美国和俄罗斯等国家，都与大分县在互惠互利的基础上进行了交流。印度尼西亚推出了"东爪哇一村一品"标记的咖啡。美国洛杉矶制定了"一村一品"节，路易斯安那州开展了"一州一品"运动。"一村一品"运动成为一些国家和地区脱贫致富的楷模，成功经验成了许多国家效仿的模板，并且在众多国家和地区生根发芽。

日本大分县一村一品的成功经验是：第一，尊重农民的首创精神，确保农民自主创业，是农业顺应市场的关键所在。政府主要是通过宣传鼓动的方式，激发各町、村及农民发展家乡特色产品、特色产业的积极性和创造性，帮助他们解决一些基础设施、技术研发等方面的实际问题。第二，加快推进工业化、城市化进程，是解决"三农"问题的根本出路。20世纪50年代初，日本农村劳动力占总就业人口比重达50%左右，到80年代初下降到10%以内，目前不到4%，农民人均拥有耕地也从20世纪50年代初的一亩多增加为现在的30亩左右，从而大大推动了农业的规模经营，农民收入也迅速提高，像北海道的一些地方，农民人均收入甚至高于城市就业人员的平均收入，基本上消灭了城乡差别。日本农村剩余劳动力的大量转移和输出，靠的就是20世纪六七十年代日本高速发展的工业以及随之而来城市化的快速推进。第三，走特色化之路，是发展现代农业和振兴地区经济的有效途径。日本"一村一品"运动作为搞活地方经济的一种途径和手段，关键是挖掘优势，突出特色。日本京都郊区农村一直种植传统蔬菜，他们重点选择了30多个品种，创出了京都蔬菜这一品牌，推向全国市场，其价格比其他地方生产的同类产品高出一倍以上，在市场上还供不应求。

（三）美国北卡罗来纳州振兴地方经济的激励计划

美国北卡罗来纳州是位于美国东部的一个小州，长期以来以纺织业等传统行业为主。随着美国经济结构的升级，以及世界其他国家的竞争和冲击，北卡罗来纳州的传统工业逐渐走向衰落，工人失业率创近年来新高，该州的许多市县经济难以为继。为振兴该州的经济，加快产业结构的升级换代，减少失业率，提升该州的竞争力，从2004年起，北卡罗来纳州宣布了一项振兴经济的激励计划，即通过州政府向企业提供政府资助，吸引大量高新技术的企业落户该州。激励计划很快取得了成效。2004年，计算机制造商戴尔获得了这个州和当地政府提供的价值2.8亿美元的激励后，在温斯顿—塞伦构建了一个计算机工厂。2007年1月20日，美国北卡罗来纳州的官员和互联网搜索引擎Google宣布，Google计划投资6亿美元在该州构建数据中心。这个名为"server farm"的数据中心最终将从这一地区设备和纺织行业最近数年受到解雇打击的人中雇用210名员工，Google 将向北卡罗来纳州的市民提供他们希望的报酬充足、基于知识的工作，帮助这一地区经济振兴。作为总的激励计划的一部分，Google 公司将获得北卡罗来纳州4800万美元的资助，总共资助的款项可能超过1亿美元。Google 的数据中心将构建在布伊尔德市（Build），这是一个在夏洛特市（Charlotte）西北方大约60英里的6万人口的城市。数据中心员工的平均年薪预期将达到48300美元，比考德威尔县（Caldwell）的平均年薪大约多20000美元。自2004年以来，Google 是第二个在这个州进行运作的高科技公司，现在北卡罗来纳州已经吸引了数千家企业到该州落户，使该州的县域经济重新焕发勃勃生机，并成功地实现了经济结构的转型，当地工人的收入大幅增加，失业减少，成为美国经济增长最快的地方之一。

二　国外县域经济发展典型模式经验借鉴

通过对法国、日本、美国等发达国家的县域经济发展模式的研究，可以得到以下启示：

（一）重视区域政策在政府宏观调控中的作用

美国、日本在落后地区的发展上，采用"区域政策为主、产业政策相结合"的方式。而中国的宏观政策体系中，是以产业政策为主、区域政策为辅。在县域经济的发展中，宜进一步强化区域政策的作用，通过区域规划和区域政策促使地区间、城乡间、经济和社会间逐步实现协调。

（二）通过加强法律法规建设来提高调控能力

美国、日本各级政府在经济社会管理中，对制定规划和法律法规十分重视，而且内容详细、操作性强。中国虽然对法律法规的建设日益重视，但是很多经济社会行为还难以做到有章可循。今后应该进一步加快规划和法律法规建设的步伐，增强对经济社会调控的规范性。

（三）增强对落后地区的资金扶植力度

美国、日本的财政支出，超过1/3是用于协调地区经济发展的，并在管理中形成了"统一规划、用途明确、地方实施、上级监管"的模式。中国对落后地区发展的资金分配规模偏小，而且管理方式不尽完善。今后应加大支持力度、编制规划、加强专项资金的监管。

（四）高度重视中小企业对地区经济发展的促进作用

美国、日本在促进区域和产业发展中，对中小企业在投资、税收等方面给予全方位的支持。中国县域经济的壮大，需要进一步设计和完善促进中小企业发展的各项政策，解决资金困难、提供咨询与服务等。

第四节 国内县域经济发展典型模式及其经验总结

一 国内县域经济发展典型模式

（一）工业化带动模式——苏南模式和温州模式

改革开放以来，我国许多地区的县域经济有了飞速的发展，产业结构逐步升级，已经产生了许多工业主导型的县域经济，县域工业的蓬勃发展成为推动全县经济发展的主要力量。其主要特点是农村工业成为县域经济的支柱产业，工业产值占社会总产值的比重较高。在这当中，乡镇工业的发展是一支不可忽视的力量。依靠改革开放的巨大推动力，异军突起的乡镇工业已发展成为我国许多地区农村经济的主体力量，全国工业经济的半壁江山。

这一模式比较典型的代表就是苏南模式和温州模式。这两种模式的一个共同特点就是根植于当地的传统文化基础和产业基础发展乡镇企业，形成内生性工业化带动经济发展。

1. 集体经济力量——苏南模式

苏南模式是依靠集体力量发展县域经济的典型。其主要路径是通过大力发展乡村集体工业而使县域经济社会得到全面发展。其路径选择的依据：一是以地方政府或集体出面办企业，能得到社会各方的认可和支持，发挥政府的资源组织力量及信誉，迅速形成生产力；二是乡村两级有一定的农业和工业积累，而民间基本上没有资本积累；三是这些地区传统上农村经济比较发达，具有丰富多样的家庭手工业和传统小工业，具有办实业的文化传统。当然，从经济地理位置上，苏南地区地处我国东南沿海的金三角地区，靠近上海等大城市，便于接受大城市技术、人才、产业的带动辐射，也是成功的重要条件。苏南模式的发展不但使县域工业化达到一定水平，而且就地转移了大量农业劳动力，依靠集体的积累和组织优势，实行以工补农促进工农业现代化，也使得各项社会事业、基础设施建设水平迅速提高。但苏南模式在发展中需要解决政企不分、产权不清、投资主体单一、集体负债率高等问题。

2. 个体、私营经济力量——温州模式

温州模式不仅是浙江县域经济发展的缩影，而且也是自下而上，依靠区域内个体、私营经济带动县域经济发展的典型。与"苏南模式"相比，"温州模式"作为一种区域工业化范式，具有四个较为鲜明的特点：一是表现在微观产业组织（企业）产权结构上。温州的非公有制企业（私营企业、股份合作制企业和转制过程中被拍卖的国有企业）的工业产值占温州的全部工业产值的85%以上，这三种企业的产权结构具有明晰的产权制度。二是表现在资本形成结构上。若以内外资本比重作为依据，从温州工业化起步直到后期的发展中，资本主要是通过内部获得的，引进的外资很少。温州工业化进程中的资本具有鲜明的内源性。三是表现在市场结构上。温州的商品市场主要在国内而非海外，贸易流动的区际性以及对于国内市场极高的依存度，是其得以迅速发展的重要动力。四是表现在工业化的产业选择与技术选择上。温州工业化基本是由民间投资驱动的，投资的产业选择集中于回收期限较短、风险相对较小的传统制造业和低技术行业。

该模式的主要成因：人均耕地少、国家投入少、可用资源少、交通条件差的特殊不利条件；传统的经商意识、能吃苦创业的精神；敢于突破政治和市场风险的改革胆识；充分的市场化运作与政府的积极规划、合理引导相结合等。这些因素与当时短缺经济的背景、农村率先改革的机遇和政策环境相结合，实现了区域经济迅速发展，完成了资本的原始积累。在20世纪80年代中后期，针对温州模式存在的企业规模小、家族式经营、科技含量低等问题，政府大力推进股份制、股份合作制等现代企业制度，进一步加速该模式的发展。

（二）农业产业化带动模式——农安模式

农业是县域经济和国民经济的基础产业。虽然农业具有天然的弱质性，农业的经济贡献能力、收入贡献能力下降，农业大县经济发展水平远低于工业大县，但如果发展措施得力，在国家不断强化政策支持和保护下，也能成为其发展的重要资源和经济的重要增长点。改革开放以来我国许多城郊地区通过"菜篮子工程"、特色农产品开发、农业产业化经营、外向型农业带动了许多农民依靠农业致富，也促进了县域经济发展。加入世界贸易组织之后，我国劳动密集型农产品只要质量符合国际市场要求，在产业化经营组织之下具有很强的国际竞争力，同样能够促进县域经济发展。目前，农业产业化经营成为我国县域经济发展的主要模式之一。

农业产业化是以家庭承包经营为基础，以"龙头"企业及各种中介组织为依托，以经济效益为中心，立足当地资源的开发，确立农业主导产业和主导产品，通过各种利益机制，在经济和组织上将农业全过程的诸多环节联结成为一个完整的产业系统，形成农产品生产、加工、销售有机结合、相互促进的机制，实现农户与市场的有效对接，推进农业向商品化、专业化、现代化转变，达到农业效益的最大化。农业产业化对县域经济发展的带动，一方面可使农产品顺利实现价值；另一方面能够获取加工、流通环节利益，并带动农产品加工业、流通服务业发展。农业产业化经营具有巨大的发展空间，是未来许多工业落后的农业大县经济发展的优势所在。

根据主导要素和组织载体不同，我国农业产业化经营大致可分为四种类型：一是"龙头"企业带动型（公司＋基地＋农户）；二是中介组织或经纪人、专业大户带动型（中介组织＋农户）；三是市场带动型（专业市场＋农户）；四是主导产业带动型（主导产业＋农户）。

"农安模式"是通过狠抓农业产业化经营从而带动县域经济社会全面进步的发展模式，以吉林省农安县为代表，江西省遂川县、江苏省射阳县等都属于此种类型。这种模式的形成条件包括：一是农业资源较为丰富，农业发展条件较为优越；二是除了农业资源外没有别的资源优势；三是一般远离大中城市，接受城市辐射较少；四是县级主要领导没有受到"无工不富"的思想束缚。这种模式的成功，是因为它们走的是商品农业、市场农业、外向农业的路子，是按照农业产业化的要求将农业生产与加工、销售联系起来，形成一个互动的链条，通过加工、销售环节的转动带动生产环节的转动。每个优势农产品形成一个产业化链条，多个农产品形成多个链条，随着每个链条规模的不断扩大和多个链条的不断形成，农业或农村经济的结构自然而然地调整到能充分发挥县域经济优势的状态。

（三）第三产业带动模式——义乌模式

第三产业主导类型的县域经济发展模式，是以第三产业为先导从而带动县域经济的发展。过去，通常认为只有当第一、第二产业发展到一定程度才会对服务业等第三产业的发展提出新的要求，并出现第三产业超前发展情况。第三产业与各行各业有机地密切联系在一起，只要条件允许，以发展第三产业为龙头，同样可以带动县域其他产业的发展。从带动县域经济发展的角度，主要有两种发展模式：

1. 批发市场带动模式

浙江义乌、河北辛集和山东寿光等，是批发市场带动模式的典型。这些地区围绕当地的支柱产业生产建立专业批发市场，带动产品的外销和更大规模生产，并逐渐成为全国或者区域同类产品的集散地和批发流通中心，同时围绕批发市场的服务又带动相关产业的发展和更多的劳动力就业，促进县域经济发展。

批发市场带动县域经济发展的条件：一是自身特色产品的专业化生产有一定的规模和影响力，需要专业批发市场，例如，浙江义乌拥有130多个加工生产各种小商品的专业村、专业乡镇；二是兴办的同类专业市场在全国比较早，一般在20世纪80年代初期起步，如义乌小商品市场建于1982年；三是传统的务工经商意识较浓，民营经济活跃；四是政府的积极引导和协调。当然，随着各地批发市场的日益增多和交易方式的不断多样化，产地批发市场的竞争加剧，单一市场的带动能力不会像早期市场这样强。

2. 旅游业带动模式

旅游业被人们誉为"朝阳产业"，近年来有的地方发展十分迅猛。随着交通工具的更新、个人可自由支配收入的增加、带薪假期的延长和我国与世界各国经济贸易往来的日益交融，以及国家对旅游业的日益重视，旅游业将继续呈现大发展势头。而旅游业作为一项包括吃、住、行、游、购、娱六大要素在内的综合性很强的产业，与数十个社会经济部门相关联，旅游业可以带动众多行业的发展。

在我国，许多县域都具有丰富的历史古迹、自然风光、民俗文化等自然旅游资源和人文景观资源，具有发展旅游业的巨大优势。近几年，许多县借助旅游经济实现了县域经济的快速发展。旅游资源开发带动模式的关键，是要有特色旅游产品和资源，同时加上科学的规划建设和统一的组织管理。目前，海南、云南、贵州等省都提出了以旅游为先导发展区域经济的思路。这些省的一些县旅游资源丰富独特，可是目前的经济尚不发达，通过开发旅游资源、发展旅游业等服务行业，从而促进整个县域经济的发展，确实是具有远见卓识之举。

(四) 资源开发带动模式——晋城模式和兖州模式

1. 晋城模式

"晋城模式"是指通过开发当地矿产资源而带动县域经济社会全面进步的发展模式，以山西晋城为代表。全国相当多的产煤大县以及河北省灵寿县、广西壮族自治区南丹县等均属于此种模式。

这种模式形成的主要条件是：第一，当地有丰富的矿产资源，且矿产资源有较好的销路；第二，国家鼓励各种经济主体开发矿产资源；第三，矿产资源的勘探开发技术要求不高，个体、乡镇企业均能进入。该种模式面临的主要问题：一是矿产资源开采过程中对资源环境卫生破坏比较大，造成一系列资源环境问题；二是相当一些矿产资源的市场已经饱和，且随着资源的不断开采，开发成本越来越高；三是由于一些小矿点对国家大中型矿山造成了很大破坏，加之资源浪费严重等原因，国家开始实施取缔"十五小"工业的政策，很多矿产已不能再由地方分散开采。针对上述问题，该模式必须利用已积累的资金，大力发展包括高效农业在内的非矿产资源产业，加快产业结构的转型。同时，要逐步加大环境整治的力度，恢复生态环境，实现可持续发展。

2. 兖州模式

兖州是典型的"资源县"，但它们依托资源而不仅仅依赖于资源。通过大开放、大招商、大投入，第一、第二、第三产业全面开发，外资内资民资全方位开放，先后吸引了意大利倍耐力公司、美国国际纸业等多家世界500强企业来兖州投资，经济得到较大发展，社会事业、社会救助和社会保障也都发展很快。兖州模式是集资源优势、地域优势、良好引资机制为一体的县域经济发展模式。

(五) 外向型经济带动模式——顺德模式、晋江模式和昆山模式

外向型经济带动模式主要是依托"三资"企业发展带动县域经济社会全面进步，通过积极参与国际经济合作和交流，发挥本县经济优势并取得了较好经济效益。该类县域经济发展模式较多地以国际市场为导向，工业产值中外销产值比重较大，外资依存度和外贸依存度都比较高。这一模式的典型代表首推广东顺德模式、福建晋江模式和江苏昆山模式。

1. 顺德模式

"顺德模式"形成于20世纪80年代中期以后，以集体经济转制形成民营经济为主要特征，通过"三资企业"、依托外源型经济发展而带动县

域经济社会全面进步的县域经济发展模式。

顺德在改革开放初期"以集体经济为主,以工业为主,以骨干企业为主",孕育了一批家电业企业和品牌——科龙、容声、美的、万家乐、格兰仕。顺德生产的电冰箱、空调、微波炉、电风扇、电饭煲、电子消毒柜、热水器等许多电子产品,产销量均居全国第一,家用电器工业产值占全国同行业15%左右。为解决"产权不明、责权不清"的问题,顺德自1995年起率先在全国进行产权制度改革,将原来的国有企业全部转制为民营。目前,顺德民营企业与外商投资企业形成了"共分天下"的局面。

"顺德模式"的形成是建立在三大优势之上的:一是政策优势。顺德处在对外开放的前沿,各种优惠政策汇集于此;二是区位优势。顺德毗邻港澳,又有珠三角城市群落作为依托;三是海外侨胞的投资。

2. 晋江模式

"晋江模式"是以侨资侨力为依托、以外向型经济为特征的开放型县域经济发展模式。"晋江模式"的特点:一是侨资优势。目前,晋江海外和港澳台同胞有200多万人,数倍于本地人口,外资企业已近2000家,且大多是规模型企业。二是行业多样化。形成了鞋帽、服装、漂染、陶瓷建材、食品饮料、玩具、电子机械等产业。三是产业与市场互动。晋江的陈棣鞋原料市场、磁灶建材市场、安海糖烟酒市场、福埔车辆机电市场、英材布料市场、华册水产品市场均为辐射全省、全国的专业化龙头市场。四是有独特的文化支撑。晋江人敢闯、敢干,在晋江人身上充分体现了"诚信、创新、开放、谦恭"的优良品质。

3. 昆山模式

"昆山模式"最主要特点就是以外资的直接注入发展外向型经济,在经济全球化中寻找竞争空间。以外向型经济为主线,昆山已经从过去一个小小的农业县跃居到今天拥有上百亿GDP的经济大县。"昆山模式"之所以成功,主要原因:一是昆山找准突破口,大胆实践,勇于创新,建立了经济开发区,坚定不移地走外向型经济发展的道路。开发区建立后,凭借靠近上海的区位优势,紧紧抓住了"三线转移"和浦东开发的两大机遇,使引进外资从无到有、从小到大快速发展到目前的水平。发展外向型经济战略确定后,昆山市多年来始终围绕这一战略不动摇,在执行这一战略过程中,表现出敢于试、敢于闯的精神。二是昆山利用外资,重点是突出项目开发这一生命线,让外商在高投资的同时获得高回报,正是在不断鼓励外商投资、不断给予外商高回报基础上,吸引了大批外商的投资、入住。三是昆山为外向型经济创造了良好的环境。一个地区的环境是经济发展的决定因素,反之,经济国际化也要求地区的环境建设和经济发展保持良好的互动。昆山顺应外向型经济发展的要求,以构建阳光型、服务型政府为目标,在全体公务人员中树立"亲商、安商、富商"意识,推行"零障碍、低成本、高效率"服务新理念,为投资者提供"全过程、专业化、高绩效"优质服务,建立健全一套与国际惯例接轨的管理网络和高效率的办事程序,为外向型经济创造了一个良好的服务平台。

从昆山的经验来看,正是通过利用外资,打破了县域经济的低水平均衡,找到了快速发展的突破口,完成了产业结构的升级,并且为下一步的发展创造了新的机遇。

二 国内县域经济发展典型模式的经验总结

(一) 转变思想观念与所有制结构

经济百强县(市)发展实践表明,凡是发展比较成功的县域,其管理者的观念转变和体制转变都是比较明显而突出的。从政府角度来看,一个突出的表现就是,政府不去包揽经济活动的一切内容,经济活动的活力不在政府,而在于这个县域范围内,是不是有无数的经营主体、无数的具有创造精神的企业家。例如,浙江出现的产业集群现象非常普遍,嘉善县一片森林没有,却成了全国最大的胶合板中心;海宁没有牧场也没有畜牧业,但是全国最大的皮革制造和批发中心。思想观念和体制的转变,极大地推动了县域经济的发展,尤其是积极扶持非国有的、非公有的民营经济的发展。

(二) 积极推动县域"三化"建设

发达县(市)的发展经验表明,积极推动县域工业化、城镇化、农业产业化"三化"并举,是发展壮大县域经济,缩小地区差距、城乡差距、工农差距的有效途径,而其中的核心是工业化。

一是把发展工业作为强县富民的根本措施。很多县域结合本地资源状况,选准主导产业,明确提出"工业强县,工业立县"的县域经济发展战略,加快了县域经济的规模扩张,增强了县域经济实力。横店的"无农不稳、无工不富"是个非常重要的经验。城镇化的推进以工业化为依托,农业产业化的推进以工业化为基础,工业化得到加速,经济总量就得到提高。

二是把发展农业作为富民安民的重要措施。除强调工业发展外，经济百强县（市）共同的特点就是坚持结构调整，优化农产品布局，以市场为导向，以科技为支持，重视现代农业的建设，增加农民收入。地方政府利用政策、信息、技术等多种资源，大力培育农产品加工龙头企业，不断完善"公司＋农户"、"公司＋合作经济组织＋农户"等产业化经营组织，有效提高了农业的综合效益和农民的组织化程度，促进了传统农业向现代农业转变。

三是坚持城乡一体化推进县域经济发展。经济百强县（市）都高度重视小城镇规划和建设，坚持以城带乡，促进城乡协调发展，使县域经济发展的层次和水平不断提高。他们之所以快速发展，"块状经济"（产业集中）成长壮大发挥了重要作用。通过园区建设，使项目、技术、资金、人才等生产要素有效集聚，不仅使生产力得到有效组合和解放，同时也推动了县域经济的膨胀，形成了县域经济发展的隆起带和新的增长点。

（三）依靠区域特色发展壮大县域经济

因地制宜，推进特色经济的发展是经济百强县（市）产业结构调整的基本方向，尤其是"珠三角"、"长三角"和环渤海湾地区的特色产业发展较为迅猛。这些县域的产业基本形成"1＋N"或"2＋N"布局，特色经济的专业化、规模化和品牌化程度都较高[①]。

一是利用资源优势发展特色经济。例如，广东省东西两翼和北部山区贫困地区，恰恰也是广东省资源比较丰富的地区。地方政府充分依托当地森林、矿产、水、水产、旅游等资源，宜农则农，宜工则工，宜旅游则旅游。用资源优势建立起主导产业，带动相关产业链的发展，形成特色经济。

二是依托本地传统产业发展特色经济。中国不少传统加工业是在历史上形成的，产品成为了闻名的地方土特产，但其生产规模小、技术相对落后。某些县域则充分利用传统的产业基础和形成的市场，吸收现代先进技术，把产业规模做大做强。

三是通过招商引资发展"零资源"特色经济。特色经济并非资源经济，而是优势经济。特色经济并不就是资源优势经济；没有资源优势，未

---

① 参见江西省统计局《广东江西两省开放型经济分析与思考》，郑州经济信息网（mail. zzei. gov. cn/news. asp? id＝2617&lb＝39）。

必不能形成特色经济。某些资源缺乏的县域，则通过招商引资发展"零资源"特色经济。广东珠江三角洲的特色经济基本是以这种方式发展起来的，全省1556个市辖镇中，经济规模达20亿元的专业镇有125个。

四是培育特色经济的龙头企业。发展特色经济，基础是群体规模，关键是龙头企业。广东、浙江、江苏、山东等省的经济强县的发展经验表明，产业发展的快慢，不是取决于多数（即该产业大部分中小企业），而是取决于少数（即龙头企业）。地方政府都大力培育龙头企业，增强龙头企业的技术创新、提高企业管理水平和产品档次，通过外延量的扩张和内涵质的提高，把产业群体规模做大，把产业龙头企业做强，实现产业升级，提高产业竞争力。

五是发展特色经济坚持不断创新。创新可以产生超额利润，可以推动经济发展。经济百强县（市）在策划县域特色经济组织创新过程中，都高度重视产业组织的空间关系处理，以产业区理念配置县域资源，积极营造县域内企业诞生、成长和创新的环境，不断推进县域内企业的技术创新和产品创新，实现本地企业及迁入企业在本地创新网络中的根植，增强网络创新系统的整体功能。

（四）提高县域经济的核心竞争力

这就要求县域经济发展必须走科学发展道路。所谓科学发展，第一要义是要发展，核心是以人为本，基本要求是全面协调可持续，根本方法是统筹兼顾。这就要求在发展县域经济的时候，要加强对区域产业结构调整的指导，要增强区域产业的竞争力，使之占有更大的市场份额。选准和抓好主导产业，形成新的产业功能结构。只有发展那些技术含量高、具有创新性、独特性的产业群，才具有市场竞争力，才能实现可持续的发展。

（五）借助招商引资发展县域经济

经济实力较强的县（市）大都是通过同县域内外的经济联合与协作，加快各种生产要素在县域内的集聚，促进了县域经济超常规跨越式发展。一是通过优惠政策和改善投资软硬环境加大招商力度。二是大力发展外向型经济。通过大力发展加工贸易，加大对重点出口大户和优势行业的扶持力度，促进了外贸出口持续、稳定增长，带动了县域经济的快速发展。

（六）积极支持和发展县域民营经济

从东部沿海省份和一些发达地区的经验来看，民营经济比较活跃、发展比较快的地区县域经济的发展就比较快。以民营企业、民办市场、民间资本、民间人才的有机结合为特色的民营经济，是浙江经济最大的亮点，数以万计的民营企业是浙江区域经济的微观基础，乡镇企业是浙江县域经济发展的主动力。目前，浙江全省98%以上的乡镇企业转变成了产权明晰的民营经济，增加值、税金、利润等项指标都跃居全国第一[①]。与此同时，大部分小型国有企业和城镇集体企业通过多种形式的产权制度改革，转变为民营经济。例如，连云港市赣榆、东海、灌云、灌南四县2005年完成民营经济投资144.21亿元，占全部县域投资的比重达81.8%，对县域投资增长贡献率为55.2%，拉动县域投资增长27.9个百分点[②]。

（七）高度重视对外开放和对外合作

在当今世界，还找不出任何一个区域经济实体在封闭的环境中实现经济发展和腾飞的成功案例，尤其是整个世界经济向知识化、信息化迈进的今天，必须充分了解发展的最新信息，掌握发展的最新方向，搞好对外合作，吸收和利用好发展的有利条件和资源，否则县域经济的发展就会失去动力和方向。

（八）立足创新

一是制度创新，要赋予县域更大的经济和社会管理权限，建立县域充满活力的内生机制。因此，县级政府要正确定位，将服务放在首位；要加快产权制度的改造，放手发展私人经济。二是产业创新。要有较为宽松的政策环境和良好的产业发展的软硬环境，要培养一定的产业基础条件，加强对投资的引导作用，促进本地产业结构合理化、优化和高级化。

我国县域经济发展正处在由计划经济向市场经济转型时期，区域经济发展的现代化进程正在逐步加快。在此情况下，积极借鉴发达国家县级政府的运行机制和经验，从国内外县域经济发展模式去汲取营养，完善县域政府的经济管理功能，维护市场经济秩序，对壮大县域经济具有重要的现实意义。

---

① 参见谭文忠、刘庆、王贵、侯晏、邓昭华、罗凌《浙江县域经济发展的实践和启示》，人民网（unn. people. com. cn/GB/22220/39456/39494/3183147. html）。

② 参见浙江日报《浙江县域经济活力四射——对我省30个百强县竞争力的解读》，泰州兴农网（tz. jsxnw. gov. cn/Artiele/ShowArtiele. asp？Artlele = 153）。

本章小结

本章主要对国内外县域经济发展一般规律和典型模式进行分析与总结，为少数民族贫困地区县域经济发展提供借鉴。

第一，界定县域经济发展模式的内涵。县域经济发展模式是指某一县所选择的县域经济发展战略，以及县域经济发展过程中所形成的、具有本县特色的县域经济结构和经济运行方式。

第二，揭示县域经济发展的一般规律，主要包括：县域经济区际分工阶梯规律、县域经济比较优势动态变化规律、依靠经济增长点和隆起带拉动发展规律。

第三，通过对法国地中海沿岸地区的发展模式、日本大分县开展的"一村一品"运动、美国北卡罗来纳州振兴地方经济的激励计划的研究，得到几点启示：重视区域政策在政府宏观调控中的作用；通过加强法律法规建设来提高调控能力；进一步增强对落后地区的资金扶植力度；高度重视中小企业对地区经济发展的促进。

第四，通过对苏南模式、温州模式、农安模式、义乌模式、晋城模式、顺德模式、晋江模式、昆山模式的分析，总结出国内县域经济发展的几点经验：转变思想观念与所有制结构；积极推动县域"三化"建设；依靠区域特色发展壮大县域经济；提高县域经济的核心竞争力；借助招商引资发展县域经济；积极支持和发展县域民营经济；高度重视对外开放和对外合作；立足创新。

第五章

少数民族贫困地区县域
经济发展模式的构建

第一节 少数民族贫困地区县域经济
发展模式的构建思路

基于前文分析，借鉴国内外县域经济发展模式的经验，从少数民族贫困地区县域经济的特点出发，构建少数民族贫困地区县域经济发展模式总体思路是：运用传统的战略分析方法，即 SWOT 分析方法，对县域的内外环境进行分析，对内主要包括：经济发展水平、自然资源、区位条件、社会环境条件等；对外主要是结合县域当前的外部环境，在此基础上，根据主导产业的选择基准，突出特色，提出县域经济的发展模式①，如图 5 – 1 所示。

一 少数民族贫困地区县域经济发展模式构建指导思想

（一）坚持市场导向，实现市场需求与本地资源优势相结合

在市场经济条件下，县域资源优势是形成特色经济和经济优势的重要基础，但是任何特色只在具有市场时，才有经济价值。任何经济优势都将是市场的比较优势，是竞争优势。因此，市场导向是县域经济发展的根本性导向。长期以来，我们在发展经济时，比较多地注重资源优势，实行资源导向，以资源状况决定发展战略，这在一定程度上对取得经济发展中的比较成本优势，形成经济特色是有意义的。但是，一方面，由于资源地域的有限性和很多资源的不可再生性，或再生资源的再生速度赶不上工业性开发利用需要，这就使资源型发展受到了极大的制约。另一方面，由于

---

① 参见杨洪亮《云南省县域经济发展模式研究》，硕士学位论文，昆明理工大学，2004年，第15—16页。

第五章 少数民族贫困地区县域经济发展模式的构建

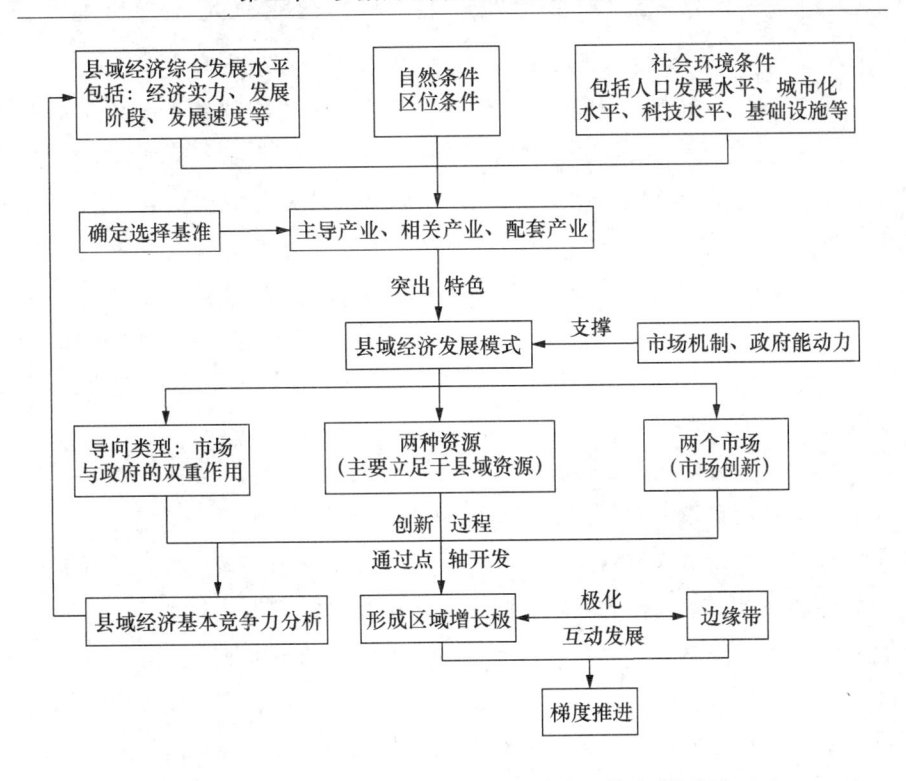

图 5-1 少数民族贫困地区县域经济发展模式分析框架

资源优势要转化成经济优势，必须有人才、资本和技术三方面的优势与之匹配，当缺乏这三方面的条件时，资源优势不能转化为经济优势，至多是对资源的粗放性开发利用。正因为存在这种局限性，这就要求在县域经济发展中适时地调整自己的战略导向和指导观念，扩大可利用资源的视野，跳出"资源优势"的误区，走市场导向。在这里，我们并非是要否定经济发展中要利用资源优势，而是强调要在市场导向下发挥优势和利用好资源优势。如果总是立足于自身的资源条件来考虑经济发展，必然难以适应统一大市场中对资源利用的竞争，必然跳不出有限区域的经济格局，形成经济实体的"小、土、散、低"的特征，也必然难以充分利用虚拟经济，通过合作与联合等市场经济的纽带和桥梁来延伸我们的目标和企图。县域经济发展的经验和事实已经证明，谁能跳出"自身资源优势"的局限，站在国际国内大市场的视野来开发利用大资源，谁就能获得发展壮大的主动权，就会有比较高的发展水平和质量。

（二）实行全方位对外开放，置县域经济于国民经济大系统循环

少数民族贫困地区发展县域经济，要跳出县域特别是县行政区域的局限，全方位对外开放，在国际和国内市场大范围内实现经济循环交流。开放性是市场经济条件下县域经济持续高效发展的必然要求，任何封闭的、保守的、自给自足的经济观念或潜意识，都将导致县域经济的落后和经济差距的扩大。因此，发展少数民族贫困地区县域经济要以开放观念作指导，因地制宜形成县、乡、村多层次、多样化对外开放格局，发展开放型、外向型经济，引导县域经济有系统综合性地提高开放度。

（三）贯彻有所为有所不为的原则，培育和发展特色经济和优势经济

县域经济是综合性经济，具有国民经济的一般性特征，同时，它又是区域性经济，具有区域特色。由于县域经济具有行政区域的含义，因而产业政策和其他财政经济政策对区域内经济的发展具有重要的影响。在选择县域经济发展战略时，要求我们贯彻有所为有所不为的原则，在市场经济中突出自己的特色，发展自身的优势，切忌没有重点、产业趋同、结构雷同，缺乏经济竞争力。少数民族贫困地区发展县域经济与其门类齐全，面面俱到，不如有所重点，集中开发；与其功能齐全，没有特点，形不成气候，不如区域分工，突出特点，做大市场，实现区域协作。有特色才能有优势，有优势才能更好地打市场牌，有市场才能更好地强化特色和优势。因此，有所为有所不为，是驾驭竞争，适应市场，有效利用经济资源的重要指导原则。

（四）注重产业协调，实现产业连锁互动

解决产业协调发展，是县域经济发展中制定和选择发展战略时的重要指导思想。产业关联度低，产业之间不能实现连锁互动，或产业链条伸展不开，这是制约少数民族贫困地区经济发展的一个重要因素。农业生产组织方式的变革，是农产品加工型乡镇企业兴办和发展的前提，同时乡镇企业的发展又必须能够进一步带动农业生产的商品化和产业化的发展。在工业和第三产业内部各产业之间，以及在产业内部主要发展方向之间，互相协调和连锁互动关系，显然是县域产业有效发展的重要条件。产业关联性质上是供求关联性和技术关联性，有时具有管理关联性。产业间及产业内部各领域之间相互关联的内在必然性，要求产业发展必须相互协调，连锁互动。任何孤立的政策，任何体制性的人为分割，任何不配套政策的相互

制约，都不利于产业的协调发展，从而整体上制约国民经济发展水平。在规划和引导县域经济发展时，应从宏观上注重产业关联性，跳出县域看协调，打破与市场经济和产业互动发展不相适应的障碍。在微观上主动适应产业互动关系，进行产业沟通，展开产业链条，寻求和拓宽发展空间。只有在战略指导观念上确立产业协调发展思想，才能有利于县域经济的分工协作，实现可持续发展。

（五）以城镇为依托，实现县域经济发展中的集聚规模经济效应

城市化是工业化的摇篮。县域经济的工业化需要发展城镇载体，实现产业聚集和农村剩余劳动力的就近转移。少数民族贫困地区在工业化过程中城市化短缺现象突出，是制约县域经济发展的一个主要因素。在发展县域经济时需要充分注意到城市化与工业化的高度相关性，乡镇企业发展与小城镇建设的同步性。在这个过程中，坚持比较利益原则、生产专业化原则、规模经济原则，引导企业向具有比较利益的城镇集中。企业经济活动的特点决定了企业能从产业聚集和规模经济中获取利益，因此，社会生产必须向城市空间集中。这既是一个客观的过程，也是一个发挥人的主观能动性的过程。如何规划城镇布局；如何选择城镇类型和功能定位；如何实现多元化的投融资政策，加快城镇基础设施建设；如何克服农民进城的种种障碍；如何制定和实施第二、第三产业向城镇聚集的产业政策；如何完善城镇管理机制等，这些都是县域经济发展中需要研究的重要问题。离开城市化问题的研究，县域经济发展就不能有高的起点和目标，就可能在农村经济的框架中延迟工业化的进程。

二　少数民族贫困地区县域经济发展模式构建的前提——发展环境分析

（一）建立分析框架

将县域作为基本分析单位，建立包括经济条件、自然条件和社会环境条件在内的综合分析框架。

（1）县域经济综合发展水平。主要包括经济实力、经济发展阶段和发展活力。经济实力即人均 GDP、人均财政收入、人均固定资产投资、人均社会零售商品总额、人均储蓄存款余额，经济发展阶段即非农产业比重，经济发展活力即经济增长速度。

（2）自然条件。主要包括区位条件、各类土地资源、水资源、矿产资源和能源资源等。

(3) 社会环境条件。主要包括人口发展、城市化水平、生活质量、科技水平、基础设施和环境状况等。

在建立分析框架时，对各分析指标的意义及相互联系应作详尽论证和说明，使指标之间要有比较好的衔接，进而对指标进行高度综合，使各指标的解释能力得到进一步增强。通过对各类指标的对比分析，明确各县域在发展中的差异以及差异产生的主要原因，进而找准县域优势。

（二）明确比较优势

在分析县域优势时，需进行多角度的比较和分析：

首先，从综合的视角上进行优势的比较，综合比较的目标在于实现资源的整合。优势虽然是由单个有利条件所组成，但是，一方面，它们不能孤立地发挥影响和作用；另一方面，它们之间又是相互联结与影响的，从县域内来看可成为优势的有利条件很多，要注意发挥其集聚效应，因而在比较中应把自然优势、经济技术优势与社会资源优势有机地结合起来并力求寻找它们之间的最佳联合点，以实现优势整合。但同时，这种比较还有一个重要目的就是要充分考虑不利因素对有利因素的影响，把优势与劣势放在一个整体中来加以综合考虑，以扬长避短，实现突破。

其次，从内外横向的角度上进行优势的比较，内外横向比较从根本上说就是对区域内现有的自然、经济技术和社会等各种资源进行一番比较筛选，这种比较和筛选应是层层递进的，从县域内再到县际、市（地）际、省际乃至全国，看其对经济社会影响的程度和范围，这种比较有利于对原有优势的重新审视，并由此挖掘新的优势以促进县域经济的发展。

再次，从时空发展角度进行优势的比较，时空发展的比较应立足于现时，坚持以发展的眼光来看待，依据主客观条件的变化，实现潜在优势（从当前看也许是劣势）向现实优势的转变。

最后，从互补的视角上进行优势的比较，从互补的视角进行比较的意义在于，通过比较从中发现与进一步挖掘自我优势、实现互补。

三 少数民族贫困地区县域经济发展模式构建基点——突出特色

由于县域经济的类别多种多样，甚至一个县域范围之内的不同城镇之间的资源禀赋也大相径庭。所以，发展县域经济要根据自身的资源优势和基础情况，找准本县域甚至县域内各城镇的具有比较优势的生产要素，发展特色经济。强调县域经济要以特色经济为方向是因为：对一个县域而言，不可能发展全方位、全门类经济，而只能依托本地比较优势来发展特色经济。实践证明，一个县、一个市什么都搞，结果往往什么都搞不好。只有有所不为，才能更好地有所为。比如，有些县域旅游资源特别丰富，有些县域出产某种矿产，这些都是发展"特色经济"的条件。加快实施"特色"战略，是各县域经济发展实现突破和腾飞的一条有效途径。县域经济的发展，关键是以市场为导向，发挥比较优势，克服比较劣势，形成具有特色的产业和产品体系。实施"特色"战略，必须把握好四个基本点：

第一，抓住个性化和有地方特色产业，选择能提供与众不同的特色产品，积极推动，大力发展，形成在全省乃至全国范围内具有独特性的东西，如民族特色、历史文化、自然特点、品牌形象、技术特点、外观特点、客户服务、特殊原料、传统秘方等方面的独特性，使之赢得持久的竞争优势，获得超常的经济收益。

第二，从一种特色产业入手，集中各自的优势资源，实施重点突破，把特色产业逐步做强做大，使之在激烈的市场竞争中形成领先优势。特色产业是在发挥自身比较优势和在市场竞争过程中培育起来的，没有优势就没有竞争力。要避免县域经济发展趋同化现象，确立差异化发展战略，努力挖掘特色、创造特色、放大特色。县域旅游资源丰富的，应发展具有浓厚的少数民族文化特色的旅游业，认真抓好少数民族地区非物质文化遗产的申报、保护工作，抓好民族村镇的保护、开发工作，要把原生态文化转换为一个大的产业，实现它的经济价值；县域矿产资源丰富的，应当突出以矿产开采、加工为主的矿业经济特色；县域水能资源储备量丰富的应当突出以水电为主的能源产业特色；县域农畜资源丰富的，应依靠科技发展特色种植业、养殖业，大力发展无公害和有机农畜产品。

第三，实施"特色"战略，必须加强成本核算。就是要全面提高"成本优势"和"低成本运作"能力，争取在研究、服务、营销、广告等多方面节约成本，使特色产业在激烈的市场竞争中形成规模优势，获得领先地位。

第四，实施"特色"战略，必须稳步推进。"特色"战略就其本质上讲，就是与别地有所不同，因此是没有经验可以借鉴、自己不断摸索的过程，必须稳步推进。要结合县域自身的资源状况和特点制定长远规划，分步实施，逐步实现产业结构不断优化，特色经济有较大发展，产业化经营水平有较大提高。

四 少数民族贫困地区县域经济发展模式的确定基准——主导产业选择

(一) 主导产业含义

关于主导产业的含义或界定比较多，一般认为主导产业是指在一个国家或地区经济发展的某个阶段，具有广阔的市场前景和较强的技术进步能力，有较强的扩散效应，对其他产业增长具有较强的前向拉动和后向推动作用，对经济发展起导向性和带动性作用，代表了产业结构的演变方向或趋势的产业[①]。与主导产业并存和协同发展的主导产业群，是指具有主导产业特性的次一级产业，既包括前一发展阶段主导产业，也包括具有较强潜在发展能力的优势产业。按罗斯托的主导产业学说认为，前一个成长阶段的主导产业会对下一阶段主导产业产生诱导作用，原来的主导产业部门在完成了带动其他部门和经济增长使命后，就会让位给新的主导产业部门。但要注意主导产业和支柱产业的区别，支柱产业指那些在国民经济中占有较大比重，对经济增长起着举足轻重作用的产业。

(二) 主导产业选择的理论来源

在产业经济理论史上，许多经济学家提出了界定和选择主导产业的基准[②]。美国经济学家 W. W. 罗斯托教授对主导产业的研究做出了开创性的贡献，他在《从起飞进入持续增长的经济学》（1988）一书中，提出了产业扩散效应理论和主导产业的选择基准，即"罗斯托基准"，其含义是，选择具有扩散效应的部门作为主导产业部门，将主导产业的产业优势辐射传递到产业关联链上的各产业中，以带动和促进区域经济的全面发展。美国发展经济学家艾尔伯特·O. 赫希曼在《经济发展战略》（1958）中，提出了联系效应理论和"产业关联度基准"，即选择能对较多产业产生带动和推动作用的产业。即前向关联、后向关联和旁侧关联度大的产业，作为政府优先扶植发展的产业和主导产业，以主导产业为动力，直接或间接带动其他产业的共同发展。最著名的，也比较明确提出主导产业选择基准的，是日本经济学家筱原三代平，他在1957年为日本规划产业结构提出了两条基准，即需求收入弹性基准与生产率上升率基准，产业界称之为"筱原两基准"。我国经济学界对主导产业的选择基准的认识和研究主要

---

① 参见史忠良主编《产业经济学》，经济管理出版社1998年版，第51页。
② 参见龙茂发、马明宗主编《产业经济学概论》，西南财经大学出版社1996年版。

是基于日本经济学家的观点，结合中国国情加以补充而确立的，但也有学者对"筱原两基准"提出质疑，并提出了新的选择基准，其中最具有代表性的是上海社会科学院周振华博士在其论著《产业政策的经济理论系统分析》中提出的三条基准：增长后劲基准；短缺替代弹性基准；瓶颈效应基准。该基准的构造是以"结构矛盾的缓解来推进整个产业发展"的战略方针为基本框架的，选择基准本身也许具有实用性，但实践效果并不怎么理想，且该基准从其具体内容来看，实际上把产业选择与产业扶植混为一谈，把产业扶植作为产业选择的条件，但事实上，政府重点扶植产业不能等同于主导产业。主导产业的生命力在于其经济增长速度的率领性及其对其他产业的深刻影响力。对主导产业的选择实际上也是对主导产业的判定，因而必须反映其基本特征。

以上几种主导产业选择基准从不同的侧面反映了主导产业的基本特征，是侧重于宏观经济结构中主导产业的选择基准。并不足以反映区域的产业特色，因此不能完全照搬和套用上述基准来选择区域主导产业。但不可否认的是，上述选择基准为区域主导产业的选择提供了重要的导向。

（三）主导产业选择的原则

主导产业是具有一定规模，能够充分发挥经济技术优势，以技术优势改变生产函数并对经济发展和产业结构演进有强大促进和带动作用的产业。它一般具有如下几个显著的特征：一是具有较强的创新能力，获得与新技术相关联的新的生产函数，能够实现"产业突破"。二是具有持续的部门增长率，并高于整个经济增长率。三是具有很强的扩散效应，能广泛地采取多种手段带动或启动其他产业的增长；对其他产业的增长产生广泛的直接和间接的影响。四是具有显著的产业规模和良好的发展潜力，是区域经济发展的支柱和主导。五是在时间上具有阶段性，随着经济发展的不同阶段而不断转换。基于主导产业的上述五个特征，在选择主导产业时，应遵循以下原则：

1. 市场需求原则

需求对产业发展的指导通常靠市场和自我调节完成，因此，在选择主导产业时不仅要考虑发展目标，还要考虑国内外市场的开拓和需求。只要市场上存在现实的或潜在的对某种产业产品的需求，该产业是不会停止自我发展的。市场需求才是所选择的主导产业生存、发展和壮大的必要条件。没有足够的市场需求拉动，主导产业很快就会衰落。

2. 竞争优势原则

主导产业本身应该是具有竞争优势的产业，即是能发挥特定区域经济优势的产业。据战略专家迈克尔·波特对产业国际竞争优势的分析，特定产业的竞争力取决于生产要素、需求状况、相关和辅助产业状况、企业的竞争条件等四个基本要素及政府和机遇两个辅助要素。就县域主导产业而言，其竞争力受到宏观主导产业的发展环境、县域整体资源特色、国内外市场现状、基础设施建设、企业规模与能力、主要竞争对手状况及县域产业政策、技术变革等的综合影响，这一竞争力在客观上体现在特定县域主导产业对市场的吸引力，最终决定主导产业的经济效益。

3. 科技进步原则

科学技术是第一生产力。在当代，经济的增长主要是通过技术进步实现的，每一次产业革命的出现，都带来了产业结构质的变化。主导产业作为优先发展的行业，必须是有巨大的吸纳技术进步潜力，才可以推动区域整体的技术进步速度。因此，未来主导产业的选择要考虑具有科技进步优势。

4. 现实关联度与贡献率

要确定县域主导产业，就必须衡量主导产业在县域产业群与产业链中的关联度，这一关联度可从产业中间的依赖率、产业连锁度、产业带动系数等方面进行量化的综合分析，在此基础上，可以根据县域主导产业直接的经济效应与间接的产业联动效应计算主导产业对整个县域国民经济的贡献率。

（四）县域主导产业选择基准分析

结合各县域具体情况及县域差异的客观实际，参照上述主导产业的选择基准，提出县域主导产业判定和选择的六项基准。

1. 持续发展基准

县域主导产业的投入要素在较长时期内应具有持续性，这样才能保证主导产业投入供给的持久性，不至于因资源的枯竭而使产业衰亡，确保县域经济的持续性增长。从社会、经济可持续发展的角度来看，县域主导产业的选择，还要特别强调环境保护；把环境保护作为一个重要的衡量标准，突出"绿色产业"的地位。

2. 市场基准或需求基准

县域主导产业必须具有广阔的市场前景和较强的市场竞争优势，只有这样才能发挥县域优势，建立起具有较强竞争力的产业结构，引导和带动县域经济的发展。我们用两大类指标来衡量：第一，需求收入弹性指标（反映市场需求状况）。收入弹性高的产品或产业部门，其社会需求也相对较高，市场前景广阔，因此，应选择需求收入弹性系数高的产业作为区域主导产业。第二，产业竞争力指标。产业的竞争力最终表现为市场占有率，市场占有率 = 某产业销售收入／全国同产业销售收入 ×100%，市场占有率高，说明产业的市场竞争力强。为消除产值比重大小对市场占有率的影响，同时采用市场竞争优势指数反映产业竞争力的强弱，其计算公式为：某产业市场竞争优势指数 = （某产业销售收入／全国同产业销售收入）／（某产业总产值／全国同产业总产值），指数大于1，说明产业具有较强的市场竞争力。

3. 效率基准

一个产业具有较高经济效益可以有力地推动县域经济发展，因此具有较高的经济效益，尤其是具有持续上升的经济效益，是一个产业成为县域主导产业的重要条件。产业的经济效益可用比较利税率来衡量，比较利税率系数等于某县域某产业的产值利税率与全国该产业的产值利税率的比值，系数值越大，说明该产业的经济效益越好。

4. 技术进步基准

县域主导产业高于其他产业的经济增长速度必须借助于产业的高效率来实现，因而其技术应具有领先地位和较强的创新能力。选择技术进步速度快、技术水平高、技术要素密集的产业作为主导产业，可以保证县域产业结构不断保持技术领先，同时保证在区际分工中不断占据比较利益最大的领域。

5. 产业关联基准

一个产业只有与其他产业具有广泛、密切的技术经济联系，才有可能通过聚集经济与乘数效应带动区域内相关产业的发展，进而带动整个区域的经济发展，因此，产业关联效应是选择区域主导产业的一个重要基准，即选择那些产业延伸链较长、带动效应大的产业作为主导产业。判断产业关联效应的大小主要是利用投入产出表的逆矩阵系数来计算产生的感应度系数和影响力系数，并通过这两个指标来判断。感应度系数和影响力系数均大的产业，具有很强的前向关联效果和后向关联效果，则这种产业部门就产业关联方面来讲是主导产业的最佳选择。

6. 竞争优势基准

面对科技竞争和经济全球化的挑战，县域经济不可能在一个封闭的自我循环系统中得到发展，县域产业系统的建立和主导产业的选择要充分考虑到世界经济一体化的因素，把县域主导产业的选择放在全球范围内产业结构调整的大环境中，选择具有竞争优势的产业为县域主导产业。产业竞争优势是一国产业在全球性产业的国际竞争中建立起来的、在资源的获取和利益的分配方面相对于竞争对手和竞争产业的特定的优势，具有竞争优势的产业应该成为一国产业选择的方向，更应该成为县域主导产业的最佳选择。应该说明的是，像我国这样的发展中大国一般只有发达地区的某些产业具有国际竞争优势，因此竞争优势基准在县域主导产业选择方面并不具有普遍性，它实际上是国家主导产业选择的一项基准，但并不妨碍在我国的某些发达县域参考这项基准选择其主导产业。

五　少数民族贫困地区县域经济发展模式支撑体系

成功的县域经济发展是建立在县域特色之上的，培育县域特色离不开必要的支撑体系，构建县域经济发展模式的支撑体系包括：

（一）发展观念

克服观念误区，思想的解放和观念的更新，是县域特色经济发展的思想动力。要破除"大而全"、"小而全"的观念，树立"不求其多，但求其特"、"不求其全，但求其佳"的特色经济新观念，要用全局思维的观念来审视自己的优势和劣势；从全省（市、自治区）、全国乃至全世界经济发展的新格局中，选准自己经济发展的"坐标"。在当前，要特别注意克服几大观念误区：一是见物不见人的"资源误区"。二是多多益善的"支柱误区"，确定支柱产业不宜太多，关键是要有特色，要专业化、规模化和品牌化。三是贪大求洋的"规模误区"。县域特色经济的发展要克服"多、小、散、乱"的通病，要上规模、上档次。但一定要从实际出发，不能贪大求洋。资源是有限的，市场是有限的，脱离实际的幻想注定是要失败的。四是南橘北枳的"经验误区"。不能盲目"跟风"，照搬照抄别人的经验。一定要从本县实际出发，创造性地运用别人的经验。

（二）市场机制

随着我国社会主义市场经济体制框架的基本确立，市场机制在资源配置中日益明显地发挥着基础性作用。因此,县域经济的制度创新,必然是以市场为取向,以市场配置资源为基础,更加符合市场经济运行规则。改革和制度创新的目标,应是通过对农业生产制度、土地制度、产权制度和社会组织制度的调整和完善,建立一套适应社会主义市场经济体制要求的县域经济发展新体制和新机制。要从根本上解决县域经济发展的深层矛盾,促进县域经济持续快速健康发展,着力构建县域经济发展的"三大机制":

一是建立经济结构优化机制。经济结构决定了经济运行质量和效益。少数民族贫困县要坚持以市场为导向,面向国际国内两个市场,加快经济结构调整,构建与市场经济发展要求相适应的、充满生机和活力的、市场竞争力强、运行质量高、效益好的产业结构、产权结构、技术结构以及企业组织结构。

二是建立技术创新机制。少数民族贫困县要加快技术进步和产业升级,用先进适用技术改造和提升传统产业,提高县域经济的装备和技术水平,增大特色产业和特色产品的科技含量。同时,要增强人才竞争优势、技术竞争优势和信息竞争优势,为县域经济发展提供强有力的技术支撑。

三是建立灵活的经济运营机制。少数民族贫困县要加快资源整合和企业的兼并重组,切实转换企业经营机制,培育和完善市场体系,按照经济规律要求,实行市场化运作、企业化经营、专业化推进、产业化发展,形成县域经济发展的新机制和新模式。

(三) 政府的能动作用

理顺政府行为与县域经济发展的关系,给政府以合理定位,转变政府职能,增强政府在县域经济发展中的能动作用[①]。

首先,政府应增强"三大"能力。一是增强政府驾驭市场经济的能力,建立高效廉洁政府;二是增强政府统揽本地经济社会发展全局能力,切实解决政府"越位"、"缺位"和"错位"问题;三是增强政府的宏观调控能力,学会用经济的、市场的、法律的手段调节经济。

其次,政府应提供"四大"保障。一是政策保障。少数民族贫困地区的经济发展基础低、起步晚,资金匮乏、人才流失严重,因此,要加快

---

① 参见刘沛生《浅论县政府职能转变对县域经济发展的促进作用》,《科技与企业》2012年第18期。

这些地区的经济发展，离不开政府推行多方面的倾斜政策，如融资政策、财税政策、产业政策、人才流动政策等。二是环境保障。政府要营造适应经济发展的思想舆论环境、优惠的政策环境、优质的服务环境、良好的法治环境，创造公开、公平、公正的市场竞争环境。三是资金保障。少数民族贫困地区县域经济要实现持续发展必须有稳定的资金投入和资金来源。从目前来看，资金缺口较大，瓶颈约束明显。因此，如何筹措大量的发展资金已成为迫切要求。在获得国家的政策性援助、加大政策性贷款对少数民族贫困地区的支持力度的同时，要改变"等、靠、要"的依赖思想，把经济发展的重点建立在依靠自身奋发图强和开拓进取的基础上。如通过发挥市场机制的基础性作用，运用市场化运作方式，积极吸引民间资金加盟，引导和扶持农村合作基金会、职工股金会等民间融资形式，将社会资金吸引到县域经济发展上来；积极创造条件，改善投资环境，吸引县外、区外和国外资金，靠外力启动内部的经济活力，走自我积累、自我发展的道路；积极争取上级部门的项目投入和金融部门的信贷资金。四是人才保障。在少数民族贫困地区，企业家资源、科技开发和管理人才严重短缺。坚持以人为本，吸引人才、使用人才、留住人才是少数民族贫困地区发展县域经济的当务之急。为此，要制定区域经济联合政策，积极鼓励东部人才、技术向西"位移"，鼓励科研人员到少数民族贫困地区领办企业和兴办科研经济实体，结成互利互惠的利益共同体，推动县域技术创新和产业提升；要在对口支援的基础上，增强造血功能和自我发展能力。少数民族贫困县要把开发人力资源作为重中之重来抓，在全社会形成尊重知识、重视人才的良好氛围，调动科技人员的积极性和创造性，发挥他们的聪明才智，培养和提高劳动者的整体素质，在产品开发、研究、创新上取得突破，为县域经济注入知识含量和新的活力。

六 少数民族贫困地区县域经济发展模式的终极发展目标

通过县域经济发展模式的构建，具有共同特色的县域应形成相似的开发模式，由县域具有创新能力的企业、集中相当规模的资本、拥有较好的区位环境条件，能够吸引投资、技术、人才，具有良好交通、通信、能源等基础建设条件，以培养县域特色经济，形成区域增长极。其具体途径：一是通过市场机制的作用，引导企业在某些地区集聚发展；二是由政府实施经济计划，组织重点投资，但必须以不抑制市场机制为前提。但为了培育县域增长极，一个地区必须创造良好的竞争环境，实行投资地区倾向政策，创建增长极，通过增长极本身的发展以及对其他地区和部门的影响，带动整个区域经济的发展。要充分发挥增长极所具有的极化效应和扩散效应两种作用。极化效应表现为生产要素向极点的聚集，扩散效应表现为极点生产要素向外围的转移。一般来说，在增长极的初期阶段，极化效应是主要的，当发展到一定阶段时，扩散效应应加强并逐渐占主导地位，极化和扩散效应的作用，促进了地区经济的发展，同时也产生地区间的差距。在按县域经济发展模式进行建设的同时，需通过县域经济综合实力反复地评价，不断地调整相关要素，修整和完善县域经济发展模式。因为按区域经济的理论，在国际性城市、节点城市及区域性代表城市周围（即是要培育的增长极），通常存在一个"边缘区"，随着城市的发展，其一部分功能会逐步向边缘区转移。而通过极化—扩散效应先后发展增长极和辐射地带，由增长极与边缘带的良性互动发展，逐步削减不平衡发展现象，进而更好地发展增长极和辐射区。发展到一定阶段，根据梯度推进理论，首先是按距离远近向外围经济联系比较紧密的地区布局推进，而总体范围推进则按梯度高低顺序，跳跃式地向周围扩展，再向第二梯度地区推进，随着产业生命的衰退，而逐步向处在第三、第四梯度的地区推进。为此，县域经济发展模式最终由点到线再到块，最后形成面，逐步发展整个县域经济。

构建县域经济发展模式，必须遵循把县域经济发展战略建立在可持续性目标之上。确立县域经济发展模式应从回答县域经济发展目标总体思路"是什么、为什么、怎么办"三个问题出发，做到"三个结合"和"三个突出"，即基础理论与运用理论相结合，突出运用理论；历史性与现实性相结合，突出现实性；共性与个性相结合，突出个性。当然，在战略目标选择上个性突出更显重要，个性即特色，应以充分体现特色和比较优势，克服县域间雷同，如旅游业，作为新的经济增长亮点，都为大家所青睐，倘若"遍地开花"，其特色也就难以得到充分的体现。因而县域经济发展模式的构建，要从自身的区位、自然资源、人文历史、发展潜力、趋势等方面的实际出发，在充分发挥自身的比较优势中来加以确立，把近期目标与中、长期发展目标有机结合起来，实现科学、准确定位。

第二节 少数民族贫困地区县域经济发展基本模式

根据少数民族贫困地区县域经济发展的构建思路，本书提出七种基模式，即以新型工业化优先的发展模式、以特色农业优先的发展模式、以旅游业优先的发展模式、以资源开发优先的发展模式、以新型城镇化优先的发展模式、以民营经济优先的发展模式、以劳务输出优先的发展模式。

一 新型工业化优先的发展模式

（一）新型工业化的内涵与特征

新型工业化是现代信息技术与传统工业化的结合，是现代信息技术对传统工业化的改造和提升，是以现代信息技术为基础的工业化[1]。新型工业化具有四大基本特征：一是高效率、高产值、无污染；二是高附加值、高效益、高净化；三是经济性、生态性、环境性、社会性相互并重；四是信息化、工业化、城市化相互渗透。从第一个基本特征看，用现代信息技术改造和提升传统工业，必然增加高新技术含量，促进工业化达到高效率、高产值，进而做到无污染，应该说传统工业对此可望而不可即。就第二个特征看，现代信息技术与工业化的结合，促使传统工业化知识含量、科技含量大幅度增加，高新技术所带来的高附加值、高效益为传统工业不能比拟。从第三个基本特征看，新型工业化过程中可以节约大量的资源，减少自然资源匹配的波动性，为资源的连续再造创造了有利的弹性空间，进而为工业化的生态性、环境性创造了条件，铺平了道路。经济性、生态性及环境性的统一，不仅有利于县域经济的发展，更有利于区域经济的稳定。就第四个基本特征看，新型工业化实质是以信息技术为开端，以工业化、城市化为目标，从路径选择上看，是用信息化促进工业化，用工业化拉动城市化。县域工业化过程中，现代信息技术比重越高，吸纳率越强，促进工业化上升的幅度就越大，拉动城市化的进程就越快。这种相互促进、相互影响、相互作用的关系，对于加快县域新型工业化的进程，以崭新的姿态迎接经济国际化、全球化的挑战，具有重要的政治意义和战略

---

[1] 参见李春才《欠发达地区工业化道路选择》，《求索》2004年第5期。

意义。

少数民族贫困地区县域经济的落后，根本在于工业经济的落后。壮大少数民族贫困地区县域经济必须切实提高工业化水平，膨胀工业总量，提高工业总体竞争力。少数民族贫困地区发展工业应当走新型工业化道路，不仅要增加工业产值，而且要做到"科技含量高、经济效益好、资源消耗低、环境污染少、人力资源优势得到充分发挥"，并实现这几方面的兼顾和统一。要把工业发展和农业、服务业的发展协调统一起来，使工业化同时成为农业现代化和推进现代服务业发展的基础和动力。把工业生产能力的提高和消费需求能力的提高协调统一起来，把工业增长建立在消费需求不断扩大的基础上。把当前发展和未来可持续发展衔接和统一起来，尊重自然规律和经济发展规律，走文明发展之路，实现人与自然的和谐。虽然新型工业化道路必然是一个相对漫长的过程，可以发挥农业优势，围绕农业经济做文章，大力发展农产品加工业、绿色产业、生态服务业、特色经济等；同时，要注重科技开发、推广和应用；吸引和利用人才，促进信息化水平不断提高。

（二）采取新型工业化模式的少数民族贫困县应该具备的条件

1. 硬环境成熟完善

从交通来说，实现水、陆、空三通；在通信方面，程控电话、移动电话和宽带网普及，通信条件与发达地区相比有差距，但差距不是很大；水、土地、矿产资源丰富，自然环境和气候条件较好，适宜生产和生活；文化、教育、体育、医疗、卫生、娱乐等设施也有很大发展，可以满足员工精神文化生活的需要与培育子女成长的需要。

2. 强有力的政策支持

在我国社会主义市场经济条件下，政策的有力支持是区域经济发展的重要因素。珠江三角洲等沿海发达地区之所以先走一步，先发展起来，其中一个重要因素就在于我国当年"改革开放"、"让一部分地区、一部分人先富起来"的大政策和特区的特殊政策。政策支持对于少数民族贫困地区工业建设、经济发展无疑是很有影响力的条件和重大的历史契机。

3. 资金与人才问题得到解决

部分少数民族贫困地区经过新中国成立60多年，特别是改革开放30多年的发展与建设，有了长足的发展和进步。物质条件、基础设施、技术装备、管理经验及资本等都有了一定的基础、储蓄和准备，具备了一定的经济实力。各级干部在30多年的改革大潮和市场经济的摸爬滚打中，有过许多成功的喜悦，也有过许多失败的反思，这些积累也是发展新型工业的资源和条件。今后，应进一步提供资金支持和人才支持，以保证这些地区改革与发展。

4. 不断拓展的市场

市场经济的逐步完善，市场体系的成熟，不仅商品市场完善，生产要素市场、劳动力人才市场、技术市场、资金市场等也相继建立与开放。这对于少数民族贫困地区发展新型工业，引入生产要素，吸引资本、技术、人才是十分有利的条件。这些要素的流动性大，流动方便，引进和组合形成有效生产力也就容易。

(三) 少数民族贫困县发展新型工业化的途径

为了更好更快地促进县域经济的工业化进程，提高少数民族贫困地区人民的生活水平，可采用以下几种途径：

第一，大力促进中小企业的发展。中小企业对于县及县以下的经济发展具有其独特的功能与作用，是县域层面上解决就业、开发资源的适当载体。而且从工业化的发展趋势看，随着现代工业的社会化程度越来越高，产品加工环节越来越多，一个大工业企业往往需要成百上千的专业化中小企业与之配合，因此中小企业有恒久的存在价值。

第二，培育专业化特色产业，形成企业集群，提升产业竞争力。县域经济中的各种资源特别是资金资源相对是有限的，只有把各种资源和生产要素配置在最有前景的产业上，才能获取资源配置的效益最大化。同时，县域经济也只有适应市场需求，形成具有一定规模和竞争力的专业化特色产业，才能融入日益变化的大市场格局，在市场竞争中占有自己的一席之地。因此，选准并主攻特色主导产业是县域工业化的关键。

第三，推进技术创新，培育人力资本。企业是技术创新的主体，要通过多种途径鼓励中小企业进行创新。一是鼓励企业在市场调查、科学论证的基础上，加大技改投入；二是帮助引进资金、技术、人才，或牵线搭桥为企业与科研院所、大企业集团建立协作关系；三是政府财政对企业资金予以支持。

第四，完善融资体制，解决资本短缺。适时、充足的资本供给是县域中小企业发展中的基本保障。疏通县域中小企业的融资渠道，解决县域工业发展中的资本短缺，可以考虑从以下几个方面采取措施：一是建立县域民营企业的信用担保机制；二是建立风险防范机制；三是支持、规范、引导、监督民间融资；四是采用股份制，动员民间资本进行投资；五是改善投资环境，引进外资。

第五，强化园区建设，推动产业集中。发展园区经济要立足当地资源禀赋和地理条件确定园区的功能定位，选准位置，搞好规划。

第六，改善宏观调控。在县域工业化发展的过程中，县级政府的能动作用非常大。政府的公共管理水平和服务效率是影响县域经济竞争力和工业化发展的重要方面。

二 以特色农业优先的发展模式

（一）特色农业的概念

特色农业是在中国农业经济发展新阶段提出的，是农业适应中国市场经济的发展应运而生。近年来，各地区（特别是西部地区）都在探索农业发展新模式，都在寻求比较优势，大力发展特色农业，以期实现农业跨越式的大发展。农业部制定了《关于加快西部地区特色农业发展的意见》，明确指出："特色农业是指具有独特的资源条件、明显的区域特征、特殊的产品品质和特定的消费市场的农业产业。"[1] 目前，关于特色农业，学术界尚没有统一的界定，还没有形成共识的定义。但是，特色农业在其内涵和表述上应抓住以下几个关键：一是特色农业必须立足当地资源环境优势，能够充分发挥当地的比较优势。资源特色、产品特色、产业特色是构成特色农业的基本内涵；二是特色农业必须以市场需求为导向，市场和社会需要是衡量它是否有特色的首要标准；三是必须是具有一定规模和高品质、高效益的农业；四是具有广阔的发展前景，经过扶持和培育能够成为地区的主导产业，带动区域经济发展。基于以上几点，我们可以认为，特色农业就是立足于当地的资源优势、生产优势和规模优势，以高品质、高效益和可持续发展为核心，以提高特色农产品品质和培养各具特色的农产品产业为突破口，以增加农民收入和提高农业经济效益为目标，经过扶持和培育能形成一定生产规模，扩大市场影响，带动区域经济发展的市场化、现代化农业。农业产业化是指在市场经济条件下，以家庭经营和适度规模经济为基础将农业生产

---

[1] 中国农业部：《关于加快西部地区特色农业发展的意见》，新华网（news.xinhuanet.com/zhengfu/2003 – 01/03/content_ 677941.htm）。

的产前、产中、产后诸环节联结为一个完整的产业系统,实现种养加、产供销、贸工农一体化经营,提高农业的增值能力和比较效益,形成农业自我积累、自我发展和自我调节的良性循环机制。实践证明,农业产业化是改造传统农业和发展现代农业的基本途径。

(二) 采取特色农业优先模式的少数民族贫困县应该具备的条件

第一,发展特色农业应当具有良好的自然条件,水土光热资源丰富,组合条件优越。农业是一个与自然条件密切相关的产业,不同的农产品只有在适宜的土壤气候条件下才能得到理想的品质和产量。地质环境、气候特色在很大程度上决定了农产品的内在品质,独特的地理环境、气候特点赋予了特色农产品明显的地域特征,使众多特色农产品呈现出"易地而竭,隔界不长"的现象[①]。

第二,发展特色农业的县域应当具有环境污染少,劳动力成本低廉,能够为特色农业提供良好发展条件。农业生产的环境污染小,资源破坏程度较轻,具备开发和生产绿色食品的基本要求,另外这些县域应具备大量的剩余劳动力,可为特色农业的发展提供丰富而充足的劳动力,而且劳动力成本低廉,有利于降低农业生产成本,提升农产品竞争力。

第三,生物资源丰富多样,拥有一大批在国内外市场具有一定竞争力的特色农产品。在特色农业发展中,可以利用丰富的物种资源优势,通过对物种资源合理开发,保护利用,突出资源特色,发展"野、珍、稀、特"农产品,将物种资源优势转化为竞争优势、经济优势,以满足人们追求"野、珍、稀、特"的消费时尚。

(三) 少数民族贫困县发展特色农业应坚持的原则

第一,坚持以市场为导向原则。特色农业的发展,既要考虑国内市场,更要着眼国际市场;既要瞄准现实需求,也要着眼潜在需求。

第二,坚持发挥比较优势原则。要综合考虑资源条件、生产基础、市场环境以及资金、技术等多方面的因素,扬长避短,优先发展具有一定基础和竞争力的产品和产区,尽快形成规模优势。

第三,坚持适度规模开发原则。特色农业的发展既要成规模、上批次地发展,并能相对集中在专业化生产区域,便于集中投入、配套发展技术及市场服务体系,形成批量上市的价格、成本和市场竞争优势,体现农业

---

① 参见成小平《内蒙古特色农业发展研究》,硕士学位论文,内蒙古农业大学,2004年。

的规模优势；又要注意规模的适度性，确保产品特性。一味注重规模的扩大，结果会造成产品特性的消失，从而失去竞争优势。

第四，坚持尊重农民意愿原则。实施区域化布局、规模化生产，必须稳定家庭联产承包经营制度，切实尊重和保障农民的市场主体地位和生产经营自主权。要充分尊重农民的意愿，防止主观决策、"命令农业"挫伤农民生产积极性。

第五，坚持以质取胜原则。适应市场竞争和消费水平提高的要求，大力优化品种和品质结构，提高特色农产品内在品质。

第六，坚持科技支撑原则。特色农业的发展应以科技进步为支持，要有重点地进行科研开发，加快引进、选育和推广优良品种，加速品种更新换代，提高特色农产品科技含量，保障产品品质稳定。

第七，坚持产业整体开发原则。发展特色农业要着眼于特色农产品整个产业的建设，延伸产业链条，打造名牌产品，构建优势产业群体，形成在国内国际市场具有一定竞争力的特色农业产业带区。

第八，坚持可持续发展原则。少数民族贫困地区生态环境一般都十分脆弱，农业发展稍有不慎，便有可能留下遗憾，开发沦为破坏。特色农业的发展要以可持续发展为前提，必须把恢复和保护生态环境放在重要的位置。

（四）少数民族贫困县发展特色农业途径

1. 转变观念，全面树立特色农业意识，科学规划和合理布局特色农产品生产

调整农业结构，充分利用和发挥资源环境优势发展特色农业，提高对特色农业的认识，转变传统观念，全面树立"名、优、特、新、野、珍、稀"意识、质量意识、品牌意识、规模意识、市场竞争意识、服务意识、实现由以数量取胜转变到以质量取胜；由抓大路货、普通农产品转变到抓特色农产品；由"小而全"转变到发挥优势，突出重点产品；由小规模、分散开发转变到相对集中、规模开发；由抓原材料生产和供给转变到抓生产、加工、流通全过程；由抓粮食等大宗农产品生产提高农民收入转变到抓特色农产品提高农民收入。在正确认识特色农业，树立特色农业意识的情况下，各级政府要制定科学合理的特色农业发展规划引导特色农业发展，为特色农业快速、持续、健康发展指明方向。

2. 加快发展有竞争优势和带动力强的龙头企业

龙头企业是实施农业产业化经营的主体，是连接农民和市场的桥梁，是农业产业化经营的核心，它负有开拓市场、科技创新、带动农户和促进区域经济发展的任务，龙头企业的强弱和带动能力的大小，决定着产业化规模和成效，培育和促进龙头企业发展，是实施农业产业化经营的关键环节。

3. 认真落实党在农村中的方针政策，制定鼓励发展特色农业的相关政策，调动农民发展特色农业的积极性

在特色农业发展中，我们要以落实党在农村中的方针政策为重点，巩固农村税费改革成果，完善农村土地承包政策，制定鼓励发展特色农业的相关政策，解决特色农业投入不足、科技含量低等问题，充分调动农民生产的积极性。

4. 建立健全农产品质量安全体系，建设特色农产品标准化生产基地

农业标准化是当今世界农业发展的潮流和趋势，是现代农业的重要标志。在特色农业发展中，为了保证特色农产品的质量，增强我县域特色农产品在国内外的市场竞争力，应建立健全农产品质量安全体系，加快建设特色农产品标准化生产基地。

5. 创建名牌产品，发挥品牌优势

随着生活水平的提高，人们对品牌的追求越来越明显，知名度高，有信赖感、安全感的品牌会增加农产品的附加值，可以提升产业竞争力。特色农业要保持其高效益性和高成长性，发展成为地区主导产业，就必须提高产品质量，创建品牌，通过品牌效应赢得市场，成为竞争中的胜利者。

三 以旅游业优先的发展模式

（一）采取旅游业优先模式对少数民族贫困地区县域经济发展的意义

20世纪90年代中后期，我国区域经济发展不平衡引发的各种问题逐渐凸显，并在很大程度上制约了我国经济社会的进一步发展，引起了国家领导层以及理论界高度重视。如何加快少数民族贫困地区的发展，缩小我国的地区差异，成为亟待研究解决的重大问题。在这种大背景下，国内旅游界开始较多地关注少数民族贫困地区的旅游业发展。

少数民族贫困县一般工业基础薄弱，经贸落后，传统的二元经济结构使社会经济发展缓慢，苦于找不到新的经济增长点以带动地方发展。旅游业具有产业关联度高、乘数效应明显、吸纳社会就业能力高的特点，少数

民族贫困地区发展旅游业对于调整产业结构、拉动经济增长、缓解"三农"问题具有重要的意义。应该说，经济利益的驱动是少数民族贫困地区发展旅游业的主要原因。对于经济基础较差县域来说，发展旅游业具有投资周期短、见效快、污染小的特点，把旅游业作为先导产业或重要产业往往有利于动员各方面的力量共同参与县域经济的开发，使县域经济得到超常发展①。

旅游活动作为一种奢侈品，只有在人均收入达到一定水平的时候才会产生对旅游的需求。随着经济的发展，大多数人已不需要再为生存奔波，正在富裕起来的人民就会产生更高层次的需求——旅游需求。由于少数民族地区旅游资源比较丰富，适合进行旅游开发，以满足人民日益增长的旅游需求。旅游活动不同于一般的经济活动，它还具有文化活动的特征，有助于陶冶情操、怡情养性。而少数民族地区具有各自民族的文化特色，因此，少数民族贫困地区发展旅游业可以满足人们日益增长的文化生活的需要，提高人民的文化生活水平，促进精神文明建设。尽管少数民族贫困地区在发展旅游业的过程中存在着各种限制因素，短期内旅游业在某些地区经济社会发展中能起到的作用也较为有限，但通过旅游业的适度合理发展，是可以在一定程度上实现良好开发效果。具体来说，可以实现当地群众收入特别是农民收入的增加，从而提高居民生活水平；调整地区产业结构，实现产业改造和升级；提高劳动者素质，缩小城乡差别；促进观念改变，推动精神文明建设。

(二) 少数民族贫困县采取旅游业优先模式应该具备的条件

一个国家或地区旅游产业的发展必须充分考虑其要素禀赋结构，具体而言，要充分考虑该国或地区的资源禀赋、资本、技术等因素构成状况，而不是忽视自身条件，一味谋求他山之石。旅游资源是旅游业发展的基础和先决条件，它的数量与品质等决定了一个区域对游客的吸引力与旅游活动的行为层次②。尽管旅游资源并不是决定区域旅游发展的唯一因素，但它仍在很大程度上影响着旅游开发的方向、方式和最终结果，特别是对于旅游开发大多处于初始阶段的少数民族贫困地区来说，旅游资源禀赋的影

---

① 参见丁爱玲《山东省欠发达地区旅游业发展研究——以聊城旅游业发展为例》，硕士学位论文，青岛大学，2006年。

② 参见段红艳《欠发达地区旅游资源开发的战略选择——从比较优势到竞争优势》，硕士学位论文，武汉大学，2004年。

响是特别明显的。

总体来说，采用旅游业优先模式发展县域经济的少数民族贫困地区由于其自身特点必须有一定条件才可以采用这种模式。主要可以概括为三个方面：一是资源优势，采用旅游业优先发展的县域必须具备不少具有开发潜力的旅游资源；二是环境优势，发展旅游业的地区生态环境要保存完好，而且有较好的风景资源；三是土特产优势，富有地方特色的物产使得旅游购物和餐饮往往大有发展潜力。

（三）少数民族贫困县发展旅游业必须遵循的原则

不同地区有其不同的要素禀赋结构，因此旅游业发展所选取的战略也应有所不同。少数民族贫困地区自身特点决定了其旅游业发展必须遵循比较优势原则。

少数民族贫困地区旅游资源开发的优势在于其良好的资源禀赋，主要表现在：第一，旅游资源类型丰富，独特性强。自然景观丰富多样、历史人文景观浓厚，具有少数民族的奇异风情、独有的科考探险价值、脍炙人口的美食文化。第二，旅游资源品位高。以湖北省长阳土家族自治县为例，长阳境内"清江画廊"，为绝佳的观光旅游、休闲度假胜地，与神农架、武当山、长江三峡齐名，并称为湖北四大甲级旅游资源区。长阳清江画廊旅游度假区是国家 4A 级旅游景区。

劣势在于其能够投入的资本、技术的短缺。旅游业发展需要较好的社会经济条件，社会经济发展水平直接影响到旅游基础设施建设、旅游区开发及吸收投资的规模。少数民族贫困县由于经济发展水平落后对资本和技术的限制，造成了旅游资源开发落后的局面。一方面，无力对丰富的旅游资源进行整治、规划与开发，从而使一大批有价值的人文、自然旅游资源被埋没，甚至走向衰败；另一方面，由于资金、技术的缺乏，无力建设和改造旅游设施和相关配套设施，严重影响了旅游业的接待能力。由此可以看出，少数民族贫困地区的要素禀赋结构中，资源禀赋占优势，而资本和技术则较为欠缺。以西部为代表的少数民族贫困地区的旅游业的发展，应该紧紧抓住资源禀赋这一比较优势。

少数民族贫困地区旅游业的发展应从要素禀赋结构出发，分析各地区的比较优势，开发出具有特色的、富有竞争性的旅游产品。加强资源禀赋及各种开发条件的调查与分析，明确当地旅游业发展的优势与劣势，以便在旅游业发展中加以利用或回避。要素禀赋结构并非一成不变的，随着经济的发展，其比较优势也会发生转移。因此，要对少数民族贫困地区的比较优势有充分的把握，随着比较优势的发展变化，不断更新旅游资源开发思路。

(四) 少数民族贫困县旅游业发展中的政府行为

第一，旅游资源开发涉及生态环境保护、有限自然资源开发利用、公共资源配置等方面，必须有政府的介入。在以市场调节为主的旅游资源开发中，作为政府必须通过制定政策、规范市场、加强立法、培养资本市场、提供服务等行为，为旅游资源开发创造好的外部环境，推动其健康稳定地发展。

第二，制定产业政策，完善管理体制。政策是体制、市场、经济效益和服务等驱动因素的保障和原动力。发展旅游业，政府要通过制定政策，营造出一个便于经营者与市场连接的制度环境。

第三，政府对旅游业发展的技术支持。政府应在以下方面提供技术支持：一是加强对旅游从业人员的生态环境教育，提高从业人员的生态伦理素质。二是各级政府和旅游部门应组织大专院校、科研机构、技术市场中介组织，实地调查，设计出相应的无污染的绿色旅游加工产品，以适应旅游产业化经营结构调整的客观要求。三是通过政府建立和完善畅通的旅游环境科技研究和环保技术创新推广体系，并使之有机衔接，从资金、人员等方面给予优惠和倾斜。

第四，政府对旅游市场的适度干预。政府应当健全市场规制，加强市场管理，清除市场障碍，疏通流通渠道，打破地区封锁、部门垄断，建立统一开放、竞争有序的旅游市场体系。制定统一的旅游产品质量标准来维护旅游市场。制定相关的产业政策引导旅游企业经营，提高产品质量，增强市场竞争力，避免各种经营主体在市场上的恶性竞争。

第五，政府的服务功能。在旅游资源开发过程中，政府在如下方面必须体现其服务功能：(1) 公共物品提供。少数民族贫困地区基础设施薄弱，公共物品需求量大，客观上要求政府在资源配置中发挥主导作用。(2) 宣传。旅游产品作为一种特殊的产品，它需要通过宣传来进行推销。(3) 人力资源的培养与引进。人力资源在少数民族贫困地区旅游业的开发中是非常重要的。(4) 对旅游资源的保护，以及实行可持续发展战略。旅游生态系统既是旅游产品的一个重要组成部分，是发展旅游业的物质基础，又是旅游业持续发展的关键。

第六，政府影响旅游资源开发的经济、法律手段。旅游资源开发中可能发生的各种问题需要政府通过经济、法律等手段加以调控。首先，旅游业的发展必须要有政府主导下的财政支持，这对我国正处于成长时期的旅游业显得尤其重要。其次，旅游资源开发需要政府的法律手段。旅游业生存和发展，关键是制定保证旅游业健康、稳定发展的法律法规。

四　以资源开发优先的发展模式

资源是区域竞争力的关键。任何地区经济发展都离不开资源的开发与利用，资源是经济发展的基础。资源的丰饶程度及其配置效率对经济发展具有决定性作用，资源禀赋是决定经济发展优势的基础。对于不同地区而言，既有资源多寡贫富的差别，也有资源配置效率高低的差别，在更多情况下，资源的开发利用是否合理，即配置效率的高低是决定地区竞争力和经济发展水平的首要因素，少数民族贫困地区与发达地区的差别大多也是如此。

（一）县域经济中的资源形态

资源是指"在一定时间和技术条件下能够产生经济价值、提高人类当前和未来福利的自然环境因素的总称"。这种对资源的解释是基于主要依赖对自然资源开发与利用的工业经济时代阶段的。随着社会的发展，现阶段资源已不仅仅局限于自然资源、有物质形态的资源，也涵盖了社会的、无形的等其他资源。我们将资源按照其形态来加以划分，共分为有形资源、无形资源和人力资源三大类。

有形资源主要是指物质资源，尤其指自然资源，县域经济的发展是与自然资源的开发利用紧密联系在一起的，自然资源的开发利用是县域经济，特别是贫困地区的县域经济发展的基础。县域的有形资源主要包括土地资源、能源资源、矿产资源、水资源、气候资源、生物资源，等等。

无形资源指的是某些不具有实物形态，或者虽具有实物形态但在经营活动中不以实物转移和实物消耗为交换手段，而能在一定时期为其所有权者提供特定权益的资源。除了人力资源外，无形资源还包括文化资源，例如历史、风俗、文化传统，等等；环境资源，例如市容市貌等；区位资源；管理资源，例如优惠政策、先进制度、管理能力，等等；技术资源，例如商誉、标识、专利权、发明权、科技体系，等等。

人力资源是推动县域社会经济发展的基础资源。人是生产力要素中具有决定性作用的因素，我国古代儒学家就非常强调人的因素的重要性，如

"天时不如地利，地利不如人和"以及"仁者，爱人"等。人力资源所强调的不仅仅是劳动力，还包括劳动力的素质，对一个社会来说，其劳动力素质是通过许多指标来加以体现的，如平均受教育程度、科技文化水平以及科技人才所占的比例等。

（二）资源开发对县域经济可持续发展的作用

县域资源优势曾对全国经济发展起过重大作用，但县域自然资源优势在少数民族贫困地区并没有成为经济优势。如何把自然资源优势变为经济优势，这必须依靠人才，依靠技术，提高资源的综合利用程度和加工增值能力。粗放经营的结果，不仅浪费资源，破坏环境，也不可能把资源优势变为经济优势。只有把自然资源同人力、技术资源有效地结合起来，并充分发挥人力、技术资源的作用，才有可能使自然资源的优势变为经济优势。

1. 可持续发展思想与资源开发利用

人类活动，特别是经济活动，大都与资源的开发利用有关。资源综合利用是可持续发展的重要组成部分。自然资源开发包含着人类的主观目的性，即社会性和经济性，是自然资源进入经济社会的前提，资源开发具有自然、社会经济两重性。自然资源的作用显而易见，软资源随着经济发展作用也在逐渐扩大，软资源对自然资源有一定的调控作用。增加科学技术力量，科学技术的应用，可以有效降低自然资源的耗损，获得良好生态环境效益。因此，应该以大资源观为出发点，自然资源开发与社会资源、智力资源开发兼顾，建立社会、经济、科技协调发展、持续发展的新机制。

2. 国土资源开发与县域经济可持续发展

贫困地区国土资源的开发利用，既要讲究经济效益，又要讲究生态效益、社会效益，不能竭泽而渔，要保证资源的永续利用。鉴于当前面临的主要制约因素，为保证贫困地区国土资源开发的顺利进行以及资源的可持续利用，在开发中应遵循以下原则：坚持市场导向原则；坚持公开性与共同性原则；资源开发与保护并举原则；坚持生态环境保护和建设相结合原则。

3. 文化资源开发与县域经济可持续发展

随着经济的发展，人们对文化资源越来越重视，文化资源的开发与利用，成为新的经济增长点，既保护和发扬了民族文化，又促进和发展了民族地区的经济，一举两得。因此，在民族文化产业的开发中，文化景观必须和创新型的文化活动、文化组织结合起来，才会成为新的有活力的文化动力源，才会走上多种经营、综合发展之路。

4. 县域经济中的人力资源培养

县域人力资源的有效开发，能够促进人们思想观念的转变，给贫困地区带来巨大的经济和社会效益。贫困地区发展离不开国家的扶持及有关各方的大力支持，但自力更生、艰苦创业的精神才是加快经济和社会事业发展的内在动因，否则，就难以将资源优势转化为经济优势，人力资源也就没有什么优势可言。由于县域经济发展相对落后，技术含量相对较低，科技教育整体水平低下，导致人力资本的严重匮乏。因此，县级政府必须为人力资源的培养做好一定的基础性服务工作。要摸清人力资源结构与布局的基本情况，科学确定人力资源开发的方向，制定符合县域实际的人力资源开发战略规划。

（三）少数民族贫困县选择资源开发模式的适用范围和途径

少数民族贫困地区可供选择的资源开发模式主要有产业滚动模式和主导产业带动模式两种。

1. 产业滚动模式

由于少数民族贫困地区经济基础薄弱，资金短缺，开发初期启动相当困难。为迅速提高本区域自我发展能力，宜首先发展投资少、见效快的第三产业，如旅游、商贸等产业，以促进地区发展资金的原始积累，为引进外部资金和技术打下基础。而后相应发展其他一些投资数额不大的加工工业，如此滚动，可实现资金的最有效利用。

2. 实施主导产业带动模式

该模式适用范围有限，仅适用于自然资源（尤其是矿产资源和水能资源）优势非常突出，并且这种资源的开发利用确实能够成为该地区的主导产业的地区。由于少数民族贫困县缺资金、缺技术，优势资源的开发必须借助于国家大规模投资，通过国家投资开发产生的效益辐射功能发展本地区工业和相关产业，以带动区域经济的发展。

五　新型城镇化优先的发展模式

目前，我国城镇化正处在加速发展阶段。加快推进新型城镇化，是进一步解放和发展生产力，增强少数民族贫困地区综合实力和竞争力的客观要求；是少数民族贫困地区现阶段工业化和现代化发展的必然选择；是促进少数民族贫困地区经济社会协调发展的有效措施。少数民族贫困地区城乡发展差距较大，区域发展不平衡，经济社会发展不协调，特别是社会事业发展相对滞后。而少数民族贫困地区与发达地区的差距本质上就是工业化和城镇化的差距，加快城镇化进程是少数民族贫困地区实现经济社会快速发展的重要途径。改变这种状况，根本出路在于加速城镇化，实现工业化与城镇化的互动，充分发挥生产力的集聚效应，形成新的整体优势。

（一）少数民族贫困县城镇化主要特点

第一，与发达地区相比，少数民族贫困地区城镇化起步较晚，水平较低，很多地方处于城镇化的起步阶段[①]。如2011年全国的城镇化率为51.3%，苏南县域城镇化率为71.9%，而湖北少数民族贫困县的城镇化率仅为26.5%。可见，少数民族贫困地区的城镇化率远低于发达地区和全国平均水平，城镇体系对区域经济的辐射带动能力较弱。此外，少数民族贫困地区内部城镇化发展也不平衡。

第二，城镇体系结构不合理。大城市偏少偏小，城市结构、功能不协调。缺乏能够带动区域经济增长的大城市、特大城市，是少数民族贫困地区城镇化的显著特征。甘肃、宁夏、青海、新疆、西藏、云南、贵州、广西、内蒙古9个经济不发达省区，土地面积占国土总面积的62%，但城市总数只占全国的22%，平均每9万平方公里才有1座城市。

第三，财力匮乏，投入少，城镇基础设施不完善。与发达地区相比，少数民族贫困地区经济落后，经济实力弱，很多地方是吃饭财政，有的连工资也难以按时发放，加上投资主体单一性和投资方式有限性以及区位的偏僻性，没有足够资金投入城镇基础设施建设，城镇化推进的力度微弱。

（二）少数民族贫困县新型城镇化中的主要问题

第一，不顾经济实力盲目拉大城镇框架，片面追求人口城镇化水平的提高。城镇化必须以经济发展为基础，以工业化为动力，而不少落后地区忽视城镇化与工业化的协调发展，简单地把城镇化等同于城镇建设。

第二，城镇建设债务急剧增加，潜在风险较大。在少数民族贫困地区，越是贫穷的地方用行政手段推动城镇化建设的现象越突出。

第三，城镇建设"以物为本"突出，忽视"以人为本"和经济社会

[①] 参见廖富洲《欠发达地区城镇化中的问题及健康发展思路》，《学习论坛》2007年第23卷第8期。

协调发展。

第四，城镇规划脱离实际，缺乏科学性。在一些少数民族贫困县，有些城镇规划不顾环境和资源约束，无视城市发展的客观规律，制定无法达到的目标。

第五，城镇建设管理水平不高，经营手段不多。

第六，城镇建设缺乏地方特色和历史文化内涵。特色是城市的生命力所在，新型城镇化要求城镇建设必须与保护当地优秀历史文化遗产结合起来，形成鲜明的地方特色。

（三）少数民族贫困县新型城镇化健康发展途径

第一，努力发展经济，协调城镇化与经济增长的相互关系。少数民族贫困县面临的首要任务是发展经济，落后地区不能为了城镇化而城镇化，而必须夯实城镇可持续发展的产业基础。

第二，增强规划意识，搞好城镇规划，突出城镇特色和文化品位。城镇发展必须有一套科学合理的规划，合理调控土地及空间资源配置，引导和促进城镇化健康发展。少数民族贫困地区受经济基础薄弱、农业人口基数大、自然条件和交通条件差等因素的制约，必须坚持整体化布局。用统筹的思路和办法，按照县城为龙头，乡镇为重要载体，农村社区为基础节点"三个层级"，科学确定主体功能分区，合理安排城镇建设、旧村改造、产业发展、生态保护等空间布局，以转型升级促城镇发展，以就业创业促农民增收，以生态宜居促社区建设，统筹推进城镇化和新农村发展，走城乡一体化路子。

第三，推进农村土地流转制度改革，提高农业从业人员自身素质，巩固农业的基础地位。健全农村土地流转制度，完善土地流转市场体系，探索农村土地股份合作等有效形式，推动农村土地合理流转。探索以农村承包地经营权作为抵押物向金融机构融资等形式，完善有关法律制度，为农业生产经营提供资金支持。着力培育能够带动农业产业结构升级和优化的龙头企业，提高农业科技创新能力和市场竞争力。大力发展农村教育，培养造就有文化、懂技术、会经营的新型农民。

第四，把产业培育与城镇化建设紧密结合起来。要充分发挥各自优势，全力培育优势产业，并依托产业发展，拉长链条，完善体系，增加就业，聚集人气，带动商贸流通，为城镇化建设提供产业支撑和资金保障；同时，依托城镇化建设为产业发展提供更大的发展空间，实现产业的做大做强。对具备条件和基础的地方，可根据其主导产业优势，依托产业，倾斜政策，扬长展优，重点发展，优先培育一批特色鲜明、亮点突出、经济实力强，具有一定规模的"重点镇"，带动农村产业，辐射农村市场，提高农民收入，推动城镇化发展。

第五，加快工业化进程，实现新型工业化与新型城镇化的同步推进和互动协调。工业化与城镇化、农业现代化三者之间是相互促进、相辅相成的关系。少数民族贫困地区城镇工业的落后始终是城镇化的软肋，工业化水平低导致城镇难以形成劳动力吸纳效应和规模辐射效应。如何使工业化和城镇化互生互动，是少数民族贫困地区城镇化过程中最大的难题。因此，对于少数民族贫困地区的县域经济发展来说，工业化是经济发展的主攻方向，城镇化则是经济发展的突破口。

第六，城镇化发展的根基在于农业的产业化、工业化，农业产业化的核心优势是先专业化后规模化，是先市场化后工业化，是龙头带动、市场拉动、特色推动。少数民族贫困地区农业和劳动力资源优势相对比较突出，发展农业产业化有一定的基础，也是推动工业化和城镇化的一条捷径。

第七，把新型城镇化与新型农村社区建设有机结合起来，促进城乡协调发展。新型城镇化不是简单的城镇建设问题，不是一个与农村发展毫无关联的过程。少数民族贫困县即使将来城镇化达到较高水平，仍然会有绝对量相当大的人口继续生活在农村。"消灭农村，消灭农民"不切实际，让城市繁荣起来、让农村萧条下去只会加大城乡差距。城镇化问题不仅需要从城市层面来解决，也需要从农村层面来解决。因此，在稳步推进城镇化的同时，必须把农村建设好。新型农村社区是以城市化理念改造农村，以公共服务社会化措施覆盖农村，以现代产业体系支撑农村，把若干个自然村或行政村通过统一规划整合建立起的新的农村居住点[①]。要切实加强农村社区公共服务建设，要把公共服务建设与县域总体规划相结合、与乡镇功能定位相结合，使教育、医疗、卫生、文化、体育、公共安全、社会福利等服务向各乡镇、农村社区延伸，进一步改善农村生产生活条件，使广大农民享受到更高品质的生活。

---

① 参见陈海民《县域范围内新型城镇化建设的思考》，《产业与科技论坛》2013年第12卷第22期。

六 以民营经济优先的发展模式

在全面深化改革和社会整体转型的过程中,民营经济起到越来越重要的作用。2013年11月12日,中共十八届三中全会通过了《中共中央关于全面深化改革若干重大问题的决定》,指出:"公有制经济和非公有制经济都是社会主义市场经济的重要组成部分,都是我国经济社会发展的重要基础……必须毫不动摇鼓舞、支持、引导非公有制经济发展,激发非公有制经济活力和创造力。"把民营经济培育成新经济增长点,是少数民族贫困地区县域经济发展的重要基础。少数民族贫困地区的民营经济发展在量上正处在快速发展、成长的时期,在质上正处在逐步升级、提高的阶段,发展势头很好,潜力很大。

(一) 少数民族贫困地区大力发展民营经济的必要性和可能性

第一,少数民族贫困地区大力发展民营经济有利于市场经济发展及其功能的有效发挥。目前,少数民族贫困地区在企业所有制结构上存在问题比较突出,一是国有企业比重过大,民营经济比重过小。国有企业多分布于煤炭和竞争性企业,由于受体制的束缚,国有企业难以形成有效的竞争和激励机制,难以真正做到自负盈亏,因而普遍陷入效率低下、效益不高、负债沉重、无力扩大再生产和技术更新,保值难增值更难的困境。随着改革的不断深化,国内一些经济发达地区的国有企业逐步通过出售、兼并、转股等途径退出竞争性行业,让民营企业充当主角。这样既可停止国有企业继续亏损,又可避免国有资产的流失,也促进了市场经济开发及其功能的有效发展。

第二,发展民营经济有助于充分发展民营企业的优越性,促进少数民族贫困地区经济发展。改革开放30多年实践证明,区域经济发展"无私不快",民营企业已成为国民经济中最具活力的经济增长点,显示出广阔的发展前景和强大的生命力。首先是民营企业具有较强的动力机制,它不端"铁饭碗"不坐"铁交椅",能够最大强度地调动员工的责任心和积极性。其次是具备灵活的经营机制,因为是市场经济的产物,要面向市场,关心市场信息,重视市场动态,与市场紧紧融为一体,市场需要什么,就生产什么;决策快、上得快、转得也快。再次是具有较强的用人机制,用人没有论资排辈,不搞买"官"卖"官",能做到能者上、庸者下,有利于发挥人的才智。如果把民营企业的"强、买、活"的机制同少数民族贫困地区的"多(供开发的资源多)、大(市场潜力大)、廉(劳动力廉价)"的优势有机结合起来,能给少数民族贫困地区注入新的活力和生机。

30多年的改革实践证明,沿海发达地区已为少数民族贫困地区探索出一条经济快速发展的新路子。如改革前的温州市,工业基础差,国家投资少(解放30年国家对温州投入总计只有5.95亿元,仅为全国平均水平的1/7),无一家大型国有企业,集体经济薄弱,交通闭塞。改革开放以来,温州人不走靠国家投入,而是从本地的实际情况出发,采取兴办家庭工业和发展各类专业市场的方式,放手让群众搞家庭工商业,走出了一条"自我投入、自我发展"的新路子,昔日贫穷的温州变成了全国商品生产最发达、经济最富有的地区之一。实践证明大力发展民营经济是一条落后地区发展县域经济的路子,温州人已经走出来了。

(二) 少数民族贫困县发展民营经济急需解决的问题

第一,解放思想、扩大认识视野是发展民营经济的关键。认识视野决定思想开放的程度,从而制约着人们的行为。只有全面解放思想,扩大认识视野,才能不受旧观念的束缚,敢于从实际出发选择所有制形式,按照"三个有利于"的标准发展民营经济。少数民族贫困县由于受传统观念的束缚,人们对非公有制经济还存在较深偏见和明显歧视。因此,少数民族贫困县要加快民营经济发展,首要工作就是要扩大人们的视野,提高思想开放程度,彻底破除人们头脑中固有的陈旧观念,消除各种歧视和偏见[①]。

第二,扩大开放、加强能力建设是发展民营经济的动力。在激活内力的同时要全方位对外开放,借助外力促进发展,最大限度地凝聚有利于个体、私营经济发展的生产要素,特别是要面向国内外发达地区做好招商引资工作。目前,我国沿海发达地区经过多年的发展,许多生产要素已相对饱和,一些地方甚至出现了资本过剩,这就为少数民族贫困地区扩大招商引资范围、推进民营经济发展提供了良好机遇。少数民族贫困地区应该抓住机遇,在招商形式上不加限制,以私营企业为主体,以项目为载体,主要通过政府统筹、各自为战、小股出击、底层突破等方式重点招商,也可以通过赴省进京、争取扶持、挂职锻炼、驻地招商、亲友牵线、能人招商等方式全面招商。

---

① 参见朱国传《欠发达地区加快民营经济发展的策略》,《地方经济》2006年第5期。

第三,转变政府职能、强化服务是发展民营经济的保障。少数民族贫困县加快发展民营企业,既需要民营企业自身不断改革、创新提高素质,增强内在发展动力,同时必须按照市场经济的内在要求,切实转变政府职能,从配置资源的角色转变到为经济发展服务上来,努力营造有利于民营经济干事创业、壮大发展的良好环境。

第四,因地制宜、发挥地区优势是发展民营经济的路径。在市场经济条件下,少数民族贫困县民营经济的发展应扬长避短,依靠当地资源发展特色经济。对一些传统产业和优势产业重点倾斜保护发展;把已经实现专业化生产、具有一定规模的产业培育成主导产业;把那些潜在的经济增长点培养壮大为新的优势产业,以增强竞争力和扩散、辐射、带动能力。

第五,提高人员素质,增强创新能力,是发展民营经济的根本。民营企业要扩张规模,提升档次,最根本的是要增强创新能力;而要提高创新能力必须提高从业人员的整体素质,注重人才培养。

七 以劳务输出优先的发展模式

据有关统计,少数民族贫困地区外出务工人员总量占当地农村总劳动力的比重逐年上升,以外出务工为主的工资性收入已占当地农民收入的很大一部分。打工收入已成为增加农民收入的最重要来源,是少数民族贫困地区脱贫致富的重要手段[1]。如青海省化隆回族自治县围绕"化隆牛肉拉面"品牌,形成了以"拉面经济"为主、其他行业输出为辅的劳务输出格局,推进了全民创业就业、脱贫致富的步伐,实现了经济效益和社会效益的双赢,劳务经济已成为农民增收致富的主渠道。全县28.3万人,劳务输出人数年均保持在11万人(次)左右,劳务收入已经占到全县农民人均收入的50%以上[2]。

(一)劳务输出的意义

第一,加快农村劳务输出是实现全面小康目标的重大举措。劳务输出是一个学习和再教育过程,在劳务输出过程中,输出者不仅要通过努力掌握所需的就业技能,而且为了稳定地获得就业机会还需要经历再社会化的

---

[1] 参见刘七军、李昭楠《关于欠发达地区劳务输出问题的思考——以甘肃为例》,《甘肃农业》2005年第6期。

[2] 参见罗文祥《深入学习领会党的十八届三中全会精神——以改革创新精神推动化隆县域经济社会跨越发展》,化隆回族自治县人民政府网(www.hdhl.gov.cn/html/9960/186911.html)。

过程。广大农民在打工、经商、服务的过程中，呼吸了现代文明的气息，体验了市场经济的竞争，接受了改革开放的洗礼，极大地提高了农民的整体素质，精神面貌也发生了明显变化，这一切都将有利于推进全面小康社会建设的进程。

第二，加快农村劳务输出是促进城乡和区域协调发展的有效途径。加快农村劳动力向城镇转移，不仅有助于发挥城市对农村的带动作用，沟通城乡经济，发育要素市场，逐步缩小城乡差别，而且可以方便城市居民生活，降低城镇发展的成本，拓展城镇发展的空间，增强城市经济的活力和竞争力，最终促进城乡的协调发展。

第三，加快劳务输出有利于减缓贫困。劳务输出拓宽了就业空间，增加贫困户收入。在资源匮乏的地区，劳动力的就业机会很少，而且通常工资率也很低。通过劳务输出实现异地就业，既可减轻当地的土地压力，又可增加收入。另外，劳务输出在收入、就业和文化观念以及行为方面的影响，不只影响输出者本人及家庭的贫困减缓，更重要的是该影响将会作用于其子孙后代。

第四，加快劳务输出一定程度上说是个严肃的政治问题。"三农"问题的核心是农民问题，农民问题的核心是农民增收问题。如何加快劳务输出，帮助农民增收致富，是所有政府的职责，而且这个问题更是赋予很多的政治含义，给了政府更多的压力和责任。

(二) 少数民族贫困县劳务输出现状分析

第一，农村劳务输出机制很不健全，劳务输出仍以自发性流动为主。目前，外出民工中大约只有20%的农民工是靠政府组织外出的，其余80%基本是自发外出的。

第二，农民工素质低，劳务输出难度大。例如甘肃省是一个劳务输出大省，农村劳动力转移任务十分艰巨。2009年年底，全省农村富余劳动力达310多万人，每年还新增40万劳动力。素质不高、缺乏劳动技能等因素，制约了农村劳动力向非农产业和城镇的转移，难以实现在城镇稳定就业。

第三，农民工仍是弱势群体，合法权益时常受到侵害。由于农民工外出务工比较分散，无组织性，在供过于求的劳动力市场中始终处于弱势地位，合法权益时常受到侵犯。

第四，农民工外出务工成本过高，在输入地仍受到不公正待遇。对农民而言，外出打工挣钱是基本目的，但有农民反映，外出打工前期费用太多，负担不起。

第五，农村劳务输出政策存在很大缺陷，劳务输出以国内为主渠道。由于城乡二元结构格局长期存在，导致国家目前制定的就业政策主要向城市倾斜，农民就业往往没有受到应有的重视。

第六，政府在劳务输出服务方面还存在缺位现象。劳务输出是一个系统工程，从掌握劳动力资源、就业培训、提供就业信息到维护合法权益，都离不开政府部门提供完善的管理和服务。但就目前情况而言，政府还不能比较完全掌握农村劳动力资源及转移就业基本情况，包括文化程度、年龄结构、技能特长、地域分布等。

（三）对少数民族贫困县劳务输出的建议

第一，加快建立农民工权益保障法律体系。保护农民工权益，不能光靠党委、政府，也不能靠"搞运动"的办法，关键在于有法可依。

第二，清理农民工进城务工经商歧视性文件。目前，农民外出务工需要携带身份证、计划生育证、健康证、务工卡、暂住证、外来人员就业证、特殊工种操作证等多种证件。这些证件都是各行业主管部门要求的，不同地区要求也不同，给农民外出务工制造了种种障碍，建议对歧视农民进城务工的城乡二元分割部门文件进行全面清理。

第三，积极引导农民工加入工会组织。中国工会第14次代表大会明确提出，农民工是工人阶级的新成员，这为工会组织提出了新的任务。各级工会组织要认真履行职责，最大限度地把农民工吸收到队伍中来，以组织的形式维护他们的合法权益。

第四，进一步强化培训，提高外出务工人员的素质和技能。没有一技之长和经过培训的农民工很难在外立足。因此，在劳务输出方面，我们应狠抓培训。

第五，建立统一开放、竞争有序的劳动力市场。要改变目前城乡分割的就业制度，取消各地区针对农民和外地人制定的限制性就业政策，打破地区保护和垄断，以加快建立统一开放、竞争有序、城乡统一的劳动力市场。

第六，建立劳务输出基金。各级政府要在不违反政策的前提下，从财政、扶贫、救灾等资金中挤出一部分资金，建立劳务输出基金，尽最大努力帮助劳务输出人员外出务工。

第七，继续抓好"回归工程"，发展壮大县域经济。通过大力发展劳务经济，让越来越多的农民"洗脚上田，赶路进城"，努力把劳务输出办成"不冒烟"的大工厂、领工资的大学校、脱贫致富的大产业。

第八，大力发展国际劳务经济，实施"再外化"。出台优惠政策，组织优秀中青年干部、大学生到国外务工，提高务工层次。加强与驻外使领馆的联系，畅通国际劳务信息来源渠道，在巩固日本、韩国、东南亚等劳务市场的基础上，拓展新的国际劳务空间。

第三节 少数民族贫困地区县域经济发展模式选择

一 少数民族贫困地区县域经济发展模式选择原则

少数民族贫困地区县域经济发展模式的选择，是县域生产力、县域自然资源、经济资源及其开发利用方式、资源组合方式的具体体现。因此，各个不同类型县应充分考虑本县的历史背景、内外条件来选择最适合本县经济发展的模式。尽管各县具体情况不同，选择中会有许多具体问题需要解决，但任何县在选择自己适当的发展模式时，都要遵循以下两条基本原则：

（一）依据县域经济环境

经济发展模式是依据一定环境形成的，因而在每一个县选择自己的发展模式时，必须对自己所处内外部环境进行客观分析。可以说，环境是经济发展模式的基础和前提。这里所指的环境包括县域经济发展内部环境和外部环境。县域外部环境由县域外部的政治环境、经济环境、技术环境以及社会环境四个方面构成；县域经济内部环境是指本县的内部条件，由县域内的自然禀赋、文化水平、科学技术、社会经济条件和经济发展水平几方面构成。县域内部环境与外部环境之间有着密切的联系，一方面，县域外部环境对县域内部环境起制约作用；另一方面，改善县域内部条件，增强县域实力，又会反作用于外部环境。只有依据县域经济环境，才能在尊重客观可能性的前提下，充分发挥主观能动性，实现县域外部环境、内部条件和经济发展模式的最佳组合。

(二) 依据县域优势

各个县的基本情况差别很大，各自具有特定的优势和劣势。实施县域优势发展战略，是推进县域经济发展的核心和关键环节，因此，县域经济发展模式必须选择那些能充分发挥自己优势，以便取得最佳经济发展效果的模式。各县优势很多，差别也很大，但基本上可归纳为三种类型：区位优势、产业优势和资源优势。

在区位优势中，一般来说，位于大中城市周围的县，它们离大中城市较近，又是大中城市经济网络中的一个城市点，直接受城市经济影响，因而这类县即城郊县能从城市经济发展中直接获得收益，使其经济能比其他类型县域经济获得更高层次的发展。

在产业优势中，改革开放后，我国县域产业结构发生了重大变化，产业专业化县域经济发展业已形成，农业县、牧业县、半农半牧县、半林半牧县初具规模，产业优势日渐明显。这些县由于积累了专业化生产经验，拥有了较为厚实的经济实力及相关科技力量，因而实现产业专业化、规模化，具备了独特的产业优势。选择规模化专业发展模式，以取得集聚规模效益，是县域经济发展中不容忽视的。

在资源优势中，我国一些处在边远贫困地区、交通闭塞、经济文化落后的县往往具有丰富的自然资源，这些县贫困的直接原因就是没有将资源优势转化为经济优势。该类型的县应依托本身资源，充分借助外在力量，搞好基础设施建设，发展旅游业，开采地下矿藏，振兴县域经济。对于自然资源贫乏的贫困县，要客观分析，发挥本县域内的人力资源优势、智力资源优势，发展外向型经济，扩大对外开放，吸收外在经济力量，启动和发展本县经济。

总之，县域经济发展模式的选择不是主观随意的选择，而是一个客观的过程。不同县域必须依据其自身的经济环境、充分发挥自身的特定优势，才能选择适宜本县的经济发展模式，促进其县域经济的大发展。

二 基于层次分析法和人工神经网络综合集成的少数民族贫困地区县域经济发展模式选择模型

少数民族贫困地区县域经济发展模式的选择，应充分考虑本县域的历史背景、资源禀赋、区位条件、产业结构、技术结构、所有制结构、经济外向度、管理体制等多种因素。可模拟人工神经网络系统设计发展模式。人工神经网络可以帮助人们自动获得和积累知识，抽取县域经济发展模式选择的决定因素与县域经济发展具体模式之间的关系，还可以随着时间和环境变化自动调整已有的知识，为建立和描述县域经济发展模式选择的定量模型开辟了一条新途径。

基于 BP 模型的少数民族贫困地区县域经济发展模式选择的基本思路为：将决定县域经济发展模式选择的关键影响因素指标作为人工神经网络的输入单元（向量），将县域经济发展模式作为输出单元（向量），组成相应的神经网络，成为县域经济发展模式选择的反向误差传播模型（简称县域经济发展模式 BP 模型）。然后，以足够的样本，以 BP 模型学习算法来训练这个神经网络，使不同的输入向量得到相应输出量值。而训练好的网络所持有的那组权数就是所要确定的县域经济发展模式选择的指标权重；这是网络经过自适应学习得到的网络内部信息的一种本质的、集成的表示，也是县域经济发展模式选择的一种全息式的、分布式的储存方式。最后，将样本以外县域经济发展模式选择指标具体值作为县域经济发展模式 BP 模型的输入，可得目标县域经济发展模式选择状态。

作为 BP 网络的输入，必须对网络输出产生影响。尽量选择对网络输出具有较大影响的因素作为网络的输入，而去掉过多的和不太相关的输入变量，提高学习阶段的效率，因此，只有找到操作数据之间的关系后，才可以构造神经网络，这样得到的网络有更好的适应性。也就是说，输入 BP 神经网络的数据主要是影响网络输出结论的主要因素[①]。这里主要影响因素有本县域的历史背景、资源禀赋、区位条件、产业结构、技术结构、所有制结构、经济外向度、管理体制等。

神经网络的输出则为可以选择的各种县域经济发展模式，例如可以选择新型工业化优先发展模式、特色农业优先发展模式、现代旅游业优先发展模式、资源开发优先发展模式、新型城镇化优先发展模式、民营经济优先发展模式、劳务输出优先发展模式等作为网络的输出。网络的输出必须是可以识别的，并且和网络输入相关联。如果需要选择多个输出变量，它们之间应该没有显著的相关关系。同时，由于经过筛选的县域经济发展模式可能具有多种具体形式，当模型输出结果之后，可以再结合实际情况以及专家、高层管理者意见和建议选择具体实施方式。

BP 网络对输入的个数没有限制，但过多的输入变量使网络的规模增

---

① 参见高隽编著《人工神经网络原理及仿真实例》，机械工业出版社 2003 年版。

大，会导致一些新的问题，在复杂系统中，由于要考虑的因素很多，并且各因素之间还有层次之分。在实际运用中，如果遇到这种情形，首先要建立关键要素的层次指标体系，利用层次分析法（AHP）等方法确定各个指标的权重，确定各个影响因素在县域经济发展模式选择中所占的重要程度，形成网络的输入。

综合以上讨论，可以形成一个基于 AHP 和 BP 算法的人工神经网络综合集成的少数民族贫困地区县域经济发展模式选择模型，如图 5-2 所示。首先是利用层次分析法在众多县域经济发展模式选择的各种因素中权衡选取重要的影响因素；然后利用 BP 算法经过训练自动抽取输入、输出之间的关系，训练后的网络可以运用于县域经济发展模式的选择。

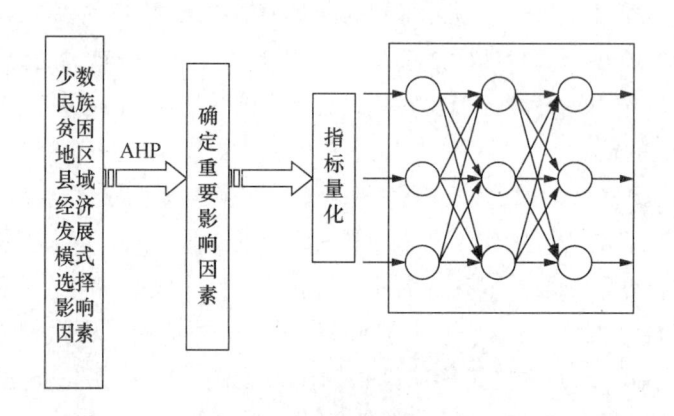

图 5-2　少数民族贫困地区县域经济发展模式选择模型

（一）利用层次分析法确定县域经济发展模式选择各影响因素指标的权重

层次分析法能够有效分析目标准则体系层次之间的非序列关系，综合测度决策者的判断和比较。层次分析法可以将数据、专家意见和分析者的判断直接而有效结合起来，进行全面而系统的复杂问题分析[①]。

这一方法的核心是量化了决策者的经验判断，从而为决策者提供定量形式的决策依据，在目标结构复杂且缺乏必要数据的情况下更为实用。应用 AHP 方法计算指标权重系数，实际是在建立有序递阶指标体系基础上，

---

① 参见杜栋、庞庆华、吴炎编著《现代综合评价方法与案例精选》，清华大学出版社 2008 年版，第 12—17 页。

通过指标之间的两两比较对体系中各指标予以优劣评判,并利用评判结果来综合计算各指标的权重系数。

(二)专家对方案层各指标进行打分

首先,请多个专家对方案层中的各指标进行打分。然后,将多个专家对指标的评分结果进行综合判定。

多个评估专家意见综合公式如下:

$$F_j = \sum_{i=1}^{N} (f_{ij} \times \lambda_{ij}) \qquad (5-1)$$

式中,F_j 为 N 个专家对第 j 项指标的综合评分;f_{ij} 为专家 i 针对第 j 项指标的评分值;λ_{ij} 为专家 i 对第 j 项指标的熟悉度权数;N 为专家数,通常 $N \geq 5$;

专家熟悉度系数 λ_{ij} 的计算方式为:

$$\lambda_{ij} = \frac{S_{ij}}{\sum_{i=1}^{m} S_{ij}}$$

其中,S_{ij} 为第 i 个专家对第 j 个指标的熟悉度。S_{ij} 在 0—4 间动态取值,与专家 i 对该体系第 j 项指标方面的熟悉程度成正比,不同专家对体系相同评价指标的熟悉度系数可不一样。

表 5-1　　　　　　　　　　熟悉程度

专家熟悉程度	熟悉	较熟悉	一般	不太熟悉	不熟悉
专家自评	4	3	2	1	0

这样,有了目标层每个指标的专家具体打分值,就可以直接按照目标层的各指标值,进行网络输入。

(三)BP 网络的构建

1. 输入层的设计

在输入层中,县域经济发展模式的选择指标为县域历史背景、资源禀赋、区位条件、产业结构、技术结构、所有制结构、经济外向度、管理体制 8 项指标,称为输入神经元数。输入根据层次分析法得出的结论,再利用专家进行打分,然后直接进行网络输入。

2. 输出层设计

输出层只有一个元素,它是一个代表某种县域经济发展模式的向量。

例如可以选择新型工业化优先发展模式、特色农业优先发展模式、现代旅游业优先发展模式、资源开发优先发展模式、新型城镇化优先发展模式、民营经济优先发展模式、劳务输出优先发展模式7种模式作为网络的输出。以上7种模式对应的标准输出模式分别是（1, 0, 0, 0, 0, 0, 0）、（0, 1, 0, 0, 0, 0, 0）、（0, 0, 1, 0, 0, 0, 0）、（0, 0, 0, 1, 0, 0, 0）、（0, 0, 0, 0, 1, 0, 0）、（0, 0, 0, 0, 0, 1, 0）、（0, 0, 0, 0, 0, 0, 1）。这样就构成一个含有8个输入节点、1个输出节点的三层BP网络。

3. 隐含层设计

理论上已经证明，对于在闭区间的一个连续函数都可以用一个隐含层的BP网络来逼近，因而一个三层的BP网络可以完成任意n维到m维的映射。采用两层以上的隐含层几乎没有任何益处，且采用的隐含层越多，训练时间就会急剧增加，这是因为：隐含层越多，误差向后传播的过程计算就越复杂，使训练时间大为增加；隐含层增加后，局部最小误差也会增加，网络在训练过程中，往往容易陷入局部最小误差而无法摆脱，致使权重难以调整到最小误差处。因此，选择层数为两层。

（四）训练BP神经网络得出相应结论

输入BP网络训练样本对网络进行训练。将足够多的具有代表性的已有网络训练样本，输入网络进行训练。最后，将样本以外的目标县域经济发展模式选择指标的具体值作为训练好的县域经济发展模式BP模型的输入，可得目标县域经济发展模式选择状态。由于经过筛选出来的县域经济发展模式可能具有多种具体形式，当模型输出结果之后，可以再结合实际情况以及专家、高层管理者意见和建议选择具体实施方式。

本章小结

本章主要分析少数民族贫困地区县域经济发展模式的构建原理。少数民族贫困地区县域经济发展模式的分析框架是：首先运用战略分析方法对县域的内外环境进行分析，对内主要包括：经济发展水平、自然资源、区位条件、社会环境条件等；对外主要是结合县域当前的外部环境，在此基础上，根据主导产业的选择基准，突出特色，提出县域经济的发展模式。

本章提出了少数民族贫困地区县域经济发展可采用的七种具体模式，即以新型工业化优先的发展模式、以特色农业优先的发展模式、以旅游业优先的发展模式、以资源开发优先的发展模式、以新型城镇化优先的发展模式、以民营经济优先的发展模式、以劳务输出优先的发展模式。

此外，本章还对少数民族贫困地区县域经济发展模式的选择进行了探讨，建立了基于 AHP 和 BP 人工神经网络的少数民族贫困地区县域经济发展模式选择模型，为发展模式选择提供决策工具。

第六章

少数民族贫困地区县域经济发展模式的实施

第一节 少数民族贫困地区县域经济发展模式实施策略

一 更新发展观念

少数民族贫困县大多地处偏远地区，其文化有着独特魅力，即保持原生态。一方面，原生态保留着各民族传统文化的特色，多民族文化在这里不断升华，凝练出大家共同的向往。数代人积极入世，极力实现融合，却又与世无争，使得各民族淳朴、善良、宽容、和谐的精髓得以传承发展。另一方面，原生态就是没有跟上整个社会发展的步伐，保留在当年的某一个历史时段，使得少数民族群众对于商品或金钱没有强烈的欲望，容易满足并且能够吃苦耐劳，这是制约少数民族地区县域经济发展的一大障碍。更新发展观念就是要使其逐步由"封闭型"向"开放型"转变，由"要我富"向"我要富"的转变，由"等靠要"向"思进取"转变。

（一）强化赶超进位意识，大力营造跨越发展的浓厚氛围

要实现县域经济科学发展、跨越式发展的宏伟目标，必须进一步解放思想。少数民族贫困县要进一步提升精神区位，牢固树立全局意识、危机意识、赶超意识，让赶超进位成为县域经济跨越发展的动力，推动县域经济发展不断提档、升级、进位。

首先，树立全局意识。各县要把自己摆到全国这个大局中，分析自己在全国县域中的位置，分析自身发展的优势和劣势，增强发展的竞争力。

其次，树立危机意识。发展基础薄弱、发展条件差、发展总量小，

带来的是发展基础不牢固问题，这是少数民族贫困县在发展中的突出问题，因此要充分利用差距和压力形成的倒逼机制，切实增强后发求进意识。

最后，树立赶超意识。要制定积极可行的发展目标，敢于同强的比、跟快的拼、向高的攀，尽快缩小差距，迎头赶上。

（二）强化"特色"观念，发展特色经济

"特色"就是优势，就是专长，就是竞争力。抓住了"特色经济"就抓住了县域经济发展的关键。少数民族贫困县应坚持有所为有所不为，确立差异化发展战略，根据各地区位特点、资源禀赋、历史文化、环境条件的差异，找准比较优势，挖掘特色、创造特色、放大特色，大力培育特色优势产业，提高产业竞争力。

1. 因地制宜，选准特色，立足现有特色，不断延伸强化特色

一是依托资源确定特色产业。资源的地域特征决定其具有不可复制性，围绕特有资源的深度开发和加工利用，走出一条特色之路。

二是围绕专业市场确定特色产业。特色经济不仅要有产业生产优势，更重要的是，要有市场优势，使产品能在一定区域内有相当的市场覆盖面或专业市场覆盖的优势。

三是依托现有企业确定特色产业。现有企业特色产业是嫁接相关特色产品成长的最好母体，要认真对企业产品、产业的成长空间进行分析研究，不遗余力地催化其尽快膨化、裂变，逐步把现有企业产业调"特"，规模调"大"，品质调"优"，效益调"高"，形成"你无我有，你有我优，你优我精"的优势效应。

2. 特色经济规模化、产业化，形成品牌

以龙头企业之力带动形成从农户到企业、从原料到产成品的完整的产业链。县域经济要依靠群体优势，在形成特色产业的同时逐步壮大并保持一定的规模，降低成本，形成价格优势。从而把自己的比较优势变为竞争优势，并最终形成别人无以比拟的特色经济优势。同时，特色产业必须走品牌化、名牌化道路，名牌战略是地方形成特色经济、支柱产业和提高竞争力的客观要求，也是适应国际竞争的需要。因此，县域经济要围绕特色创产业，围绕特色创品牌。积极实施名牌战略，大力引导和支持有能力、有规模的企业树立名牌。

3. 处理好短期经济效益与可持续发展的关系

特色经济要实现可持续的发展，首先是实现特色资源的可持续利用。特色经济持续发展的载体以自然资源和区位优势为主，离开了这些，"特色"就无从谈起。县域经济发展很容易走入一个误区，那就是只要经济指标，忽视环境指数。自然资源是实现特色经济可持续发展的载体，有许多资源是不可再生的。如果县域特色经济是建立在对自然资源掠夺性开发和无所顾忌地制造污染的基础上，无疑是竭泽而渔，最终带来的不是县域经济高速发展的"硕果"，而是环境污染的"苦果"，使县域特色经济失去载体，停滞不前，甚至倒退。因此，特色经济的发展在立项之初就要经济、社会、生态三大效益并重，尤其要加强生态建设，加大环境保护的力度，防患于未然。坚决杜绝对自然资源破坏性的开发，制定合理利用现有资源的长远规划，优化资源配置①。

（三）强化开放发展观念，促进对外开放

少数民族贫困县多处偏僻山区，县域经济发展较为封闭，因此，要从宣传入手，树立开放发展的观念。此处的对外开放既包括对国外的开放，也包括对域外的开放，并且后者更加重要。在对外开放过程中要解决好以下问题：

第一，改善和优化投资环境，积极拓展开放型经济发展空间。投资环境是开放型经济发展的重要保证，其好坏在一定程度上决定了开放经济发展的快慢，当前要着重抓以下工作：首先，营造更加开明开放的政策环境。在用好用足用活中央、省市赋予的各项政策的同时，从县域经济的实际出发，制定完善各项优惠政策。其次，营造廉洁高效优质的服务环境，进一步规范政府行为。最后，加大基础设施建设，努力建成设施完善、功能齐全、环境优美、娱乐设施健全配套、治安良好、生活舒适的文明社区。通过不断地整治优化投资环境增加对外商的吸引力。

第二，主动利用大城市辐射提供的各种机会。一方面要按照"梯度转移理论"的要求，发展"拾遗经济"和"补缺经济"。要想方设法抓住机遇创造条件，大力引进大城市转移或外溢的产业和企业，同时又要积极开展与大城市大企业的生产合作，为其提供初级产品或零配件，实行配套

---

① 参见胡恩生《县域经济发展中的"特色经济"模式当议》，《沈阳农业大学学报》（社会科学版）2003年第3期。

协作生产。另一方面又要看到"梯度"是相对的，不是绝对的，要充分发挥自己的比较优势，积极规划、引导、培育和发展具有县域特色，有着较强竞争力的支柱产业和品牌产品。

第三，加大招商引资力度，增强开放型经济活力。要加快经济国际化进程，围绕培育县域经济新的经济增长极切实提高招商引资的质量和水平，形成全方位、多层次、宽领域、高水平的开放格局。

二 创新体制机制

少数民族贫困地区由于思想观念陈旧，体制和机制落后，严重制约了人的主动性和积极性的发挥，在很大程度上阻碍了县域经济社会的发展。因此，要深入调查少数民族贫困地区阻碍体制和机制创新的主客观因素，大胆创新，按国家政策的要求，在体制机制上进行全面创新，彻底打破旧框框、老套套，让政府工作职能发挥最大的作用。

（一）推进制度创新

制度是影响县域经济发展动力的重要因素。县域治理的制度创新是县域经济发展的内在动力[①]。少数民族贫困地区县域经济发展过程中涉及诸多制度或体制关系，目前，县域农村土地管理制度、农村社会保障制度、城乡良性互动制度创新对少数民族贫困地区县域经济发展具有重要的积极作用。

1. 创新农村土地管理制度

在统筹城乡发展中，必须赋予农民永久的土地使用权，尊重农民完整的土地财产权利。在农民自愿基础上推进土地使用权流转，实现土地资源的优化配置，实现农业规模经营，推进县域经济发展。

土地使用权流转是建立和完善农村生产要素市场的客观要求，是实现农业大规模现代化耕作的必然选择，是实现农民非农化和农村经济多元化的重要途径。其主要形式包括：出租、转让、转包、入股、拍卖、抵押等。

将农民集体所有制明确界定为农民按份共有制；明确承认农民土地承包权的物权性质，保护农民的土地财产权；培育土地使用权市场，建立"依法、自愿、有偿"的土地流转机制，真正放活土地使用权；改革现行的征地制度，依法保护农民的土地财产权利。《中共中央关于全面深化改

[①] 参见赵华、张荣华《县域经济发展动力的制度分析：框架与逻辑》，《广西社会科学》2013年第4期。

革若干重大问题的决定》指出，稳定农村土地承包关系并保持长久不变，在坚持和完善最严格的耕地保护制度前提下，赋予农民对承包地占有、使用、收益、流转及承包经营权抵押、担保权能，允许农民以承包经营权入股发展农业产业化经营。鼓励承包经营权在公开市场上向专业大户、家庭农场、农民合作社、农业企业流转，发展多种形式规模经营。这为农业经营方式创新指明了方向。

2. 创新农村社会保障制度

农村社会保障制度很多，就目前而言，广大农民群众的基本要求与愿望是实现"生有所靠、病有所医、老有所养"，因而农村最低生活保障、农村养老保险和农村医疗保险三项制度建设是重点。《中共中央关于全面深化改革若干重大问题的决定》提出"整合城乡居民基本养老保险制度、基本医疗保险制度，推进城乡最低生活保障制度统筹发展"。

3. 创新城乡良性互动制度

城乡二元结构是制约城乡发展一体化的主要障碍。改革城乡二元结构，建立城乡良性互动的制度，是实现县域经济发展的必然选择。统筹城乡发展必须切实转变传统的发展观念，彻底摆脱就农业抓就业、就农村抓农村和城市偏向的发展模式，彻底摒弃城乡分别和差别发展的发展思路，走城乡互动、工农互促的发展道路，形成以工促农、以城带乡、工农互惠、城乡一体的新型工农城乡关系。建立城乡统一的户籍制度、产权制度、就业管理制度、保障和教育制度、财税金融制度，逐步改变城乡二元结构，实现城乡经济社会一体化发展。

(二) 完善发展机制

1. 建立长远发展引导机制

为提高县域的总体功能、环境质量和综合实力（包括竞争力和吸引力），实现县域的可持续发展，在谋划各类经营项目时，尤其是对潜在资源的挖掘与开发，都不要忘记和背离长远发展目标，切忌利益驱动，一哄而起，急功近利，追求短期业绩，只图眼前得利，不顾贻害长远；只求经济效益，不顾环境效益和社会效益。所有经营措施及其结果，都要符合总目标的要求。发现错误和漏洞，要及时纠正和补救。

2. 建立"县域经营"动力机制

"县域经营"是指县域政府依据县域发展战略，广泛引用市场机制和商业手段，充分挖掘、合理开发资源，组织资源、资产、资本、资金进行市场化运营，优化产业发展和城镇建设，借以提高县域的总体功能、环境质量和综合实力，实现可持续发展的一种谋略和行为方式。政府是县域经营的主导力量，主要体现在发展的领导者、建设的组织和实施者、国有资产所有权的代表者和基础设施的投资者，在县域经营中应做好规划、领导、指挥、实施、协调、政策制定和引导等工作。

3. 创新县域产业集群发展机制

县域产业发展的核心问题是特色问题，要突出发展特色产业，壮大特色产业集群。培育产业集群要在延长产业链、提升竞争力上下工夫。要重视培育集群领军企业，通过引进龙头骨干企业，推动集群内企业的重组联合。推动集群内服务体系建设，搭建物流、展示、共性技术攻关、融资担保等共性服务平台，降低企业生产成本，提高资源配置效率和市场响应速度，构建良好的产业生态环境。

4. 建立"以工带农、以城带乡"机制

发展壮大县域经济，必须突出工业的主导地位，要用工业的理念谋划农业，坚持以工促农，以工兴农，树立以新型工业化带动农业现代化、带动县域经济发展理念，依靠比较优势，面向市场，彰显个性，加快建立具有产业优势的特色经济。

以新型城镇化带动农村发展，提高城镇聚集能力。在城镇建设上，要防止一些地方存在的竞相攀比、超出县域经济发展能力的城镇基础设施建设投资，特别是所谓的政绩工程、形象工程，导致城镇政府不断举债，从而抬高了城镇基础设施建设的门槛。应严格按照市场机制顺应城镇化，杜绝政府主观冲动、利益和政绩驱动形成的拔苗助长式的城镇化。在城镇化进程中，政府应做的是顺应市场要求，弥补市场不灵，修复市场欠缺。在操作上，可以建立资产经营公司，对政府所有并拥有完全处置权和经营权的资产及生成资本（如土地）、人力作用资本（如道路、桥梁等基础设施）及相关延伸资本（如广场、街道的冠名权）等进行集聚、重组和营运，最大限度盘活存量，引进增量，广泛利用社会资金发展经济。

三 加快"四化"进程

中共十八大报告中提出："坚持走中国特色新型工业化、信息化、城镇化、农业现代化道路，推动信息化和工业化深度融合、工业化和城镇化良性互动、城镇化和农业现代化相互协调，促进工业化、信息化、城镇化、农业现代化同步发展。"① 新"四化",即工业化、信息化、城镇化、农业现代化,这是实现我国现代化的基本途径,也是少数民族贫困地区加快县域经济发展的必然路径。

(一) 加快推进新型工业化和信息化

少数民族贫困县正处在工业化的初期向中期过渡阶段,要把推进新型工业化作为加快县域经济发展的中心任务,使工业成为推动县域经济发展的主导力量。少数民族贫困县要选好主导产业,促进主导优势产业由小变大,由大变强。鼓励骨干企业加大技改扩规投入,积极引进央企、名企与本土骨干企业联合重组,推动传统产业向高端、高质、高效发展,提升产业竞争力。大力推进信息化和工业化深度融合,推动传统产业的信息化改造。加快培育电子信息、节能环保、生物医药、新能源、新材料等战略性新兴产业,不断提高新兴产业在县域经济中的比重,为县域经济发展构筑新支点。要以开发区和园区为载体,大力推进县域经济集约、集聚、集群发展。

(二) 加快推进农业现代化

以工业化理念谋划农业,大力发展农产品加工业,通过工业化将县域农产品资源转化为商品优势和特色优势,推进农业产业化和现代农业加快发展。积极推广"公司+基地+农户"、"公司+中介组织+农户"发展模式,提高农业组织化程度②。要把特色农产品加工业作为少数民族贫困地区县域经济发展的一个重点,支持龙头企业做大做强,培育在全国有影响的知名品牌。

(三) 加快推进新型城镇化

加快新型城镇化进程、加强新农村建设是少数民族贫困县实现社会全面进步的必然要求。未来城镇化重点,将是在稳住速度和节奏的同时,更加注重优化结构,更加注重转型发展,更加注重提升质量,走以人为本、合理布局、集约高效、绿色低碳、城乡统筹的发展道路。在这个过程中,如何以市场为导向,充分发挥县域经济作为国民经济基础单元的作用,使

---

① 胡锦涛:《坚定不移沿着中国特色社会主义道路前进 为全面建成小康社会而奋斗——在中国共产党第十八次全国代表大会上的报告》,新华网(www.xj.xinhuanet.com/2012-11/19/c_113722546_2.htm)。

② 参见湖北省委政策研究室、湖北省经济和信息化委员会、湖北省统计局《2011年湖北省县域经济发展报告》,《当代经济》2012年第4期。

其成为优化区域产业布局和产业链衔接延长过程中的关键部分，为推进小城镇建设和城乡一体化提供强力支撑，实现农村富余劳动力就地就近转移，事关全面建成小康社会之成败[①]。

1. 以县城和中心镇为重点推进新型城镇化

按照走"县城—小城市—中等城市"、"中心镇—小城镇—小城市"的路子进行超前规划。推进城镇化进程，既不能脱离工业化和城镇化发展的一般规律，又不能重复发达地区先工业化、后城镇化老路，不能走遍地开花的分散路子，必须以创新的思路，突破集镇人口少、产业分散、财力不足的瓶颈，走出一条以加快县城和中心镇建设为重点、以城镇化为龙头、产业与人口加快集聚、实现跨越式发展的新路子。重点做好县城和重点镇建设，发挥其示范、带动和辐射作用，使城镇成为县域经济发展的重要平台和新的经济增长点。

2. 以培育现代产业为基础推进新型城镇化

新型城镇化是以人为核心的城镇化，是农村人口有序进入城市并在城市就业创业、享受市民待遇的城镇化。少数民族贫困县要树立"以产兴城、产城互动、产城融合"的新型城镇化理念，坚持以产业为基、就业为本，把产业打造成城市发展的根基，把城市打造成产业发展的平台，加快推进新型城镇化进程。建设小城镇要立足于为当地农业和农村经济服务，加快发展农产品加工、产业化经营和农村服务业，努力形成农产品加工基地、集散中心以及当地的信息、技术服务和文化中心。发挥小城镇功能和连接大中城市的区位优势，兴办各种服务行业，因地制宜地发展各类综合性或专业性商品批发市场。充分利用风景名胜及人文景观，发展观光旅游业。通过完善基础设施建设，加强服务，吸引乡镇企业进镇，并引导他们合理集聚。鼓励大中城市工商企业到小城镇开展产品开发、商业连锁、物资配送、农副产品批发等经营活动，鼓励商业保险机构拓宽服务范围，到小城镇开展各类商业保险业务。

"园区引领、集聚发展"是今后县域经济发展的一个方向。加快产业园区建设，是县域经济大发展、大提高的重要平台，也是少数民族贫困地区产业与人口集聚的重要支撑。要将园区作为招商引资、项目建设、产业

---

① 参见韩启德《新型城镇化和县域经济发展是一项历史任务》，《人民论坛》2014年第10期。

集聚的承接平台，作为经济结构调整、集约利用资源、促进发展方式转变的有效途径，走出一条园区承载、产业带动、科技引领、集群发展的新路子。

3. 以统筹城乡协调发展为目的推进新型城镇化

解决"三农"问题，是全面建成小康社会的重中之重，也是推进城镇化进程的重要目的。只有把"三农"问题解决好，才能真正做到统筹城乡发展、统筹区域发展。致力于推动农民进城，增加城镇人口，减少农村人口，增加城镇数量，扩大城镇规模；致力于形成以城带乡的发展机制，走以城带乡、城乡协调发展的路子，将城镇的文明生活方式普及和扩大到广大农村，从而逐步推动农村走向现代文明，促进城乡一体化。

四　培育市场主体

（一）培育和发展各类企业

1. 推动全民创业

倡导不怕吃苦、敢于冒险的创业精神，培育崇尚创业、宽容失败、致富光荣的创业文化，进一步落实创业扶持政策，放宽市场准入条件，拓宽准入领域，在催生企业上下工夫。大力实施"创业工程"、"回归工程"，鼓励外出人员带资金、技术、信息回乡创业，吸引和带动民间资本向生产领域聚集。

2. 促进中小企业成长

推进中小企业成长工程，引导中小企业向园区聚集，走"专、精、特、新、配"发展路子，不断扩大县域规模以上工业企业总量。

3. 培育大企业大集团

策划引进国内外知名企业到少数民族贫困县投资，培育一批行业的龙头和"旗舰"。鼓励支持优势企业兼并重组，培育发展一批技术先进、核心竞争力强、主业优势明显的大企业大集团。

（二）培育和发展民营经济

来自民间的各种经营主体，是从县域内外土生土长出来的，有其天然的合理性和适应性，民间经营主体经营机制比较灵活，更能适应激烈竞争的县域经济。

民营经济的主要形式包括：一是民有民营经济。即个体工商户、私营企业、民办科技、股份合作制、境外投资企业等。二是国有、集体民营经济。即国有、集体企业采取承包、租赁、拍卖、兼并、入股等形式交给民间团体和个人经营。三是财产混合所有制经济。随着产权的流动和重组，各种所有制企业的资产通过股份制等形式构建新的财产所有制结构。民营经济具有竞争性、灵活性、广泛性、多元性的特征。县域范围内的民营经济，包括个体私营和城乡居民控股的股份制经济①。

加快少数民族贫困县民营经济的发展，应该注意以下几点：

1. 推进县域国企改革与民营经济的发展

要鼓励和支持非公有制企业参与国有企业改革，参股或控股国有企业和国有资本投资项目，深入开展"全民创业"活动，大力发展混合所有制经济；要坚持"非禁即入"原则，放开市场，放开投资领域，使民营企业与国有企业享有同等的发展机会、平等使用生产要素的权利、同等受到法律保护的权利。

2. 转变政府职能，建立社会化服务体系

各级政府要适应市场经济发展需要，切实转变政府职能，把加快发展民营经济作为建设服务型政府的一项具体举措，积极培育为民营经济服务的社会化服务体系②。一是融资服务体系。提供风险投资、贷款担保、金融市场等多种为民营企业服务的融资渠道。二是科技服务体系。鼓励有实力的民营企业与科技机构、高等院校、大企业合作进行技术开发和市场开拓，鼓励科技人员以技术入股方式进入民营企业。三是信息服务体系。整合现有网络资源，并将其逐步发展成为国际商务平台，为民营经济开展电子商务提供服务。建立中介咨询服务机构，为民营企业提供资产评估、产权交易、政策法律服务，提供行业信息、国内外市场信息、技术信息和有关经济信息咨询。四是进一步推进行政审批制度改革，简化审批手续，实行一站式办公。五是社会保障体系。努力营造为民营企业职工提供失业、养老、医疗保险的社会保障体系，为民营企业及职工解除后顾之忧。

3. 促进产业集群的形成和扩张

产业集群是现代生产力发展的一种现象，主要是指大量既独立经营又有密切联系的同类生产企业在一定区域内集聚的状况③。浙江省诸暨市大

---

① 参见李光富《发展璧山县民营经济的基本经验及新思路》，《求实》2004年第5期。

② 参见王安岭《县域经济发展与地方政府职能转变》，《苏州科技学院学报》（社会科学版）2004年第20卷第2期。

③ 参见赵建芳《论产业集群与县域经济》，《甘肃社会科学》2004年第6卷。

唐镇的袜子生产、温州的打火机生产和河北白沟的箱包经营等，都以辉煌的业绩有力诠释着产业集群的优势。产业集群的形式有利于民营经济的发展。

五 优化发展环境

环境是生产力，是竞争力，发展的竞争也是环境的竞争，少数民族贫困县要把优化发展环境作为县域工作的主要内容。

（一）优化硬环境

自然条件差、基础设施薄弱、信息闭塞是制约少数民族贫困地区县域经济发展的瓶颈。少数民族贫困县需要加快以交通、水利、电力等为重点的基础设施建设，不断优化县域经济发展硬环境。各项基础设施建设很大程度上受资金短缺的制约，需要国家继续对少数民族贫困地区县域的基础设施建设在项目、资金上予以倾斜，每年集中一定比例的资金用于当地的交通、能源、水电、通信以及教育、科技、卫生基础设施建设，在实施少数民族贫困地区县域经济发展的建设项目中，应当结合实际，减少或免除项目配套资金。

加快以交通为重点的城乡基础设施建设，着力构筑连接县域的高速公路、城际铁路、空港等综合立体交通网络，破解事关长远发展的重大瓶颈问题，夯实发展基础，拓宽发展空间。

狠抓电力建设，以解决人民群众生产生活用电和支撑产业发展用电为重点，加快输变电线路改造和变电站建设进程。

抓好开发区、园区建设，完善园区基础设施，以开发区和园区为载体，着力打造工业发展平台，大力推进县域经济集约、集聚、集群发展。

（二）优化软环境

1. 营造优质的服务环境

切实加快政府职能转变，规范行政行为，提高政府办事效率。重点是进一步深化行政审批制度改革，减少行政审批项目，推行首问负责制、服务承诺制、限时办理制等制度，做到补好"缺位"，规范"越位"，校正"错位"，使政府真正承担起经济调节、市场监管、社会管理和公共服务的职能，切实把"管理型政府"变为"服务型政府"[①]。

---

① 参见邹松霖《论县域经济发展软环境》，新桂网—广西日报（www.gxnews.com.cn/staticpages/20040704/newgx40e7bf36-257664.shtml）。

2. 营造文明的信用环境

一要加强诚实守信教育。广泛开展诚信教育，教育群众以诚待人，增强"信用至上"意识，逐步建立新的信用道德规范。

二要开展信用创建活动。工商部门要引导企业信守合同，严格按合同办事；金融部门要对贷款企业进行信用资质评价，加强银政、银企合作，成立投资咨询担保公司，帮助中小企业解决融资难问题；政府部门要做诚实守信的模范。

三要严格惩戒失信行为。要经常开展以打击假冒伪劣、逃废金融债务、商业欺诈、偷骗税等为重点的市场经济秩序整顿，严格依法惩戒失信行为。

3. 营造宽松的政策环境

要有一种敢闯、敢冒、勇于创新的精神，在法律允许的前提下，做到经济发展需要什么政策，就制定什么政策。要对现有文件进行清理，凡不利于经济发展的，该废止的废止，该调整的调整，该完善的完善，该规范的规范。尤其要下决心清理整顿现有的价格和收费政策，切实降低门槛，建立健全行政事业性收费项目公开制度，坚决查处以执法为名搜刮民财的行为，杜绝"三乱"现象发生。

4. 营造严明的法制环境

一要强化法律意识，积极推进依法治县。二要规范执法行为。严肃查处损害投资经营者利益的违法违纪行为。三要狠抓专项整治。切实加强社会治安综合治理工作，深入开展"严打"整治斗争，坚决打击扰乱社会经济秩序和危及人民生命财产安全的暴力恐怖行为、假冒伪劣行为以及行霸、地霸等流氓团伙，依法查禁邪教、迷信和非法宗教活动，重视做好人民内部矛盾的化解工作，努力维护社会政治经济稳定，真正让投资者、建设者和创业者感到投资放心、经营安心、生活舒心。

此外，还要营造有序的市场环境、健康的人文环境和舒适的人居环境，不断增强各县发展后劲，推动县域经济发展。

六 强化发展保障

（一）强化金融支持

少数民族贫困地区县域经济的发展，必须有相宜的金融支持为前提，而金融支持的力度和金融服务的状况，对县域经济的发展起着重大的促进或制约作用。如何加大金融支持力度，促进县域经济结构调整和发展，已成为当前急需解决的重大问题①。

第一,根据县域经济结构调整特点和发展要求,制定金融支持县域经济结构调整的指导性政策,提高金融资源配置效率。要从有利于支持产业结构调整、产品结构改良、规模结构提高的大前提出发,在宏观上引导资源配置的合理化和利用的高效性。要在政策和条件允许的情况下,建立货币信贷政策倾斜性支持体系。县域经济在寻求多样化金融支持的同时,应尽快完善县域金融组织体系建设,强化县域金融服务功能。一是应建立农村合作银行,并在经济较发达的县(市)组建城市商业银行。农村合作银行应侧重对农业经济、农户和农村个体私营企业提供金融服务。城市商业银行应侧重于对城镇中小企业提供金融服务。二是农业银行应转变经营观念,适当下放存贷比例管理权限,给县支行以较大的比例管理主权,充分发挥农业银行的支农作用。三是进一步深入挖掘和发挥农业发展银行和邮政储蓄银行在金融支持县域经济中的作用。四是人民银行和地方政府要继续加强对地方性中小金融机构的扶持力度,适当放宽基层行的信贷自主权,适时下放部分信贷额度,以强化基层行对有发展潜力的中小企业的信贷支持力度,解决中小企业贷款难问题。同时,降低贷款门槛,简化手续,支持县域经济发展。

第二,强化信贷投向监管,进一步明确金融支持重点,更好发挥金融在促进县域经济发展中的杠杆作用。信贷投向是保障信贷政策执行与信贷资产质量优化的前提和基础。笔者认为要突出六个重点:一是大力支持农业产业化,促进农业和农村经济发展;二是支持中小企业发展,提高县域经济综合实力;三是支持小城镇建设,推动农村城市化进程;四是突出对技术创新的支持,不断增强县域经济新技术开发、运用的能力;五是突出对民营经济的支持,促进私营企业不断壮大;六是突出对外向型经济的支持,提高县域产业的技术层次,增强县域经济的国际竞争力。

第三,建立有效的信息沟通和担保机制,努力拓宽中小企业融资渠道。县域金融机构要加强与地方政府的联系沟通,一是搭建银企沟通平台,不定期地与经济主管部门联合举办工商企业融资及金融新产品推介会,为银企双方的信息沟通搭建平台,推进银企合作。二是努力拓宽中小

---

① 参见张人文《边疆少数民族地区县域银行业金融服务的调查与思考——以江城县为例》,《时代金融》2012年第9期。

企业融资渠道。尽快建立县域企业的融资担保体系，可考虑建立以下三种方式：一是建立以政府为主体，由地方财政、企业共同出资组建的县域企业担保公司，为符合条件的中小企业提供信用担保。二是建立县域企业融资担保基金，专门从事县域企业贷款信用担保。三是实行县域企业"联保"模式，几个规模较小的企业可组成联保小组，小组成员互相监督、互相制约并互相承担连带责任。同时县域金融机构应解放思想，积极扶持信用观念强、风险度低、走产业化道路的企业，对科技型、就业型、农产品深加工型、出口创汇型等企业予以重点支持。

第四，整顿县域经济金融环境，为县域金融和县域经济的可持续发展提供环境保障。在企业转制过程中要注意对金融债权债务的保护，切实保障金融部门的利益。与政府有关部门积极配合，促进社会信用制度不断完善，联合工商、税务、公检法等部门加大对以各种形式逃废银行债务等失信行为的制裁、打击力度，让失信者付出代价，全面提升社会信用度，为县域经济的发展创造宽松的投资环境。充分利用信贷登记咨询系统，防范信贷风险，保全信贷资产。

(二) 加强科技服务

科学技术能提高投入产出效率，以较少的投入取得较多的产出，提高劳动生产率。实践证明，科技进步已成为推动县域经济发展和社会进步的有力杠杆，是县域经济发展的决定性因素。

由于少数民族贫困县的实际情况存在差别，因而不同的县域可采取不同的科技推广模式。目前主要有以下五种模式[①]：

第一，市场型模式，即科研单位＋市场＋农户模式。科研成果直接通过市场进入农户，主要适用于良种、新农药、肥料、饲料等物化技术成果的推广。其特点是：有利于缩短科技成果转化周期，克服一系列中间环节的障碍，信息反映灵敏；能使资金、物质合理流动，强化物质、资金参量的控制功能；强化生产和科技主体的竞争意识，增强了县域科技推广的活力。

第二，企业型模式，即科研单位＋企业＋市场＋农户。科技部门通过自办科技企业，把农业科技成果转化为实物成果，再经过市场转化给农户。其特点是：能加速科技成果转化为经济效益的步伐，科技部门可以直

---

① 参见李桂丽《市场经济条件下农业科技成果转化问题》，《农业经济问题》1995年第6期。

接通过市场的信息反馈灵活地调整科技结构,增大有效供给,补充科技部门资金短缺,增强其活力和动力。

第三,产业型模式,即科技单位+产业主体。科技单位着重解决理论与技术关键问题,产业主体提供技术开发、中试和商品生产的生产要素,形成风险共担、利益共享共同体。其特点是:可使科研和推广均充满活力;实行科技与产业全过程联合,有利于克服产业部门技术短缺,科技部门资金、物质不足的矛盾,从而促进科技与经济双向发展;有利于实现科技经济一体化,减少信息损耗,做到运转灵活。

第四,基地型模式,即科技单位+基地+农户。科技单位与农户通过合同或协议方式建立比较稳固的关系,在一定区域内进行成果转让、技术承包、技术开发、咨询、服务、成果示范等活动,以点带面地对难以物化的农村科技成果进行转让。

第五,协作型模式,即政府+科技单位+农户。政府部门通过政策杠杆、行政干预、财政拨款等手段,协调科技部门与经济部门的力量,对一些重大科技成果和各种不同科技成果进行综合转化。其特点是:可以集中较多资金和财力,把生产单位和广大农民无法办到的大规模农业科技成果同经济结合起来;把关系到生态体系和生产上无近期效益只有长期效益的农村科技成果同经济结合起来;把促进社会整体利益的农村科技成果同经济结合起来。

(三)强化人才保障

第一,加大人才培养和引进力度,重点培养专业技术人才、高技能人才和农村实用人才;大力倡导勇于创新、敢闯敢试、埋头实干的创业精神,牢固树立"产业第一、企业家老大"的理念,尊重企业家、培育企业家、扶持企业家、依靠企业家办企业,充分发挥企业家在县域新型工业化中重要的示范引领作用。

第二,创新技术培训机制。鼓励企业开设技能培训班或委托职业技术学校进行用工培训,提高工人技术水平,对企业自办技术培训中心及职业技校开展用工培训的给予补贴或奖励,由政府出面邀请有关专家开设讲座或进行技术培训。

第三,完善干部管理机制,建立灵活有效的工作激励机制、人才奖励制度,健全机关事业单位工作人员合理流动、晋升、培训及分配制度,充分调动干部的工作积极性。

第四,强化农村人力资源开发机制。在稳定发展基础教育的同时,有针对性地发展职业技能教育，围绕让农村劳动者能掌握一技之长、能充分就业、合法权益能得到保障这三大目标，建立健全就业培训、就业推介、社会保障三大体系，不断提高农村人力资源开发的层次和水平。

第二节 少数民族贫困地区县域经济发展模式实施绩效评价

一 绩效评价的意义

（一）全面评价县域经济发展模式实施的效果

县域经济发展绩效评价是通过建立相应的评价体系来衡量县域经济发展模式的实施所带来的县域经济增长、产业发展、基础设施、人民生活、社会保障和资源环境协调发展等各个方面的效果，并诊断发展中存在的问题与不足。其侧重点是衡量发展过程中各方面的变化，关注的是动态的、阶段性的成果。

（二）衡量县域经济发展的综合实力

县域经济的发展，不仅只是追求经济增长指标，而且要追求人文指标、资源指标和环境指标；不仅要提高农村经济发展水平，还要统筹城乡经济以实现良性互动和一体化发展，人与自然实现和谐发展。为准确评价县域社会经济发展状况，全面比较和了解各县域之间的差异，促进县域社会经济的全面、可持续发展，需要根据县域社会经济统计资料，从多个角度对县域社会经济综合发展指数进行测算，按社会经济综合发展指数得分高低排名。绩效评价体系需要为少数民族贫困地区县域乃至所有县域提供一个动态的、相对的参照坐标，借此发现县域经济综合实力的变化情况，同时营造县域经济发展中互相学习的氛围，极大地促进县域经济发展。

（三）评价县域经济发展模式的目标实现程度

县域经济发展是一个涉及结构调整、农业产业化、工业化、城镇化、新农村建设、基础设施改善、企业改制、市场环境建设、政府职能转变以及思想观念解放等的经济社会问题。随着县域经济的发展和社会的进步，县域将是生产生活资料加工最理想的环境和基地；县域经济质量、环境质量、人口质量和生活质量将全面提高；创造最佳投资环境和最佳人居环境，将成为县域经济社会发展的最重要目标。这些目标是否实现及实现的程度需要通过评价指标体系来衡量。

二 评价指标体系的构建

（一）构建原则

1. 完备性原则

完备性意味着综合评价指标体系的信息量既必要又充分，由若干指标构成一个指标完备群。从理论上讲，对一个统计指标的完备群来说，多一个指标就会造成信息的重叠和浪费，少一个指标就会造成信息的不充分。最理想状态是每一个指标反映县域经济发展的某一个层面，各个指标相互独立，构成一个 n 维空间，空间中的每一个指标代表着县域经济发展的一个状态，从而使综合评价指标体系能够客观反映县域社会经济运行的特点，充分揭示各地区社会经济发展的内在规律。

2. 可行性原则

可行性包括可计量性和可操作性。所谓可计量性是指这些指标包括的内涵可以进行定量描述，通过对各个地区的社会经济发展状况做定量分析，从而反映不同地区间发展的不平衡性。可操作性是指在选择指标时既要考虑到指标体系的完整、科学，又要从实际出发，尽可能选择现行统计报表中可以取得资料的指标，也就是说，这些指标不宜过多、过细，否则非常庞杂，给资料的收集、整理和计算带来很大困难，使分析无从下手。

3. 可比性原则

在评价指标体系中应尽量采用可比性较强的相对量指标和区间具有共性特征的可比指标。同时，必须明确评价指标体系中每个指标的含义、统计口径和范围，以确保时空上的可比性。

4. 代表性原则

评价指标要具有较强的鉴别能力，所谓指标的鉴别力是指指标用来区分不同地区社会经济发展水平高低的能力。在评价时，鉴别力的大小具体表现为地区间指标值的差异大小。

5. 弱相关性原则

进行评价时所选取的指标与指标之间理论上应该是完全不相关的，这样才能使每一项指标的作用得以充分发挥。事实上，社会经济发展中所有指标都是相关的，但应避免选择高度相关指标。

6. 层次性原则

综合评价指标体系应呈现出结构层次性，特别是在评价一个复杂系统时，如综合评价县域社会经济发展水平，构成这个系统包括不同层次的很多因素等。进行分层次评价不仅能得到总的评价结果，而且能了解到每一个层次的评价状况。

（二）指标体系

少数民族贫困地区县域经济的发展绩效不是简单通过经济指标来衡量，而是应包括经济增长、基础设施、工业化、城市化水平、人民生活、社会保障、医疗教育服务、对外开放和资源环境协调发展等各个方面。具体指标如表6-1所示。

表6-1　少数民族贫困地区县域经济发展绩效评价指标体系

一级指标	二级指标
经济增长	地区生产总值、人均地区生产总值、人均固定资产投资额、从业人员、地方财政收支平衡状况、人均社会商品零售总额、人均城乡居民储蓄存款余额
基础设施	人均公路里程数、公路网密度、万人邮政业务量、万人电信业务量、电话普及率、乡村电话普及率、国际互联网普及率、有线电视普及率、日供电能力、日供水能力
工业化水平	第二、第三产业增加值占地区生产总值的比重，第二、第三产业从业人员占从业人员总数的比重
城市化水平	城镇人口比重、城镇密度
物质文化生活水平	城镇居民年可支配收入、农民人均纯收入、平均预期寿命、婴儿死亡率、学龄儿童入学率、九年义务教育普及率、人均受教育年限、人均住房面积、万人医生数、万人医疗床位数、城镇登记失业率、贫困人口占总人口的比例、恩格尔系数、享受社会保障人口占总人口的比例、政治民主程度、每万人刑事案件数
社会公平	基尼系数、女童入学率、女性就业比例、城乡收入比、城乡支出比、城乡恩格尔系数比
对外开放	人均进口总额、人均出口总额、人均实际利用外资额、劳务输出人数、国际旅游收入
资源环境协调发展	人均国土面积、人均耕地面积、人均水资源占有量、人均能源占有量、经济密度、万元地区生产总值能耗、万元地区生产总值耗水量、城镇绿化率、森林覆盖率、大气环境质量达到二级以上的城镇占城镇总数的比重、饮用水源达标率、污水处理率、垃圾处理率

经济增长指标。主要包括：地区生产总值、人均地区生产总值、人均固定资产投资额、从业人员、地方财政收支平衡状况、人均社会商品零售总额、人均城乡居民储蓄存款余额等。

基础设施指标。主要包括：人均公路里程数、公路网密度、万人邮政业务量、万人电信业务量、电话普及率、乡村电话普及率、国际互联网普及率、有线电视普及率、日供电能力、日供水能力等。

工业化水平指标。主要包括：第二、第三产业增加值占地区生产总值的比重、第二、第三产业从业人员占从业人员总数的比重等。

城市化水平指标。主要包括：城镇人口比重、城镇密度等。

物质文化生活水平指标。主要包括：城镇居民年可支配收入、农民人均纯收入、平均预期寿命、婴儿死亡率、学龄儿童入学率、九年义务教育普及率、人均受教育年限、人均住房面积、万人医生数、万人医疗床位数、城镇登记失业率、贫困人口占总人口的比例、恩格尔系数、享受社会保障人口占总人口的比例、政治民主程度、每万人刑事案件数等。

社会公平度指标。主要包括：基尼系数、女童入学率、女性就业比例、城乡收入比、城乡支出比、城乡恩格尔系数比等。

对外开放程度指标。主要包括：人均进口总额、人均出口总额、人均实际利用外资额、劳务输出人数、国际旅游收入等。

资源环境协调发展指标。主要包括：人均国土面积、人均耕地面积、人均水资源占有量、人均能源占有量、经济密度、万元地区生产总值能耗、万元地区生产总值耗水量、城镇绿化率、森林覆盖率、大气环境质量达到二级以上的城镇占城镇总数的比重、饮用水源达标率、污水处理率、垃圾处理率等。

在具体应用时，可根据选择的不同发展模式设计相应评价指标体系。

三 评价方法

（一）因子分析法

因子分析法主要用于计算各县县域经济总体状况以便于比较。该方法是从一组具有复杂关系的变量出发，把原始变量分成两部分、一部分是所有变量共同具有的公共因素（简称公共因子），另一部分是各变量独自具有的特殊因素（简称特殊因子）。公共因子一般较原始变量个数少，对原始变量起着重要支撑作用，它们之间互不相关，用这些公共因子来描述原始变量，能够尽量保持和合理解释原始变量之间的复杂关系①。

1. 因子载荷矩阵中各元素具备含义

假设一级指标中第 q（$q=1, 2, \cdots, 8$）个指标下的二级指标的个数为 p_k。

$$X_q = \begin{bmatrix} x_1^{(q)} \\ x_2^{(q)} \\ \cdots \\ x_{p_k}^{(q)} \end{bmatrix} = \begin{bmatrix} a_{11}^{(q)} & a_{21}^{(q)} & \cdots & a_{l_k 1}^{(q)} \\ a_{12}^{(q)} & a_{22}^{(q)} & \cdots & a_{l_k 2}^{(q)} \\ \cdots & \cdots & \cdots & \cdots \\ a_{1p_k}^{(q)} & a_{2p_k}^{(q)} & \cdots & a_{l_k p_k}^{(q)} \end{bmatrix} \begin{bmatrix} f_1^{(q)} \\ f_2^{(q)} \\ \vdots \\ f_{l_k}^{(q)} \end{bmatrix} + \begin{bmatrix} \varepsilon_1^{(q)} \\ \varepsilon_2^{(q)} \\ \vdots \\ \varepsilon_{p_k}^{(q)} \end{bmatrix} \quad (l_k < p_k) \quad (6-1)$$

通过矩阵乘法可以把（6-1）式展开得：

$$x_i^{(q)} = \sum_{j=1}^{l_k} a_{ji}^{(q)} f_j^{(q)} + \varepsilon_i^{(q)} \quad (i=1,2,\cdots,p_k) \quad (6-2)$$

$a_{ji}^{(q)}$ 称为 $x_i^{(q)}$ 的方差在 $f_j^{(q)}$ 上的载荷。

设 $D(x_i^{(q)}) = (\sigma_i^{(q)})^2$，$D(f_i^{(q)}) = 1$，$D(\varepsilon_i^{(q)}) = (t_i^{(q)})^2$，当 $i \neq j$ 时，$\text{cov}(f_i^{(q)}, f_j^{(q)}) = 0$，$\text{cov}(f_i^{(q)}, \varepsilon_j^{(q)}) = 0$。

可由概率论与数理统计及高等代数知识证明如下结论：

$$\text{cov}(x_j^{(q)}, f_i^{(q)}) = a_{ji}^{(q)} \quad (6-3)$$

$$(\sigma_i^{(q)})^2 = \sum_{j=1}^{l} (a_{ji}^{(q)})^2 + (\varepsilon_i^{(q)})^2 \quad (6-4)$$

其中，$\sum_{j=1}^{l}(\alpha_i^{(q)})^2$ 是 l_k 个公因子对 $x_i^{(q)}$ 的方差贡献率，$(\varepsilon_i^{(q)})^2$ 为 $x_i^{(q)}$ 的特定因子对其的方差贡献。

2. f_i 对 X 的方差贡献

对于固定某个 $f_i^{(q)}$ 其系数为 $\alpha_{j1}^{(q)}$，$\alpha_{j2}^{(2)}$，$\cdots$，$\alpha_{jp_k}^{(q)}$，设 $(v_j^{(q)})^2 = \sum_{i=1}^{n}(a_{ji}^{(q)})^2$，表示 $f_j^{(q)}$ 对 X_q 的方差贡献，$\xi_i^{(q)} = \dfrac{(v_i^{(q)})^2}{tr(\sum)}$ 称为 $f_i^{(q)}$ 对 X_q 的方差贡献率，是一个判断 $f_i^{(q)}$ 地位的重要指标。

3. 因子载荷

假定由原始数据 $X_q = (x_{ij}^{(q)})_{n_\zeta \times p_k}$，运用矩法估计得出指标相关矩阵 R_q，利用 R_q 对 X_q 进行主成分分析，设 R_q 的特征根为 $\lambda_1^{(q)} \geq \lambda_2^{(q)} \geq \cdots \geq$

---

① 参见张文彤主编《SPSS 统计分析高级教程》，高等教育出版社 2007 年版，第 218—232 页。

$\lambda_{p_k}^{(q)} \geq 0$，对应的单位化正交特征向量 $U_1^{(q)}$，$U_2^{(q)}$，…，$U_{p_k}^{(q)}$。

令 $a_1^{(q)} = \sqrt{\lambda_1^{(q)}} U_1^{(q)}$，$a_2^{(q)} = \sqrt{\lambda_2^{(q)}} U_2^{(q)}$，…，$a_{p_k}^{(q)} = \sqrt{\lambda_{p_k}^{(q)}} U_{p_k}^{(q)}$，

则有 $x_i^{(q)} = \sum_{j=1}^{p_k} a_{ji}^{(q)} f_j^{(q)} (i = 1,2,\cdots,p_k)$，其中 $a_{ji}^{(q)}$ 为 $x_i^{(q)}$ 在 $f_j^{(q)}$ 上的载荷。通常采用特征根确定法，由主成分分析知，若 $\eta_{(i)}^{(q)} =$

$$\frac{(\lambda_1^{(q)} + \cdots + \lambda_{l_k}^{(q)})}{tr(R_q)} = \frac{\sum_{i=1}^{l_k} \lambda_i^{(q)}}{\sum_{i=1}^{p_k} \lambda_i^{(q)}} \geq 85\%$$，则直接取 $A_q = (a_1^{(q)}, a_2^{(q)}, \cdots, a_{l_k}^{(q)})$。

4. 旋转并解释因子

初始因子的综合性太强，难以找出因子的实际意义，因此需要通过旋转坐标轴使载荷尽可能向 ±1，0 的方向靠近，从而降低因子的综合性，使实际意义凸显出来。坐标旋转有两种方式：正交旋转（保持因子之间的正交性）和斜交旋转（因子之间不一定正交），其中最常用的方法是正交旋转中的方差最大法，由于 SPSS 软件的强大功能，正交旋转可通过该软件完成。

5. 因子值及评价值

因子模型 $X_q = A_q f^{(q)} + \varepsilon^{(q)}$ 建立以后，可以将原研究对象的 P_k 个指标 x_1，x_2，…，x_{p_k} 简化成 l_k 个指标 $f_1^{(q)}$，$f_2^{(q)}$，…，$f_{l_k}^{(q)} (l_k \leq p_k)$，即将 $f_i^{(q)}$ 表示成 $x_1^{(q)}$，$x_2^{(q)}$，…，$x_{p_k}^{(q)}$ 的线性组合。

$$f_j^{(q)} = b_{j1} x_1^{(q)} + b_{j2}^{(q)} + \cdots + b_{jp_k}^{(q)} x_{p_k} \quad (j = 1,2,\cdots,l_k) \qquad (6-5)$$

$\hat{f}^{(q)} = (\hat{f}_1^{(q)}, \hat{f}_2^{(q)}, \cdots, \hat{f}_{l_k}^{(q)})^T = B_q X'_q$，$B = (RA)^T X' = A^T R^{-1} X'$，其中 $R = (r_{ij}^{(q)})_{p_k \times p_k}$ 为 X 的相关矩阵，X'_q 为 X_q 的标准化，$A_q = (a_{ij}^{(q)})_{p_k \times l_k}$ 为 X_q 与 $f^{(q)}$ 的相关阵。根据因子得分可求出县域经济发展水平，得评价值 F。

设 $\xi_i^{(q)} = \dfrac{\lambda_i^{(q)}}{\sum tr(R_q)} (i = 1,2,\cdots,l_k)$，则 $F_q = \sum_{i=1}^{l} \xi_i^{(q)} f_i^{(q)}$。

（二）模糊综合评价法

模糊综合评价法主要用于对单一县的县域经济发展水平进行综合评价。其步骤为[①]：

---

① 参见杨崇瑞主编《模糊数学及其应用》，农业出版社 1994 年版，第 186—188 页。

第一步：建立因素评价集，确定评价因素的权重。

将因素的评价结构分为 4 个等级，即 {优，良，中，差}，为使评判结果更加直观，按 100 分制设优、良、中和差的对应分数分别为 90、80、70、60；权重计算方法按层次分析法计算，设为 ω_i，$(i=1,2,\cdots,n)$。

第二步：计算最底层单因素模糊判断矩阵。

首先，建立单因素模糊判断矩阵 $R_i(i=1,2,\cdots,n)$，确定各隶属度。

按照评价集对各因素进行等级评价，若每个等级频数分别为 a_{ij}，$(j=1,2,3,4)$，则对应因素的隶属度为 $\left(\dfrac{a_{i1}}{\sum_{j=1}^m a_{ij}},\dfrac{a_{i2}}{\sum_{j=1}^m a_{ij}},\dfrac{a_{i3}}{\sum_{j=1}^m a_{ij}},\dfrac{a_{i4}}{\sum_{j=1}^m a_{ij}}\right)$。

其因素模糊判断矩阵可以表示为：

$$R_{i\times j}=\begin{pmatrix}r_{11},r_{12},r_{13},r_{14}\\r_{21},r_{22},r_{23},r_{24}\\\vdots\quad\cdots\quad\vdots\\r_{i1},r_{i2},r_{i3},r_{i4}\end{pmatrix};(i=1,2,\cdots,n,j=1,2,3,4) \qquad (6-6)$$

其中，i 等于相应准则层因素的个数。

然后，由低到高计算多层次因素模糊评判矩阵；由于单因素的相对权重分别为 ω_{ij}，$(i=1,2,\cdots,n)$，则单一因素所属上一层指标的隶属度（用 r' 表示）为：

$r'_{ij}=(b_{ij})_{i\times 4}=\omega_{i\times j}\cdot R_{i\times j}$；

对应所属层的模糊评判矩阵为

$$R'=(r'_{ij})_{i\times j}=\begin{pmatrix}r'_{11},r'_{12},r'_{13},r'_{14}\\r'_{21},r'_{22},r'_{23},r'_{24}\\\vdots\quad\cdots\quad\vdots\\r'_{i1},r'_{i2},r'_{i3},r'_{i4}\end{pmatrix}(i=1,2,3,\cdots,n',j=1,2,3,4)。$$

第三步：计算模糊向量，求解评价结果。根据模糊判断矩阵，求得模糊向量 A 为：

$$A=\omega_i\cdot R' \qquad (6-7)$$

评价结果 p 为：

$$p=A\cdot(90,80,70,60)^T \qquad (6-8)$$

第七章

少数民族贫困地区县域经济发展模式实证分析

——以湖北省长阳土家族自治县为例

第一节 长阳县域经济基本概况

一 地理区位与历史文化

（一）行政区划

长阳土家族自治县位于鄂西南山区、清江中下游，地跨东经110°21′—111°21′、北纬30°12′—30°46′；东邻宜都，南交五峰土家族自治县，西毗恩施土家族苗族自治州的巴东县傍长江三峡，北接秭归和宜昌市，行政隶属湖北省宜昌市，是湖北省唯一的一个集"老、少、山、穷、库"于一体的特殊县份，也是一个历史悠久，文化灿烂，资源富余的地方。距省会武汉320多公里、三峡机场32公里、长江水运码头红花套28公里。现有318国道纵贯全境，沪蓉高速、宜万铁路、西气东输等国家"三大通道"穿境而过，交通十分方便。地势西高东低，东西长94.5公里，南北宽63公里。国土总面积3430平方公里。目前，辖8镇（龙舟坪镇、磨市镇、都镇湾镇、资丘镇、渔峡口镇、榔坪镇、贺家坪镇、高家堰镇）3乡（大堰乡、鸭子口乡、火烧坪乡）、154个行政村、4个居民委员会、970个村民小组，总人口42万。境内有土家族、汉族、苗族、满族、蒙古族、侗族、壮族等23个民族，其中土家族约占51%[①]。

（二）历史文化

长阳是长江流域古文明的重要发源地，著名的"长阳人"的故乡、

---

① 长阳土家族自治县人民政府：《县情概览》，中国长阳网（www.changyang.gov.cn）。

巴人故里和土家族的发祥地，自古就有"佷阳古地，夷水名疆"之称。19万年前，"长阳人"已在此繁衍生息；新石器晚期，长阳全境已遍布原始人群的足迹；4000年前，土家族先祖巴人廪君浮舟西征，开创了巴国文明的历史；长阳设县始于西汉，唐朝时正式定名为长阳县；1984年，经国务院批准设立长阳土家族自治县①。

长阳文化灿烂，素有"歌舞之乡"之称，山歌、南曲、巴山舞被誉为"长阳文化三件宝"，奇石、盆景、根艺被誉为"长阳文化产业三件宝"。长阳巴山舞曾获全国广场舞比赛"群星奖"金奖，大型土家婚俗歌舞剧《土里巴人》曾获全国"五个一工程奖"。2006年，土家族"撒叶儿嗬"入选国家首届非物质文化遗产保护项目，并在2007年十四届全国广场舞蹈比赛中荣膺群星奖。长阳山歌、南曲、长阳薅草锣鼓和都镇湾故事入选省级第一批非物质文化遗产保护名录。2008年，由长阳县"农民兄弟"王爱民、王爱华与苗族姑娘组成的"土苗兄妹"组合在央视第13届青年歌手大奖赛原生态唱法中荣获金奖②。

二 自然条件和资源禀赋

长阳属亚热带季风气候，温暖湿润、雨量充沛，光照充足、热量较好，雨热同季。但由于山高、谷低、切割深，呈现出极为明显的垂直差异，表现出立体气候特征。低山河谷地区平均气温16.5℃，极端低温-12℃，极端高温42.1℃，≥10℃的年活动积温5279℃，无霜期285.4天。形成丘陵河谷冬暖春早，气候温暖；山地四季分明，气候温和；高山冬长、春短、无夏，气候冷凉湿润。

长阳自然资源丰富，拥有水、矿藏、生物等优势资源。清江横贯长阳全境148公里，是长江在湖北境内第二大支流，汇入清江的大小溪河共428条，全县水能理论蕴藏量达到400万千瓦，隔河岩、高坝洲两大水库有近40亿立方米的库容。长阳矿产资源丰富，已探明的矿种有30余种，拥有大型铁矿床火烧坪铁矿和全国第七大锰田古城锰矿，还是全国百家重点产煤县之一。长阳物种繁多，县域内各类动物种类1000多种、植物种类3000多种，其中有金钱豹、蟒、红豆杉、珙桐、银杏、苏铁、水杉等7种国家一级重点保护野生动植物。长阳生态优良，植被保护完好，拥有

---

① 长阳土家族自治县人民政府：《县情概览》，中国长阳网（www.changyang.gov.cn）。
② 同上。

一处国家森林公园和两处省级自然保护区，森林覆盖率达73.6%。清江水体质量良好，整体水质达到国家Ⅱ级水质标准，饮用水源水质达标率100%[①]。

长阳风光秀美，景观独特，素有"八百里清江美如画，三百里画廊在长阳"的美誉。20世纪90年代以来，湖北省对清江流域进行梯级开发，长阳境内形成了"一坝（隔河岩大坝）两库（隔河岩水库、高坝洲水库）"的独特景观，清江已变成绵延数百公里的梯级长湖，为绝佳的观光旅游、休闲度假胜地，与神农架、武当山、长江三峡齐名，并称为湖北四大甲级旅游资源区。长阳清江画廊旅游度假区是国家4A级旅游景区，长阳被命名为"湖北旅游强县"。长阳民风淳朴，民族风情浓郁，民俗多姿多彩，内涵丰富的传说故事、炽热流畅的吹打乐、哭中有喜的哭嫁歌、散发泥土芳香的薅草锣鼓、婀娜多姿的花鼓子、风味独特的土家菜肴等，无不充满着浓郁的民族民俗风情[②]。

三　经济发展状况

（一）经济总量

长阳作为一个国家级贫困县，其经济发展水平在全国是比较落后的。从人均国内生产总值来看，由表7-1可知，2000年长阳的人均国内生产总值为5171元，同年全国的人均国内生产总值为7858元，湖北省为6293元，宜昌市为9525元。也就是说，2000年长阳人均国内生产总值比全国低34.2%，比湖北省低17.8%，比宜昌市低45.7%。经过9年的发展，2009年长阳人均国内生产总值为11716元，比2000年增长了126.6%；同年全国的人均国内生产总值为25575元，比2000年增长了225.5%；湖北省为22677元，比2000年增长了260.4%；宜昌市为31475元，比2000年增长了230.4%。可见，长阳的经济增长率比全国、湖北省和宜昌市的平均水平都要低。由于人均国内生产总值增长速度较慢，2009年长阳的人均国内生产总值比全国低54.2%，比湖北省低48.3%，比宜昌市低62.8%。可见，从人均国内生产总值来看，长阳的发展水平与全国、湖北省、宜昌市的发展水平还存在较大的差距。如表7-1所示。

[①] 长阳土家族自治县人民政府：《县情概览》，中国长阳网（www.changyang.gov.cn）。
[②] 同上。

表7-1　全国、湖北、宜昌与长阳人均国内生产总值比较　　单位：元

年份	2000	2001	2002	2003	2004	2005	2006	2007	2008	2009
全国	7858	8622	9398	10542	12336	14185	16500	20169	23708	25575
湖北省	6293	6867	7437	8378	9897	11554	13360	16386	19858	22677
宜昌市	9525	9889	11174	11891	13581	14924	17364	20754	25855	31475
长阳	5171	5263	5617	6048	6725	7621	8116	9506	9921	11716

资料来源：《中国统计年鉴》（2001—2010）、《湖北统计年鉴》（2001—2010）、《宜昌统计年鉴》（2001—2010）。

从国内生产总值增长的指数比较来看，从2005年以来，长阳的国内生产总值增长率达到、有的年份（2005年、2009年）甚至超过全国的国内生产总值增长率的水平。如表7-2所示。

表7-2　全国、湖北、宜昌与长阳国内生产总值及指数比较

年份	全国 总值（亿元）	全国 指数（%）	湖北省 总值（亿元）	湖北省 指数（%）	宜昌市 总值（亿元）	宜昌市 指数（%）	长阳 总值（亿元）	长阳 指数（%）
2000	99214.6	108.4	3545.39	108.6	379.49	109.4	21.51	106.8
2001	109655.2	108.3	3880.53	108.9	410.34	109.2	21.78	101.2
2002	120332.7	109.1	4212.82	109.2	444.06	108.7	23.13	106.1
2003	135822.8	110.0	4757.45	109.7	491.36	109.5	24.81	105.4
2004	159878.3	110.1	5633.24	111.2	540.13	117.5	27.49	103.5
2005	184937.4	111.3	6590.19	112.1	605.77	112.2	31.21	112.0
2006	216314.6	112.7	7617.47	113.2	692.55	114.3	33.50	108.3
2007	265810.3	114.2	9333.40	114.6	837.01	120.9	39.65	111.0
2008	314045.4	109.6	11328.92	113.4	1043.13	124.6	40.18	101.3
2009	340506.9	109.1	12961.10	113.5	1272.33	122.0	47.45	118.1

资料来源：《中国统计年鉴》（2001—2010）、《湖北统计年鉴》（2001—2010）、《宜昌统计年鉴》（2001—2010）。

从近五年的纵向比较来看，2009年长阳生产总值达到47.45亿元，比2005年增长52.03%。2005年以来长阳整个国民经济出现了一个在长阳历史上较好的发展态势。

从农村居民人均纯收入来看，2000年，长阳的这一指标值为1808元，全国为2253元，湖北省为2268元，宜昌市为2363元，长阳与三者的差距分别为445元、460元、555元。到2009年，长阳农村居民人均纯收入为3282元，全国为5153元、湖北省为5035元、宜昌市为5186元。长阳与全国、湖北省和宜昌市的差距还存在。如表7-3所示。

表7-3　　全国、湖北、宜昌与长阳农村居民人均纯收入比较　　单位：元

年份	2000	2001	2002	2003	2004	2005	2006	2007	2008	2009
全国	2253	2366	2475	2622	2936	3255	3587	4140	4761	5153
湖北省	2268	2352	2444	2567	2890	3099	3419	3997	4656	5035
宜昌市	2363	2413	2440	2588	2938	3108	3433	4022	4686	5186
长阳	1808	1810	1809	1879	2045	2095	2296	2601	2969	3282

资料来源：《中国统计年鉴》（2001—2010）、《湖北统计年鉴》（2001—2010）、《宜昌统计年鉴》（2001—2010）。

从城镇居民人均可支配收入来看，由表7-4可知，2000年长阳城镇居民人均可支配收入为5714元，虽然低于全国和宜昌市的平均水平，但比湖北省的平均水平高出了190元。在2000年以来，尽管横向比较，长阳城镇居民人均可支配收入与全国的平均水平的差距还存在，但纵向比较，2009年长阳城镇居民人均可支配收入比2000年增长了89.7%。

表7-4　　全国、湖北、宜昌与长阳城镇居民人均可支配收入比较　　单位：元

年份	2000	2001	2002	2003	2004	2005	2006	2007	2008	2009
全国	6280	6859	7703	8472	9421	10493	11759	137856	15781	17175
湖北省	5524	5856	6789	7322	8023	8786	9803	11485	13153	14367
宜昌市	5828	6187	6647	7033	7592	8156	8926	10241	11733	12843
长阳	5714	5869	6303	6700	7127	7580	8202	8925	10056	10839

资料来源：《中国统计年鉴》（2001—2010）、《湖北统计年鉴》（2001—2010）、《宜昌统计年鉴》（2001—2010）。

虽然从人均国内生产总值、农村居民人均纯收入、城镇居民人均可支配收入三个主要指标来看，在2000—2009年间长阳与全国、湖北省、宜昌市进行横向比较，其总体发展水平还是落后的、发展速度还是较

慢，但近五年，长阳经济获得了较快的发展，其增长率达到了全国平均水平。

(二) 经济结构

1. 产业结构

三次产业比重反映了一个地区经济发展水平和产业发展的特征。一般说来，第二产业比重是衡量工业化水平的一个重要指标，第二产业比重高表明工业化水平高，第二产业比重上升得快，表明工业化进程较快。但是，长阳的产业结构有其特点，并不完全遵照一般发展规律。

表7-5　全国、湖北、宜昌与长阳三次产业增加值构成比较　　单位:%

	年份	2000	2001	2002	2003	2004	2005	2006	2007	2008	2009
第一产业	全国	15.1	14.4	13.7	12.8	13.4	12.1	11.1	10.8	10.7	10.3
	湖北省	18.7	17.8	16.8	16.8	18.1	16.4	15.0	14.8	15.7	13.8
	宜昌市	16.3	14.6	13.3	13.4	13.4	14.0	13.0	13.2	13.1	11.8
	长阳	25.1	25.8	21.8	22.3	26.0	23.2	22.2	23.9	32.3	30.0
第二产业	全国	45.9	45.1	44.8	46.0	46.2	47.4	47.9	47.3	47.4	46.3
	湖北省	40.5	40.6	40.6	41.1	41.2	43.3	44.2	44.4	44.9	46.6
	宜昌市	54.4	54.7	55.5	54.6	56.2	51.0	51.7	52.9	54.0	55.4
	长阳	38.8	36.3	37.0	35.3	30.9	32.8	31.9	33.3	23.4	25.2
第三产业	全国	39.0	40.5	41.5	41.2	40.4	40.5	40.9	41.9	41.8	43.4
	湖北省	40.8	41.6	42.6	42.1	40.7	40.3	40.8	40.8	39.4	39.6
	宜昌市	29.3	30.7	31.1	32.0	30.4	35.0	35.3	33.8	32.8	32.7
	长阳	36.1	37.9	41.2	42.4	43.1	44.0	45.9	42.8	44.3	44.8

资料来源：《中国统计年鉴》(2001—2010)、《湖北统计年鉴》(2001—2010)、《宜昌统计年鉴》(2001—2010)。

从表7-5中可以看出，与全国、湖北省和宜昌市的产业结构相比，长阳第一产业的比重偏高，2000—2007年，每年都比全国的平均水平高出10个百分点，而在2008年、2009年比重要比全国高出近20个百分点，也比湖北省、宜昌市的比重高很多。长阳第二产业增加值比例偏低，在全国和湖北省第二产业比重逐步上升的情况下，长阳第二产业的比重却在逐步下降。这说明长阳的工业化程度比全国、湖北省和宜昌市的都低。第三产业增加值比重在2000—2002年与全国的相当，但从2003年开始，长阳第三产业增加值比重上升较快，高于全国、湖北省和宜昌市的比重。这种情况的发生主要得益于长阳近年来旅游业的快速发展。长阳旅游资源的优势近年来被逐步开发出来，增长速度很快。2005年，全年接待游客80.1万人次，同比增长17.4%，实现旅游综合收入27574万元，同比增长39.3%[1]。2009年全年接待游客135.81万人次，同比增长11.32%；实现旅游综合收入58086万元，同比增长15.31%[2]。

2. 劳动力部门结构

从三次产业就业比例看，长阳第一产业劳动力就业比例高于全国、湖北省和宜昌市的平均水平；第二产业劳动力就业比例低于全国、湖北省和宜昌市的平均水平；而第三产业劳动力就业比例虽然2000—2005年低于全国、湖北省和宜昌市的平均水平，但从2005年开始增长迅速，高于全国、湖北省和宜昌市的水平。详见表7-6。

表7-6　　全国、湖北、宜昌与长阳三次产业就业比例比较　　单位：%

	年份	2000	2001	2002	2003	2004	2005	2006	2007	2008	2009
第一产业	全国	50.0	50.0	50.0	49.1	46.9	44.8	42.6	40.8	39.6	38.1
	湖北省	48.0	48.4	47.4	45.1	44.0	42.4	40.5	38.8	47.3	47.0
	宜昌市	48.3	48.0	47.9	47.4	46.3	43.0	42.3	39.9	37.7	37.4
	长阳	64.4	65.5	64.9	62.1	59.2	48.4	46.5	44.9	46.0	44.6
第二产业	全国	22.5	22.3	21.4	21.6	22.5	23.8	25.2	26.8	27.2	27.8
	湖北省	18.3	18.1	18.1	18.7	18.9	19.5	20.4	21.7	20.3	20.3
	宜昌市	20.9	21.0	21.2	21.0	21.4	22.8	23.1	24.0	24.8	24.9
	长阳	7.92	7.35	7.63	8.03	11.73	12.7	12.4	12.7	15.9	19.6
第三产业	全国	27.5	27.7	28.6	29.3	30.6	31.4	32.2	32.4	33.2	34.1
	湖北省	33.6	33.5	34.4	36.2	37.1	38.1	39.1	39.5	32.4	32.7
	宜昌市	30.8	31.0	30.9	31.6	32.3	34.2	34.6	36.1	37.5	37.7
	长阳	27.7	27.1	27.4	29.9	29.0	38.9	41.1	42.4	38.1	35.8

资料来源：《中国统计年鉴》(2001—2010)、《湖北统计年鉴》(2001—2010)、《宜昌统计年鉴》(2001—2010)。

---

[1] 参见长阳县统计局《2005年长阳国民经济和社会发展统计公报》，中国长阳网（www.changyang.gov.cn）。

[2] 同上。

（三）城市化率

城市化率通常被认为是一个用来衡量经济发展水平的重要指标。从表7-7可以看出，2000—2009年长阳的城市化率虽然有所提高，但总体上处于较低水平，远低于全国、湖北省的水平。这种低城市化率，一方面反映了长阳的经济结构是以农业为主的县域经济特征，另一方面也反映了长阳工业和服务业发展水平较低的特征，它很难为城市的扩张提供坚实的经济基础。当然，长阳地处山区，土地资源的严重制约也是城市化率难以提高的客观因素。

表7-7　　　　　全国、湖北与长阳城市化率比较　　　　　单位:%

年份	2000	2001	2002	2003	2004	2005	2006	2007	2008	2009
全国	36.22	37.66	39.09	40.53	41.76	42.99	43.90	44.94	45.68	46.59
湖北省	40.22	40.59	41.70	42.90	43.68	43.20	43.80	44.55	45.20	46.00
长阳	13.46	13.48	13.55	13.73	13.79	16.23	16.13	15.79	16.17	16.25

资料来源：《中国统计年鉴》（2001—2010）、《湖北统计年鉴》（2001—2010）、《宜昌统计年鉴》（2001—2010）。

（四）财政收支

从2000—2009年的人均财政收入情况来看，作为一个国家级贫困县，长阳的人均财政收入不仅总量远低于全国、湖北省和宜昌市，而且增长速度也低于全国和湖北省。2000—2009年，全国和湖北省人均财政收入增长幅度分别为385.7%和368.9%，而长阳仅为111.4%。

从2000—2009年的人均财政支出来看，长阳的人均财政支出远远低于全国、湖北省和宜昌市的支出水平。2000—2009年，长阳的人均财政支出的增长幅度较快，全国、湖北省和宜昌市的人均财政支出增长幅度分别为356.6%、450.2%和503.8%，而长阳为584%。具体数据见表7-8所示。

（五）贫困状况

长阳作为一个国家级贫困县，有9个贫困乡。从国家重点贫困县统计监测情况来看，2000年以来，长阳年末贫困人口数量呈持续增长的态势，当年扶贫人口的数量也在持续增加，当年脱贫人口和当年返贫人口数量都在减少。其结果表现为，从2005年以来，年末贫困人口呈现持续下降的趋势。如表7-9所示。这一结果表明，2005年以来，长阳经济社会取得了较好的发展。

表7-8　　　　　全国、湖北、宜昌与长阳人均财政收支比较　　　　单位：元

年份	人均财政收入				人均财政支出			
	全国	湖北省	宜昌市	长阳	全国	湖北省	宜昌市	长阳
2000	1056.88	359.65	663.32	219.45	1251.86	618.74	645.64	391.04
2001	1283.90	388.21	723.92	189.64	1481.08	810.77	734.30	434.53
2002	1471.64	406.56	396.00	187.93	1717.06	854.05	793.88	531.14
2003	1680.40	432.81	421.81	195.98	1907.49	900.48	864.30	561.63
2004	2030.69	516.03	480.02	213.90	2191.50	1074.29	976.62	644.73
2005	2420.48	622.65	564.85	233.58	2594.93	1291.20	1194.34	797.13
2006	2948.71	786.91	683.82	271.98	3075.19	1730.58	1568.12	1039.52
2007	3179.89	989.81	886.04	320.97	3326.52	1801.43	1987.23	1334.10
2008	4618.18	1163.27	1104.46	408.37	4713.23	2700.60	2627.22	1753.39
2009	5133.46	1326.74	1258.10	463.88	5716.46	3404.36	3898.10	2674.70

资料来源：《中国统计年鉴》（2001—2010）、《湖北统计年鉴》（2001—2010）、《宜昌统计年鉴》（2001—2010）。

表7-9　　　　　　　　长阳2000—2007年扶贫状况　　　　　　　单位：人

年份	年末贫困人口	当年扶贫人口	当年脱贫人口	当年返贫人口
2000	37300	5760	42200	35300
2001	71139	2917	4810	5247
2002	66428	910	4710	5154
2003	109249	7215	5300	4780
2004	138328	155152	4781	3115
2005	133300	59876	3000	1000
2006	122500	58596	3000	1000
2007	121300	57987	3000	1000

资料来源：郭熙保主编：《长阳经济发展战略研究》，武汉大学出版社2010年版。

第二节　长阳县域经济发展模式的制定

一　长阳县的优势分析

（一）资源优势

长阳的资源优势主要表现在矿产资源、生物资源、水资源、旅游资源等[①]。

[①] 参见郭熙保主编《长阳经济发展战略研究》，武汉大学出版社2010年版。

1. 矿产资源

在矿产资源上，长阳已探明矿产地70余处，矿种30余种，占湖北省发现矿种的57%，不少矿藏储量丰富，品位高，地质条件优越，易于勘探和开采。目前，已开采和预开采的主要矿种有煤炭、锰矿、铁矿、硅石、石灰石、重晶石、页岩、汞矿、白云岩矿、硫铁矿、钒钼矿、银钒矿、铅锌矿和磷矿等14种。煤炭地质储量1.37亿万吨，主矿区面积250平方公里，适宜中小规模开采；硅石地质储量1.82亿万吨，储藏面积340平方公里，埋藏浅，可露天开采；石灰石地质储量10亿吨，是建材工业的良好材料；重晶石地质储量350万吨，硫酸钡含量在95%以上，矿床集中，适宜剥离开采；锰矿储量3700万吨，属全国七大锰田之一；铁矿储量3.5亿吨，极具潜在开发价值[①]。

2. 生物资源

生物资源方面，长阳的山地地貌和立体气候，适宜于多种生物繁育生长，从河谷到高山、亚热带和温带的各种动植物构成了一个完整的生物链。天然植被以森林植被为主，植物种类繁多。按林木分类有90科253属561种；林木主要品种有松、杉、栎、柏、梧桐。麻池和乐园原始森林自然保护区尚存28种古珍稀树种如珙桐、水杉、水青、银鹊、天狮栗、巴山榧、铁坚杉、金钱柳等。药用植物有850多种，年产量4万多担。长阳的野生哺乳动物有野猪、野羊、豪猪、獾、麂、獐、猴、果子狸、獭、野兔、虎、豹等。家畜家禽有猪、牛、羊、鸡、鸭、兔等。其中鄂西大黑猪、清江白山羊为地方优良品种。长阳是"宜昌白山羊"的中心产区，拥有中南地区最大的天然草场，可开发草场面积53万亩，载畜能力大。1997年长阳被纳入国家"清江流域商品肉羊生产基地"项目县之一。长阳有70多种水生动物，经济鱼类有白甲、乌鳞、鲤鱼、季花鱼（鳜）、杨鱼、黄骨头、鲇、青鱼、麻古丁、鱼勺子、鲫鱼、赤眼鳟、黄鳝、泥鳅、火烧翁、甲鱼、乌龟、岩蛙。名贵稀有鱼类有：银鱼、美国叉尾回鱼等。清江银鱼是银鱼科中较大的一种，被誉为淡水鱼之王，2001年11月在农业部举办的2001中国国际博览会上被评为名牌产品[②]。

3. 水利资源

长阳水利资源丰富，年降水量达45亿立方米。长江在湖北省境内仅

---

① 长阳土家族自治县人民政府：《县情概览》，中国长阳网（www.changyang.gov.cn）。
② 王功平主编：《长阳县情概览》，中国文史出版社2006年版。

次于汉江的第二大支流——清江自西向东流经全县 148 公里，县境内 433 条大小溪河自南北方向汇入清江，年均径流量 427 立方米/秒。县域内水能理论储量 158 万千瓦，目前已建成的隔河岩大型水利枢纽工程，电站总装机 120 万千瓦，年发电量 30.4 亿千瓦小时。此外，全境 433 条溪河中，流域面积在 5 平方公里以上的河流有 32 条，常年流量在 0.5 秒立方米以上的有 17 条，清江航道可适航 300 吨级船舶[①]。

4. 旅游资源

长阳也因其山水风光之美和人文景观之奇，形成得天独厚的旅游资源。全县旅游资源以清江为轴而呈线状分布，由丰富的自然资源和特殊的人文资源共同构成。随着清江流域的开发和隔河岩、高坝洲水电站的建成，使长阳形成了 20 万亩水面和 108 个岛屿，昔日波涛汹涌的清江如今变成了水平如镜的百里长湖，展现出了"高峡出平湖"的自然景观。县内有众多的山川、洞穴、温泉和珍稀动植物，在《中国旅游普查规范》列出的 6 类 74 种基本旅游资源类型中，长阳就有 6 类 45 种。"长阳人"古文化遗址、清江百岛湖、中武当天柱山、武落钟离山、巴王洞、香炉石夷城、盐池温泉以及传承久远的巴土文化和民众风情，构成了长阳的旅游资源特色。长阳地势西高东低，中部的"中武当"天柱山海拔在 1400 米以上，是夏季避暑胜地，可以成为长江流域两大"火炉"武汉、重庆居民的夏季避暑胜地。现已形成九大特色资源景区，是宜昌市"一体两翼"旅游板块的重要组成部分[②]。

旅游资源是长阳最明显而且近期最具开发潜力的发展优势。虽然长阳的旅游资源已经得到初步的开发，但是旅游资源的潜力还没有得到充分的挖掘。长阳一些有特色的旅游资源，如"清江画廊"、"愚人岛"、"天柱山避暑胜地"等，其旅游资源优势还没有充分地转化为经济优势，作为一个支柱产业还没有真正地形成[③]。需要采取措施，主动地招商引资上项目，积极地开拓旅游市场，最终使这些资源巨大的潜在价值充分地呈现出来。

（二）人文优势

长阳有着悠久的历史、灿烂的文化，经过长时间的历史积累形成了一

[①] 长阳土家族自治县人民政府：《县情概览》，中国长阳网（www.changyang.gov.cn）。

[②] 同上。

[③] 参见郭熙保主编《长阳经济发展战略研究》，武汉大学出版社 2010 年版。

些知名的人文优势。

19万年前，长阳境内就有"长阳人"生息繁衍；4000多年前的巴人部落在这里开疆拓土，开创了古代巴国的历史。长阳设县始于西汉，置"佷山县"，唐代定名为"长阳"。1949年新中国成立后，设长阳县人民政府。1984年7月，国务院批准设立长阳土家族自治县①。

千百年来，长阳积累了深厚的巴文化底蕴，有"歌舞之乡"的美誉。域内民风淳朴，习俗奇特，以歌舞祭奠亡灵的跳丧舞、哭泣庆贺婚嫁的哭嫁歌为代表的民俗文化独具魅力。长阳山歌、南曲、巴山舞被誉为土家文化"三件宝"。土家族舞蹈——"撒叶尔嗬"被列为国家第一批非物质文化遗产保护名录②。

20世纪90年代以来，在一些热衷于奇石文化研究的人士带动下，长阳赏石文化热潮开始兴起，收藏、开发清江奇石的气候逐渐形成。早在1995年，经一批长阳文人发起，成立了长阳奇石协会，在协会的推动下，一批奇石爱好者纷纷上山下河，收藏了大批清江精品石，后又带动了几千农民和上百城镇居民抢救奇石资源，使清江奇石的发现、收集、整理、展示、交流活动不断增加。1996年，长阳荣获"中国民间艺术之乡"的称号；1998年又被文化部授予全国文化先进县称号③。

（三）特色产品优势

长阳发展过程中形成了较多品质优、声誉广、价格稳、市场竞争力强、市场占有率相对较高的特色品牌产品。

1. 清江奇石

近年来，"清江奇石热"的兴起，采集奇石的农民不断增加，形成了何家坪、西寺坪等6个专业村，年交易额近千万元。其中最大的画面石重15吨，售得20万元的好价钱，有的奇石还远销韩国、德国、东南亚和中国港澳台地区④。

2. 清江椪柑

长阳清江椪柑是长阳柑橘中的极品，连续多年获得湖北省优质水果称号，2002年又取得了国家农业部A级绿色食品证书，产品批量上市以来，

---

① 长阳土家族自治县人民政府：《县情概览》，中国长阳网（www.changyang.gov.cn）。
② 同上。
③ 王功平主编：《长阳县情概览》，中国文史出版社2006年版。
④ 长阳土家族自治县人民政府：《县情概览》，中国长阳网（www.changyang.gov.cn）。

一直供不应求①。

3. 清江名茶

长阳境内云雾缭绕，雨量充足，气候温和。尤其是清江隔河岩大坝建成后，形成了众多的湖泊，由蓄水量达30亿立方米的巨大水体所带来的调温效应，使库区周围气候变暖，云雾天气增多，独特的气候和适宜的土壤环境，形成了清江茶持嫩性强、氨基酸丰富、清香四溢、滋味鲜爽回甘、经久耐冲泡等优良的内质。"㭎山茗峰"、"㭎山贡珍"获全国"中茶杯"一等奖；"静安移尖"、"雾冲剑毫"、"雾冲茗峰"获"中茶杯"优质奖；"柳林剑"、"天柱玉叶"、"㭎山箭毫"、"巴山移尖"分别获湖北省"鄂茶杯"金奖、银奖；"三峡白毫"获全市"三峡杯"金奖；"百岛茗峰"获，98北京中国国际名茶证书。一大批名优茶以其优良的内质和精湛的制作工艺正在走向全省全国，赢得了广大消费者的青睐②。

4. 其他特色农产品

2004年，长阳"清江早茶"及"火烧坪"牌球白菜、大白菜、白萝卜等4个特色农产品，获得中国绿色食品发展中心A级绿色食品认证。地处高山地区的火烧坪成为全国高山蔬菜第一乡。国家农业部农产品质量安全中心还对长阳"清江冻银鱼"、"隐龙山矿泉水"、"土家嫂豆瓣酱"、"清江鱼豆豉"、"维特魔芋粉"、"清江烤鱼"、"清江香椿"、"长阳马铃薯"8个特色农产品颁发了无公害农产品证书。全县获得国家级有机食品、绿色食品、无公害食品认证的农产品品牌达21个，创产值3.5亿元，绿色品牌数量及生产规模居全省同类县市区之首③。

（四）区位优势

长阳县位于平原与山区的结合地带，是一个典型的山区县。以往人们在谈到山区和民族地区时，通常用"老、少、边、山、穷"来描述，由此使得人们对自己的区位把握不够，更多的是只看到区位的劣势而看不到区位的优势④。

---

① 长阳土家族自治县人民政府：《县情概览》，中国长阳网（www.changyang.gov.cn）。
② 同上。
③ 同上。
④ 参见李忠斌《着力培育民族地区县域经济的核心竞争力：长阳县的调查与思考》，中国民族地区农业综合信息网（cscul.scuec.edu.cn/juecezixun/lilunzhidao/20090524/135751_5.shtml）。

长阳虽然说是山区县,但区位优势是十分明显的。一是面向广阔的江汉平原等经济较发达地区,有武汉、宜昌、荆州等大中城市与之对接,特色产品拥有庞大的市场需求,这为发展特色产业提供了市场条件,亦可以利用这一条件参与地区间、城市间的经济技术合作;二是背靠武陵山区,都是土家族地区,尽管该区域目前还比较贫困,但有共同的文化根基,有较一致的消费习惯,有区域协作的基础,同时在不久的将来也将是一个庞大的区域消费市场,对相关产业的支撑作用是十分明显的;三是区位劣势正在向区位优势转换,318国道、宜万铁路、沪蓉高速公路纵贯长阳全境,长阳距武汉320多公里、三峡机场32公里、长江水运码头红花套28公里,为长阳的经济发展提供了良好的交通环境,使之成为今后东西两地物流、信息流的集散之地,交通条件的改善极大地提升了长阳的区位;四是由区位所决定的气候特征优势日益明显,使长阳成为反季节蔬菜的供应基地和中药材种植基地[①]。

(五) 政策优势

政策也是资源,而且是一种有效的优势资源[②]。作为一个集"老、少、山、穷、库"于一体的县,长阳在经济发展中的政策优势是很明显的,大体上有四个方面:

第一,享受民族政策的倾斜。作为土家族自治县,长阳享受着多方面的国家和省政府对少数民族经济社会发展所给予的优惠政策,获得国家和省的各项财政转移支付。

第二,长阳属国家级贫困县,享受国家对贫困地区的各项优惠政策和扶贫财政支持。这种扶贫财政资金支持力度大于国家和省政府对省级贫困县的支持力度。

第三,随着我国西部大开发号角的吹响,大部分土家族地区列入西部大开发的范围,西部大开发的一系列优惠政策是当前土家族地区最大的政策优势。《国务院关于实施西部大开发若干政策措施通知》中指出,要推进地区协作和对口支援,"在中央和地方政府指导下,动员社会各方面力量加强东西对口支援,进一步加大对西部贫困地区、少数民族地区的支援力度,继续推进'兴边富民'行动。"

---

① 参见郭熙保主编《长阳经济发展战略研究》,武汉大学出版社2010年版。
② 参见李忠斌《着力培育民族地区县域经济的核心竞争力:长阳县的调查与思考》,中国民族地区农业综合信息网(cscul.scuec.edu.cn/juecezixun/lilunzhidao/20090524/135751_5.shtml)。

第四，长阳是我国比较少的国家小水电开发先进县之一，但是水电的大量开发形成的库区移民对长阳社会经济带来了重要的影响，为此国家对库区移民安置给予较多的优惠政策，同时电力营业收入也有部分返还当地政府。这也是长阳可以充分利用的政策优势。

（六）后发优势

后发优势是指经济发展落后的国家和地区，由于经济发展相对落后反而带来的有利条件或机遇。长阳作为一个经济发展相对落后的地区，有着明显的后发优势，比如，经济落后使劳动力成本较低，可以吸引更多的投资；由于经济相对落后，在发展的过程中，可以通过技术引进、利用先进地区先进的管理经验、借鉴先进地区的被实践证明较好的制度等手段，实施跨越式发展[1]。

二 长阳县域经济发展模式的选择

一个县域可采用的发展模式有很多种，大多数时候，不可能只采用某种单一的发展模式，基本上都是几种模式都有，平行发展，但这几种模式并不是均衡发展而是有主次的，具体采用哪种为优先发展的模式，必须充分考虑其优势及要素禀赋结构，因地制宜，选择最适合的模式，而不是忽视自身条件，一味谋求他山之石，具体而言要充分考虑该地区的资源禀赋、资本、技术等因素的构成状况。从长阳自身的条件和优势来看，该县具有发展特色农业的比较优势，有丰富的旅游资源。根据第五章所述的县域经济发展模式选择模型，得出的结论是：选择特色农业优先的发展模式和旅游业优先的发展模式。

（一）选择特色农业优先发展模式的依据

选择特色农业作为长阳县域经济优先发展的主导产业，主要基于以下理由：

第一，长阳有发展农业的比较优势[2]。比较优势是构成核心竞争力的条件之一，长阳在反季节蔬菜、淡水渔业、特色瓜果、特色中药材、特种养殖等方面具有不可替代的优势，独占性强，在市场竞争中能获得较明显的价格垄断优势。因而，农业是立县之本，把农业做大做强，由此带动其

---

[1] 参见李忠斌、李海鹏、文晓国《民族贫困地区经济社会协调发展的成功实践——长阳模式的理论思考》，《黑龙江民族丛刊》2010年第2期。

[2] 参见李忠斌《着力培育民族地区县域经济的核心竞争力：长阳县的调查与思考》，中国民族地区农业综合信息网（cscul. scuec. edu. cn/juecezixun/lilunzhidao/20090524/135751_ 5. shtml）。

他产业的良性发展是长阳县域经济发展的首要条件。

第二，长阳有发展农业的历史和现实基础①。长阳长期以来是农业大县，但由于农业对财政的贡献并不突出，对农业在国民经济中的地位和作用始终没有摆正位置，更不可能把农业作为优先产业给予长期的支持。但在新的历史时期，我们也要看到，农业作为地域性很强的产业呈现出其他产业无法比拟的优势，如原产地优势，加上农产品有很大的市场需求，经营风险相对要小，如果在农产品深加工上着力，提高农产品的附加值，扩大农产品的对外贸易，是可以获得很高收益的。而长阳发展农业，尤其是特色农业有较好的历史基础和现实条件，作为优先产业具有先天的优势。

第三，农业的产业链长，对技术的吸收和扩展能力很强②。特别是农产品深加工无论是新产品开发还是新技术应用都有很大的拓展空间。只要能把好农业生产这个关，在结构调整和农产品品质上下工夫，在产品上创立自己的品牌，不断扩大产品的市场份额，以农业为核心竞争产业带动其他产业发展的愿望就能实现。

第四，农业及其加工业既是劳动密集型产业，也是资本密集型产业，它既可以带动千家万户脱贫致富，也可以吸收资本的积极参与，形成以农产品加工为特色的工业体系。从这个意义上讲，培植以农业为特色的县域经济核心竞争力才有广泛的群众基础，才有发展县域经济的内在动力，这也是县域经济核心竞争力能否内聚的重要因素③。

当然，培育以农业产业为特色的县域经济核心竞争力，首要的工作是破除传统的思维，跳出农业看农业，加大农业基础设施的投入力度，推广应用农业先进技术，高起点地发展农产品加工工业，提升产品的档次，同时加大制度创新的力度，确保支持农业优先发展的各项政策落到实处，取得实效，形成全社会关注农业、支持农业，推动农业向更高层次发展的良好氛围。

(二) 选择旅游业优先发展模式的依据

选择旅游业作为长阳县域经济优先发展的另一主导产业，主要基于以下理由：

---

① 参见李忠斌《着力培育民族地区县域经济的核心竞争力：长阳县的调查与思考》，中国民族地区农业综合信息网 (cscul. scuec. edu. cn/juecezixun/lilunzhidao/20090524/135751_ 5. shtml)。

② 同上。

③ 同上。

第一,长阳发展生态旅游具有得天独厚的条件。不仅有秀绝天下的自然景观,而且还有享誉全国的巴土文化。长阳素有"歌舞之乡"、"清江天下秀,长阳歌舞乡"之称,山歌、南曲、巴山舞被誉为"长阳文化三件宝",奇石、盆景、根艺被誉为"长阳文化产业三件宝"。

第二,长阳近年来旅游业的快速发展逐步确立了其在长阳经济发展中的主导地位。目前,长阳旅游总收入占长阳 GDP 的比重达到 10% 左右,这说明旅游业在长阳经济发展中占有重要地位。

第三,从长远看,旅游业是长阳最具发展潜力、最具影响力的朝阳产业。旅游产业对经济发展具有强大的拉动作用,主要表现在增加就业机会、带动相关产业发展、减轻资源环境承载力等方面。与其他产业相比,旅游产业具有很强的关联带动效应。旅游业的发展能够引起许多行业产品和服务的需求,从而能带动第一、第二和第三产业的全面发展。据测算,我国旅游业每收入 1 美元,可使国民经济增加 3.12 美元,使第三产业相应增加 10.7 美元,利用外资金额增加 5.9 美元[①]。同时,旅游产业是一个劳动密集型产业,为旅游者直接提供产品和服务的旅游景区、旅行社、旅游饭店、旅游交通、娱乐购物等都需要大量的劳动力,这就增加了旅游目的地的直接就业机会。因此,作为一个新的经济增长点,旅游业应成为长阳经济发展的主导产业。

第三节 长阳特色农业优先发展模式实施成效、问题与对策

一 长阳县特色农业优先发展模式实施成效

近几年来,长阳县按照建设特色农业大县和"壮大特色基地、培育优势龙头、打造绿色品牌"的发展思路,大力调整农业内部结构,高标准建设了 66 个专业村和 80 个特色农产品示范基地,建成了湖北省最大的优质淡水渔业养殖基地、优质椪柑基地和全国最大的高山无公害蔬菜基地,培育了一批龙头企业,打造了一批精品名牌,成功举办了全国首届高山蔬菜研讨会、清江椪柑文化节、隐龙山木瓜健康饮品推介会等一系列大

---

① 参见叶秀霜主编《旅游经济学》,北京大学出版社 2005 年版,第 22—23 页。

型活动，促进了农村经济发展，农业产业化取得了长足发展。

（一）产业结构得到优化，特色产业基地稳步发展

第一，高山无公害反季节蔬菜特色板块基地面积达到20万亩，种植面积达到30万亩，总产量达到60万吨，蔬菜冷库已达61家，库容量达4万多立方米，日处理量可达5000吨，年实现高山蔬菜产值6亿多元，占全县农业总产值的1/3。长阳高山蔬菜2009年已被列入全国蔬菜重点区域发展规划，长阳县"全国高山蔬菜生产第一县"的历史地位得到了进一步巩固[1]。

第二，以清江和丹水流域为重点的柑橘特色板块基地，面积已达12万亩，其中挂果面积8万亩，全县柑橘产量达6万吨，其中椪柑面积达6万多亩、年产量近2万吨，年实现产值近5000万元。通过连续几年清江椪柑文化节的推介，清江椪柑已享誉荆楚[2]。

第三，以清江早茶和有机茶为特色的茶叶特色板块基地，全县现有茶叶面积近6万亩，其中采摘茶园面积4.66万亩；茶叶产量1500吨，其中名优茶产量近1000吨；茶叶产业收入5000多万元，其中茶农茶叶收入达到了1800万元。都正湾镇茶叶面积达到1.8万亩，已成为长阳县第一大茶叶乡镇。以都镇湾、鸭子口、大堰、资丘、贺家坪等乡镇为重点的茶叶板块已初建规模[3]。

第四，以木瓜、栀果为重点的药杂特色板块基地，全县药材面积已达10万亩，其中栀果4万亩，木瓜3.5万亩；药材总产量达1500多吨，其中栀果824吨、木瓜530吨，实现药材产值1500多万元；近年来，围绕打造"中国魔芋之乡"的战略目标，全县迅速掀起了魔芋产业发展的新高潮。现魔芋种植面积已达3万多亩，其中资丘、渔峡口、榔坪、贺家坪等6个重点乡镇种植魔芋达到2.6万亩[4]。

第五，全县畜牧养殖特色板块基地逐步发展壮大，形成了年生猪出栏60万头，山羊出栏32万只，家禽出笼58万只，年产值6.8亿元的畜牧养

---

[1] 长阳土家族自治县发展和改革局：《长阳土家族自治县农业产业化发展现状及前景》，长阳政府网（fgj. changyang. gov. cn/art/2010/1/12/art_ 658_ 37862. html）。

[2] 同上。

[3] 同上。

[4] 同上。

殖业①。

第六，以清江库区为重点的水产养殖特色板块基地，已成为库区农民致富的新兴产业。目前，全县大库放养面积达到13万多亩、精养网箱面积250亩，渔业总产量达2万吨，创产值2亿元，全县有1500多人依靠发展网箱养殖致富，清江库区沿岸5000多移民依靠渔业捕捞摆脱了贫困，长阳已跻身全省特色水产大县，清江水产业已成为全省的特色产业和县域农业经济发展的重要支柱产业②。

（二）龙头企业快速发展，农业产业化水平大大提高

近几年来，全县农业和农村经济发展以产业经营为主线，着力于农业产业龙头企业扶持和产品市场的开拓，不断延伸产业链，逐步形成了长阳县具有山水特色的高山蔬菜、清江水产、畜牧养殖、椪柑、茶叶、药材、魔芋等产业基地，建立了以一致魔芋生物科技公司、忠信魔芋制品厂、维特魔芋胶公司、清江绿色食品公司、清江鹏博开发公司、中绿食品开发公司、土家嫂特色食品公司、县精制油厂、长阳清江果业公司、隐龙山公司、长龙种猪场等为重点的26家市县级龙头企业，农产品加工业迅速发展。全县各类农产品加工企业已达300多家，年销售收入过千万元的有4家，规模以上农产品加工企业达到9家，市级重点龙头企业13家，农产品加工企业总产值达到5亿元。同时，开拓了农产品外销市场，完善和调整产地批发市场，开辟异地产品"窗口市场"，初步形成了产供销一条龙、贸工农一体化的农业产业化经营格局③。

（三）农民专业合作组织发展加快，农业产业化经营机制日渐激活

近几年来，由于各级领导重视，工作措施得力，各地农民专业合作社发展呈现良好态势。截至目前，全县农民专业合作社已发展到63家，有13家合作社注册了商标，有8家合作社获得国家无公害、绿色、有机食品认证及出口基地备案，全县基本实现"乡镇发展无空白，支柱产业全覆盖"的目标。资丘大树湾巴柑产销合作社探索出的"公司+合作社+农户"的农业产业化经营模式，受到省农业厅领导的充分肯定。中山地区魔芋种植大户由一致魔芋公司牵头，成立了长阳县第一家魔芋专业合作

---

① 长阳土家族自治县发展和改革局：《长阳土家族自治县农业产业化发展现状及前景》，长阳政府网（fgj. changyang. gov. cn/art/2010/1/12/art_ 658_ 37862. html）。

② 同上。

③ 同上。

组织——宜昌长阳清江魔芋专业合作社,该社吸纳社员5100人,有力推动了魔芋产业的快速发展。长阳常家洞茶叶专业合作社,入社会员达1458户、入社茶园面积达5000多亩,销售市场辐射全国各地,每年可实现销售收入2000多万元,已形成"合作社+农户+基地"的新模式,目前该合作社已经进入全省百强合作社前列。农民专业合作社的快速发展带动了周边地区的经济发展,真正起到了"建一个组织,兴一项产业,活一地经济,富一方百姓"的积极作用[1]。

(四)农产品质量安全得到加强,特色品牌大量涌现

全县大力实施无公害食品行动计划,围绕高山蔬菜、清江椪柑、清江茶叶等主导产业加大了无公害生产的管理力度,制定了高山蔬菜、清江椪柑、清江茶叶等无公害生产技术规程和地方标准,加强了农产品质量检验检测,加大了无公害农产品生产检查力度,提高了全县的无公害标准化生产水平,打造了一批绿色品牌。全县农产品品牌已有40多个,其中,有18个农产品获得了全国无公害农产品认证,8个农产品获得了国家A级绿色食品证书,2个农产品获得了国家有机食品认证,农产品"三品"品牌已占50%以上。火烧坪蔬菜、清江椪柑、清江鱼等已成为全省知名的特色品牌,清江鲖鱼荣获"中国名牌农产品"称号[2]。

长阳特色农业优先发展模式的实施,实现了农业增效、农民增收,全县农业、农村经济得到了持续、健康和快速发展,牢牢确立了其在长阳县域经济中的支柱地位。截至2010年,全县农林牧渔业总产值达到27.9亿元,比2005年12.5亿元增长123.2%,农民人均纯收入3610元,比2005年2095元增长了72.3%。这充分说明,长阳优先发展特色农业的思路是正确的。

二 进一步发展面临的问题

长阳特色农业的发展尽管取得长足的进步,发展势态良好,但也应清醒地认识到特色农业发展过程中仍面临一些问题[3]。

---

[1] 长阳土家族自治县发展和改革局:《长阳土家族自治县农业产业化发展现状及前景》,长阳政府网(fgj.changyang.gov.cn/art/2010/1/12/art_ 658_ 37862. html)。

[2] 李辉:《湖北省长阳县:落实科学发展观 提高长阳特色农业综合生产能力》,中国农业推广网(www.farmers.org.cn/Article/ShowArticle.asp? ArticleID =49834)。

[3] 同上。

(一) 生产规模比较小，规模化和集约化程度不高

除蔬菜生产规模 20 万亩，其他产业存在着规模小、分散等问题，如茶叶为 6 万亩，柑橘 12 万亩（挂果的仅 8 万亩），药材虽达 10 万亩，但也十分分散，生猪年出栏 60 万头，山羊出栏 32 万只，由千家万户圈养，规模小，集约化程度低。

(二) 产业链条比较短，特色农产品附加值不高

作为长阳特色农业种植业，需要生产、加工、销售一条龙的作业，然而全县现在还没有一家深加工企业，在农业产业化发展中，重点在加工，难点在加工，发展在加工，出路在加工，因此，仅靠一些冷库，一些粗加工企业，长阳的特色农产品只会带来农产品附加值低、产业链条短的局面不会从根本上改变。

(三) 技术含量比较低，科研投入和技术储备严重不足，优种率低，生产加工工艺落后

表现在每一个产业没有标准化的生产标准，而乡镇综合配套改革，使一些常规技术受到了阻碍，这就造成了农业科技含量低的原因；现在国家有良种补贴、农机补贴等优惠政策，无疑让老百姓得到了实惠，然而科技投入严重不足，在农业局内部有青黄不接、技术断层的趋向；同时，长阳县的加工企业生产加工工艺落后，更严重的是没有深加工企业作支撑。

(四) 标准缺乏领导性，严重制约了特色农产品的品质管理和市场规范

虽然长阳县成立了农产品质量检测站，但是由于工作经费不足，而且乡镇不能够配合相应地面上的工作，因此，农业标准化的生产缺乏领导性，特色农产品的品质管理和市场规范有待加强。

(五) 市场培育较滞后，特色农产品的优质优价难以充分实现

主要表现在两点，一是加工企业不足，带来了短期特色农产品供需矛盾；二是农超对接不好，带来了一些优质农产品不能优价。

三 对策建议

(一) 加大财政政策争取力度，提供可靠资金保障

财政支持是提高特色农业生产能力的最有效措施，要在六个方面加大财政政策支持力度，一是县委、县人民政府制定切实可行的政策和措施，根据长阳县国民经济发展的状况，确定相应比例用于农业特色产业的发

展；二是巩固和完善农技推广体制，建立县、乡镇、村三级网络推广体系；三是鼓励生产、加工、销售大户，在政策上、资金上、技术上进行扶持；四是成立专业协会组织，增加其组织化、集约化、科技化的生产方式；五是利用现有的政策进行资金支持，如捆绑阳光工程、雨露计划、春风行动、退耕还林培训资金对农民进行技能培训，增加农民的科学种田水平；捆绑农机补贴、农业开发、退耕还林的建设经费对承担生产、加工、销售企业进行资金扶持；六是针对发展潜力大、科技含量高的生产、加工企业由财政写出可行性研究报告，向上争取专门资金，促进特色种植业发展。

（二）加大政府投入引导力度，增加农产品生产能力

按照市场导向、突出重点、有稳有扩、以质取胜的原则，稳定发展种植业，积极发展畜牧业，加快发展水产业，着力构建优质、高产、高效、生态、安全的农产品基地。一是高山蔬菜产业：做到稳定规模，优化结构，提升品质，改善环境，培优壮强全省高山无公害反季节蔬菜基地。二是清江水产业：做到网箱养殖和大库放养相结合，建成全国最大的无公害淡水鱼养殖出口创汇基地。三是药杂产业：建设以木瓜、栀果为主的半高山药材基地。四是水果产业：以清江椪柑为主体，走规模与特色相结合的路子，发展椪柑，改造蜜柑，在清江、丹水流域建设10万亩柑橘基地，产量达到20万吨，其中椪柑16万吨。五是茶叶产业：高标准改造现有茶园，推广无性系繁殖技术，分别建成有机茶基地、清江早茶基地。六是畜牧业：着力建设养殖小区，加速品种改良，加强疫病防控。发展种草养羊，推广舍饲圈养模式，建设优质肉羊产业带。

（三）加大科技推广投入力度，提高特色农产品品质

农业的发展一靠政策，二靠科技，三靠增加投入。邓小平同志指出，科学技术是第一生产力。在长阳县农业特色种植业中，我们要以科学发展观为指导，重视和加强科技投入的力度，一是要加大科技体系的建设力度，建立县、乡镇、村三级配套的网络推广体系，要加强高山蔬菜研究所、文家坪农科所、津洋口农科所、云台荒药材场、高家堰柑橘研究所的支持力度；二是要提高农民素质，集全县之力，大力开展农业科技培训，当前，重点开展高产建园技术、测土配方施肥技术、无公害栽培技术、植保综合防治技术、农产品加工及营销技术，从而通过提高农民素质，实现高产优质的目的；三是进行低产田的改造，重点是砾石多、土质薄、坡度

大的田块，要利用水土流失综合治理、退耕还林等政策开展农田水利基本建设；四是在规模种植区域建立植保测报点、土肥检测点，用于指导农业生产；五是引进优秀科技人员、企业家，参加农业产业化建设。

（四）加大农业产业化龙头企业培育力度，提高产品附加值

要在做大做强现有龙头企业的同时，继续加大招商引资力度，引进2—3家知名企业到长阳县落户兴业。要把扶持龙头企业作为农业产业化信贷支持的重点，在资金安排上予以重点倾斜，适时组建龙头企业信用担保公司，为龙头企业拓宽融资渠道。一是加快培植一批集冷藏、加工、销售为一体的蔬菜龙头企业。规范高山蔬菜冷库发展；扶持嘉禾绿色产业公司、中绿公司尽快形成蔬菜加工大龙头。二是加快发展柑橘加工、外销龙头企业。以清江果业公司为依托，在全县建成10条柑橘打蜡线，提升椪柑外销水平，提高产品附加值。三是积极组建茶叶产业集团。以新农茶业有限公司、清江茶厂、常家洞茶厂为龙头，网罗重点乡镇区域的10家重点茶厂，逐步形成全县茶叶生产大网络。四是积极筹建生猪加工龙头企业。整合全县分散的猪肉制品加工场（点）和生猪定点屠宰场资源，通过招商引资建立年加工生猪10万头以上的龙头加工企业。盘活清江肉羊加工厂，搞好肉羊加工。五是加快水产品加工企业建设。以金山渔业公司、清江银鱼公司、山野食品公司为基础，形成集水产加工、冷藏、储运为一体的龙头企业，对外拓展市场，对内带动全县水产业的发展。六是加快药材和红薯综合开发与利用。扶持清江天然色素厂、土家嫂特色食品公司、隐龙山食品公司等企业，支持长阳绿色薯业公司、龙发酒业公司发展红薯深加工。

（五）加快制定特色农产品生产标准，加强市场保护工作

大力推广使用国家无公害食品生产标准，认真做好无公害农产品产地认证，完成高山蔬菜省级地方标准的发布，逐步建立椪柑、茶叶等特色产品的地方标准，实现生产标准化。在优势农产品产区建立检验检测机构，率先推行市场准入和产品质量安全例行检验制度，加速对生产过程、生产投入品和产品质量的监测、检测体系建设。大力实施品牌战略。对高山蔬菜、清江椪柑等特色农产品申请国家原产地域产品保护。支持农副产品注册商标，整合现有农产品品牌，引导已形成产业规模、知名度较高的原产地域产品申办国内外商标注册，逐步用商标来启动名牌创立。建立名牌奖励制度，对在开发名牌产品中贡献突出的企业和个人予以奖励。

（六）加大特色农产品市场培育力度，不断开发新兴市场

首先要大力发展各类中介组织，提高农民的组织化程度。培优一个龙头企业，提升行业文化；积极支持农产品加工企业通过签订订单、委托生产、保护价收购、入股分红等形式，与农户建立紧密的利益联结机制，稳定农产品产销关系。积极组建蔬菜、茶叶、椪柑、畜牧、药材等行业协会，每个行业协会建一个精品园地，指导一个产业发展，开拓一方市场，选育一个优良品种农产品经销专业大户和农村经纪人，逐步实现统一品牌、统一标准、统一收购、统一营销，共同开拓市场，抗御风险。建立鲜活农产品"绿色通道"，创造宽松的农产品流通环境。健全信息网络，拓展网上交易。规范信息采集、分类，将本县名、优、稀、特产品通过互联网发布，利用信息"高速公路"扩大农产品销售网络。其次，各级党委和政府要建立农业信息服务中心，帮助农民建立农超对接，从而规范产品质量、规范销售方式，促进优质优价，促进长阳县特色农业长期、协调、可持续发展。

第四节　长阳旅游业优先发展模式实施成效、问题与对策

一　长阳县旅游业优先发展模式实施成效

长阳县立足优越的"清江水·土家源"等特色资源优势，抢抓鄂西生态文化旅游圈建设机遇，举全县之力争创清江画廊国家5A级旅游景区，着力建设百里清江生态文化旅游产业带，不断加快景区景点和旅游配套设施建设，核心景区景点面貌日渐改观，旅游服务接待软硬件环境不断改善，旅游宣传促销成效显著，旅游经济保持了持续快速增长的良好势头，为进一步建设中国旅游强县打下了坚实基础。旅游业对县域经济的拉动作用显著增强，正日渐成为富民强县的主导产业。

（一）明确了发展思路

面对清江画廊中国顶级、世界一流的旅游资源，以及长阳悠久灿烂的巴土文化，长阳县确立了"旅游兴县"发展战略，作出了"整合旅游资源，加快提档升级，建设文化旅游名县"的兴旅活县思路，提出了"把长阳建设成为三峡旅游目的地、宜昌都市后花园和中国三大山水文化品

牌"的发展目标,特别是在湖北省部署构建鄂西生态文化旅游圈的重大战略后,长阳抢抓千载难逢的历史机遇,决心以争创清江画廊国家5A级旅游景区为战略举措,着力打造百里清江生态文化旅游产业带,力争使长阳清江旅游成为鄂西生态文化旅游圈的一大靓丽品牌①。

(二)编制了总体规划

2009年、2010年,长阳县先后启动了《长阳土家族自治县旅游条例》的立法与《全县旅游发展总体规划》的编制工作。县委、县政府坚持从"中国顶级、世界一流"的高度谋划清江画廊开发,立足建设国内最佳旅游胜地,高标准规划,高起点目标定位,高要求发展措施。为确保开发建设工作科学化、系统化实施,聘请了国内著名的设计单位反复论证,制定了武落钟离山等重要景点的建设规划,编制了《清江画廊旅游度假区创建国家5A级景区总体方案》,并制订了实施方案和建设方案,确保了规划的科学性、权威性、可行性②。

(三)打造了旅游品牌

全县以开放、开发的理念,推进旅游区域合作,打造清江画廊旅游强势品牌,先后成功与中国三峡总公司合作,实施互补共赢、优势对接,共同打造"三峡大坝—清江画廊"世界级品牌旅游目的地。同时,全县采取市场运作的方式,以巴土文化为灵魂,以文体活动为载体,积极促进文化与旅游的充分融合,把文体赛事与营销推介活动有机结合,大手笔宣传清江画廊,先后成功举办了武汉"长阳土家文化周"、连续四届中国长阳清江画廊横渡接力挑战赛和央视"山歌好比清江水"大型歌会等颇具影响的文化旅游宣传促销活动,打造了《梦幻土家》等土家原生态民族歌舞,与央视、湖北卫视合作拍摄制作了《长阳人之谜》等专题片,使"神秘清江、梦幻土家、魅力长阳"的对外影响力、吸引力显著增强,清江旅游的品牌形象、知名度和美誉度不断提升,长阳旅游已浩阔呈现"清江画廊千帆竞发"的火热场景③。

(四)改善了旅游设施

旅游设施是旅游六要素的体现。近几年来,紧紧围绕旅游六要素逐步

---

① 参见李晓东《长阳生态文化旅游业助推民族经济发展——访中共长阳土家族自治县县委书记马尚云》,《中国民族报》2010年3月12日第14版。
② 同上。
③ 同上。

健全旅游产业体系。旅游交通得到改善。随着沪蓉高速、宜万铁路的全线贯通，白龙高速接线路的完成，龙舟坪至隔河岩道路的黑化，旅游交通优势越来越明显。旅游接待设施档次逐步提高。全县三星级宾馆发展到3家，二星级宾馆1家，正在创三星1家；旅行社1家，旅行社门市部2家；旅游车船公司3家，旅游船舶72艘，旅游车辆363辆。清江画廊景区推进5A景区创建，基础设施全面提档升级。核心景点武落钟离山改造工程顺利推进。游船更新换代步伐加快。启动了土家风情街、景区标识系统改造，进行了游客中心的选址与设计等相关基础设施的建设。全县已基本形成以"食、住、行、游、购、娱"等要素为主体，其他相关产业为支撑的旅游产业体系。

（五）加快了旅游项目建设

围绕发展壮大清江画廊旅游大做项目文章，成功引进了一批投资过亿、过十亿的"巨商大贾"落户长阳开发清江旅游，项目协议投资额已近百亿元，使百里清江生态文化旅游产业带基本形成，极大地提升了清江画廊的档次和品位。全县通过大力招商引进，先后有香港大诚公司、湖北致远集团、稻花香集团，以及山东、山西、贵州等全国实力雄厚的客商慕名来到长阳清江旅游"投资洼地"，启动实施清江画廊旅游接待服务区、县城旅游功能配套、中华巴土圣山—武落钟离山旅游开发项目、北纬30°岛之世外桃源、清江古城、清江愚人岛生态休闲旅游度假区、清江画廊度假村、龙津星城、长阳新城、渔峡口盐池温泉度假区、麻池苏区红色旅游体验区、资丘巴王洞探险旅游、天柱山避暑、倒影峡清江大佛朝拜、旅游景区公路等总投资额近100亿元的重点旅游项目[①]。

长阳县通过大力实施生态文化旅游名县建设战略，开辟了民族地区县域经济又好又快发展之路，产生了一系列巨大发展效应。

效应之一：清江画廊催生"品牌效应"。五年来，以清江画廊为核心的长阳清江旅游连续跃居三峡宜昌旅游发展前列，2009年共接待国内外游客135.8万人次，实现旅游综合收入5.8亿元，其中国家4A级旅游景区清江画廊全年接待游客65万余人次。清江画廊品牌荣居"全国民族文化旅游新兴十大品牌"榜首，清江"旅游航母"已在全国打响，并开始

---

① 参见李晓东《长阳生态文化旅游业助推民族经济发展——访中共长阳土家族自治县县委书记马尚云》，《中国民族报》2010年3月12日第14版。

走向世界①。

效应之二：清江画廊催生"洼地效应"。随着清江画廊的声名远播，长阳清江生态文化旅游业急剧发展，长阳对外知名度和影响力明显提升，使长阳成为一片投资兴业的沃土。近年来，全县招商引进项目达80余个，其中投资过亿元者达20多个，规划投资额超过130亿元。2009年，在国际金融危机冲击下，全县逆势而上，引进规模以上项目13个，协议投资额达31.4亿元；新增规模以上企业17家，达62家，其中产值过亿元的企业达7家②。

效应之三：清江画廊催生"倍增效应"。一业突破，带动数业"倍增"。清江画廊直接带来了长阳生态文化旅游业的重大突破，同时带来空前的人流、物流和信息流、资金流，极大地催生了长阳特色农业和新型工业的迅猛发展，推动全县经济社会步入了科学发展、全面发展、快速发展的轨道。2009年，全县实现生产总值54.75亿元，增长12.5%；固定资产投资19.8亿元，增长39.4%；财政收入3.93亿元，增长11.5%。长阳先后荣获"全国民族团结进步模范集体"、"中国民间艺术之乡"和"全国文化先进县"、"湖北旅游强县"等称号，正跻身于湖北省山区县（市）和全国民族自治县前列③。

这些成效的取得，说明长阳选择旅游业优先发展模式是正确的，而且应该沿着这个发展思路将长阳旅游业进一步做大、做强、做精。

二 进一步发展面临的机遇与挑战

"十二五"时期是长阳县旅游业加速发展与转型的关键时期，面临着很多的机遇与挑战④。

（一）面临的机遇

第一，全面贯彻实施《国务院关于加快发展旅游业意见》带来的机遇。意见明确提出，要将旅游业培育成国民经济的战略性支柱产业和人民群众更加满意的现代服务业，将会出台一系列支持旅游发展的举措。2010

---

① 参见李晓东《长阳生态文化旅游业助推民族经济发展——访中共长阳土家族自治县县委书记马尚云》，《中国民族报》2010年3月12日第14版。

② 同上。

③ 同上。

④ 参见长阳县旅游局《长阳土家族自治县旅游业"十二五"发展规划》，清江画廊网（www.qjhlw.com/web1/tjd_news_show.asp?id=1121）。

年7月,国务院办公厅印发了《贯彻落实国务院关于加快发展旅游业意见重点工作分工方案》,进一步要求各有关部门提高对加快发展旅游业重要意义的认识,强化大旅游和综合性产业观念,把旅游业作为新兴产业和新的经济增长点加以培育、重点扶持。

第二,国家主体功能区政策和武陵山经济协作区规划带来的机遇。在国务院原则通过的《国家主体功能区规划》中,长阳县被确定为国家限制开发区,同时长阳县正在积极争取纳入武陵山经济协作区范围。这两项政策的实施,对长阳县保护生态环境、加快旅游基础设施建设将起到十分积极的推动作用。

第三,湖北省鄂西生态文化旅游圈战略深入推进带来的机遇。随着湖北省全面推进鄂西生态文化旅游圈战略,长阳县面临着旅游基础设施改善、资源整合及品牌提档升级等难得机遇。

(二) 面临的挑战

第一,旅游资源优势还没有很好地转化为旅游经济优势,旅游业发展整体水平还不高,与旅游先进地区相比还有很大差距。

第二,周边地区旅游业发展步伐不断加快,给长阳旅游业发展形成了较大的外部竞争压力。

第三,长阳的旅游与周边旅游同质化现象严重,都在发展,在较短的时间内难以形成具有竞争力的产品。

第四,旅游业发展过程中存在旅游资源整合不够、旅游品牌知名度不高、发展方式比较粗放、旅游企业不大不强、旅游关联带动作用发挥不够等问题。

三 对策建议

(一) 优化空间布局,努力形成旅游资源的整体合力

长阳旅游发展目前存在着旅游景点分散,规模不大、旅游资源具有同质性现象、旅游文化潜力挖掘力度不够等问题。客观上要在空间上优化布局,科学整合,形成科学合理的旅游循环圈,进行有序开发,联动发展,发挥整体效应。在分析旅游资源空间分布状况的基础上,只有通过构建系列主题整合旅游资源,形成旅游产业发展循环圈,才能从整体上挖掘旅游资源的开发潜力,从而拉动区域旅游业的发展。长阳旅游发展循环圈的建设要在考虑空间联结性、文化互补性、主题协调性的基础上进行构建,基于此,长阳旅游发展循环圈具体指长阳县域内的清江沿线范围包括高洲

坝—龙舟坪—清阳画廊一线，通过以龙舟坪为循环圈上的主要核心、渔峡口为次级核心、资丘为连接节点，循环链接到椪坪、高家堰、白氏坪高速出口形成一个大的旅游循环圈。对圈上的各个景区景点合理规划，联动发展，通过深度挖掘土家文化、山水文化、红色文化、巴人文化，形成集文化、山水、休闲、度假、观光旅游于一体的旅游发展循环圈，进而发挥其集聚效应，提升其整体功能，在提高长阳旅游形象和吸引力的同时，加强圈上各旅游景点的联动效应，实现旅游业的良性协调发展①。

根据旅游资源特色相似、联系紧密、交通便捷、管理方便及主题衔接等原则，将长阳县旅游业发展的格局划分为五个主题旅游发展片区，通过旅游发展主题的确立、旅游资源开发及支撑项目的设计和旅游业基本要素的配置，形成功能特色鲜明、吸引力强的五大旅游主题区。一是以县城龙舟坪镇为中心的中心综合旅游区，包括龙舟坪镇、磨市愚人岛，重点通过休闲商务会展文化旅游城、愚人岛及县城周边度假地产等支撑项目的建设，大力开发城市、乡村休闲度假游，形成旅游集散地、商务会议中心、度假地产、旅游文化中心、购物中心、接待中心，打造主题鲜明的城市旅游区。二是以椪坪镇、渔峡口镇为中心，以盐池温泉养生旅游项目、山地养生旅游项目为支撑项目，重点突出和打造以温泉养生、山地养生为主的以生态养生度假为主题的椪坪养生度假旅游区。三是以巴人文化、土家文化、红色文化、古镇文化、山水文化为中心，包括香炉石—白虎垄—资丘—麻池（含天柱山）的区域，重点开发以香炉石巴国故都文化旅游项目、资丘土家族根文化旅游项目、麻池红色旅游项目为主题的民族文化体验度假旅游区；四是生态度假旅游区，主要是在隔河岩大坝到资丘的区域，利用其优越的自然生态环境和浓郁的文化氛围开展生态度假旅游，重点开发北纬30°岛、武落钟离山、塘坊河乡村度假，形成鲜明的生态度假主题；五是以兰草谷为中心的运动康体旅游区，通过整合提升兰草谷漂流旅游项目、大溪山地运动项目，构建以运动康体为主题的度假旅游区。五大旅游区建设以增强长阳县的旅游吸引力为主要开发建设方向，以各大旅游区的功能定位为参照，重点建设具有先导性和支撑性的旅游景区和项目，配套完善各旅游区内部的旅游服务和基础设施，以此拉动区域内其他

---

① 参见长阳县旅游局《长阳土家族自治县旅游业"十二五"发展规划》，清江画廊网（www.qjhlw.com/web1/tjd_ news_ show.asp? id＝1121）。

旅游景区的发展，加强区域间的协作，形成各旅游功能区之间分工合理、各具特色、优势互补、协调发展的格局①。

（二）突出工作重点，大力推进景区景点提档升级

第一，观光旅游精品化。牢牢把握创建国家 5A 级旅游景区的机遇，以清江山水画廊为核心建设中国最美的山水旅游品牌，全面加快景点改造和游船改造升级，进一步优化清江画廊旅游环境，努力实现观光旅游的精品化转型②。

第二，文化旅游特色化。重点突出土家族发祥地的垄断性文化特色，以武落钟离山为核心建成中华巴土圣山，让民族文化全方位融入旅游消费要素，进一步营造清江民俗风情浓郁氛围，努力实现文化旅游的特色化转型③。

第三，休闲度假高端化。大力推进与三峡旅游的联动发展，以清江画廊众多岛屿为核心建成主题鲜明的生态休闲度假板块，进一步建造高档度假宾馆和高端娱乐项目，努力实现休闲度假的高端化转型④。

（三）加强宣传推介，奋力拓展旅游客源市场

完善政府主导、企业主体、部门联动、市场运作的旅游营销机制，构建政府营销形象、企业营销景区、旅行社营销线路的新格局。抓好旅游品牌策划，立足"清江水、土家源"这一垄断性资源，全力打造清江画廊和土家源两大核心品牌，围绕如何融入三峡，连接恩施，介入张家界，筹划产品和项目，争创国家级旅游度假区、国家 5A 级景区、中国旅游强县三大品牌。继续推进与中央电视台、湖北电视台等新闻媒体和知名旅行社的大合作，实现景区、旅行社、媒体三方联动，共同开发大市场。积极参加鄂西生态文化旅游圈以及海内外的各种旅游宣传、推介、交易活动，提高长阳旅游的对外知名度，让长阳走出国门，走向世界。充分挖掘巴土文化，继续在海内外知名城市举办"土家文化周"，让更多的朋友了解神秘长阳，走进秀丽清江；加强与"世界横渡之王"张健合作，把清江建成户外水上竞赛基地，举办国际赛事，让各国选手走进长阳，畅游清江。加

---

① 参见长阳县旅游局《长阳土家族自治县旅游业"十二五"发展规划》，清江画廊网（www.qjhlw.com/web1/tjd_news_show.asp?id=1121）。

② 同上。

③ 同上。

④ 同上。

大媒体广告、道路广告和车站码头机场广告宣传力度，让"长阳·中国土家族摇篮"和"八百里清江美如画，三百里画廊在长阳"尽人皆知。

（四）强化行业建设，全面提升旅游服务质量

加强旅游行业管理，健全旅游监管体系，落实政府、经营主体、相关部门的监管责任。制定旅游突发公共事件应急预案并定期演练，建立旅游安全应急救助的保障机制。加强旅游服务质量监督管理和旅游投诉处理，维护游客合法权益。加强旅游行业精神文明建设，开展诚信旅游创建活动，制定旅游从业人员诚信服务准则，建立旅行社、旅游购物店信用等级制度。开展"文明风景旅游区"、"文明示范窗口"、"青年文明号"、"巾帼示范岗"等创建活动。支持旅游行业协会的成立和发展壮大，充分发挥其行业自律、推动旅游发展的作用。

（五）加快旅游基础设施建设步伐，夯实旅游发展基础

按照"对接外部大交通、链接县内各景区、建设旅游循环线"的原则，规划建设一批旅游交通基础设施项目，着力改善旅游交通条件，提高旅游景区的通达水平。加快建设沪渝高速白氏坪出口至县城接线路工程，并继续按照"黑化、亮化、绿化、美化、民居民族化"的要求，加快沪渝高速白氏坪出口至清江画廊旅游码头即长阳生态走廊的建设。加大县域放射性出口通道工程建设，启动鄂西生态文化旅游圈项目贺家坪至秭归茅坪二级公路新建，磨市至愚人岛旅游公路，实施下渔口至水布垭二级公路改造工程。完善清江沿线旅游码头设施，加强清江航道管理。加快城区公共交通提档升级步伐，开通县城直达各主要景区的旅游客运专线。

第八章

结论与展望

第一节 研究结论与主要创新点

一 研究结论

本书以区域经济学、发展经济学、产业经济学、民族经济学等为理论基础,对少数民族贫困地区县域经济发展模式进行了理论与实证研究。通过研究,得出如下结论:

(一)界定了少数民族贫困地区县域经济的内涵与外延

少数民族贫困地区的县域经济,从内涵上说,就是指以少数民族贫困地区的行政县为范围,以实现少数民族贫困地区城乡一体化和城乡经济协调发展为目标的区域经济;从外延上说,就是指少数民族贫困地区范围内的县域经济,从行政区划看,主要指我国少数民族聚居的贫困县,包括少数民族地区县级行政区划单位和非民族地区少数民族自治县中的国家级贫困县。

(二)明确了少数民族贫困地区县域经济的特征与差距

少数民族贫困地区的县域经济除了具有县域经济的一般特征外,还具有以下一些特征:民族性;落后性;以农牧业为主导;经济规模总量偏小,结构不合理,运行质量差;城镇建设规模小,城镇化水平低,城镇的极化效应难以发挥;对外开放不够,以内向型经济为主,难以融入全国经济大循环;人才短缺;科技落后;长期实行粗放式经济增长模式。少数民族贫困地区县域经济发展总体上比较落后,和全国平均水平相比,在县域经济规模、经济发展水平、经济运行质量、工业化程度、经济发展环境等方面都存在较大差距。导致全方位差距的原因也是多方面的,主要包括思想观念因素、区位条件因素、基础设施因素、资源因素、体制因素等。因此，探索少数民族贫困地区的县域经济发展模式必须立足于少数民族贫困地区的基本县情。

（三）对国内外县域经济发展的典型模式进行了总结和经验借鉴

通过对法国地中海沿岸地区的发展模式、日本大分县开展的"一村一品"运动、美国北卡罗来纳州振兴地方经济的激励计划的研究，得到几点启示：重视区域政策在政府宏观调控中的作用；通过加强法律法规建设来提高调控能力；进一步增强对贫困地区的资金扶植力度；高度重视中小企业对地区经济发展的促进。通过对温州模式、苏南模式、农安模式、义乌模式、晋城模式、顺德模式、晋江模式、昆山模式的分析，总结出国内县域经济发展的几点经验：转变思想观念与所有制结构；积极推动县域"三化"建设；依靠区域特色发展壮大县域经济；提高县域经济的核心竞争力；借助招商引资发展县域经济；积极支持和发展县域民营经济；高度重视对外开放和对外合作；立足创新。通过对国内外县域经济发展的典型模式进行了总结，为少数民族贫困地区发展县域经济提供经验借鉴。

（四）构建了少数民族贫困地区县域经济发展模式的分析框架

该分析框架为：首先运用战略分析方法对县域的内外环境进行分析，对内主要包括：经济发展水平、自然资源、区位条件、社会环境条件等；对外主要是结合县域当前的外部环境，在此基础上，根据主导产业的选择基准，突出特色，提出县域经济的发展模式。

（五）提出了少数民族贫困地区县域经济发展的基本模式

基于不同县情，提出了少数民族贫困地区县域经济发展可采用的七种基本模式，即以新型工业化优先的发展模式、以特色农业优先的发展模式、以旅游业优先的发展模式、以资源开发优先的发展模式、以新型城镇化优先的发展模式、以民营经济优先的发展模式、以劳务输出优先的发展模式。

（六）阐述了少数民族贫困地区县域经济发展模式的选择与实施方法

确立了少数民族贫困地区县域经济发展模式的选择原则，建立了基于AHP和BP人工神经网络的少数民族贫困地区县域经济发展模式选择模型，从更新发展观念、创新体制机制、加快"四化"进程、培育市场主体、优化发展环境、强化发展保障等方面提出了少数民族贫困地区县域经济发展模式的实施策略，并从经济增长、基础设施、工业化、城市化水平、物质文化生活水平、社会公平度、对外开放程度、资源环境协调发展等方面构建了评价指标体系，采用因子分析法和模糊综合评价法对少数民族贫困地区县域经济发展模式实施的绩效进行评价。

（七）对湖北省长阳土家族自治县县域经济发展模式进行了实证研究

通过对长阳土家族自治县县域经济发展模式的选择与实施进行实证研究，认为长阳县应采取以特色农业和旅游业优先发展的模式。其实施成效表明，这种发展模式是最符合长阳县情的发展模式。

二 主要创新点

本书的主要创新点有：

（一）研究对象上的创新

目前，国内对于贫困问题的研究主要集中于对西方贫困理论的介绍以及对财政扶贫的研究，而将民族地区贫困问题和县域经济结合起来加以研究的并不多见。本书基于县域经济的重要地位和民族地区贫困县较多的现状，以少数民族贫困地区县域经济发展模式作为研究对象，具有一定的创新性。

（二）模式设计上的创新

本书将共性研究与个性分析相结合，通过对国内外县域经济发展的典型模式的总结，归纳出县域经济发展的普遍规律，在此基础上立足于少数民族贫困地区的实际，对其县域经济发展模式进行创新设计，提出了七种基本模式，为少数民族贫困县科学制定发展战略提供了重要的参考依据。

（三）研究方法上的创新

本书在研究中综合运用统计调查法、因子分析法、模糊综合评价法、对比分析法等多种定量研究方法对少数民族贫困地区县域经济的现状和发展水平进行定量研究，从中发现问题、寻找规律，将定量研究的结果作为立论和结论的依据，使本书具有较强的科学性。

第二节 进一步研究的方向

本书主要对少数民族贫困地区县域经济发展模式的构建与实施进行了研究，许多重要的理论和实践问题还有待于进一步深入探讨。未来的研究方向主要包括：

第一，通过跟踪调查与数据分析对本研究提出的少数民族贫困地区县域经济发展的各种具体模式的应用进行跟踪研究，以进一步探索各种模式的有效性与适用性。本书对七种基本模式选用条件与实施途径进行了初步研究，但对各种模式的有效性与适用性还需进一步跟踪研究。

第二，结合少数民族贫困地区发展过程中的新情况、新现象、新问题，不断总结、归纳，提炼出适合少数民族贫困地区县域经济发展的新型模式。

第三，将少数民族贫困地区县域经济发展与区域经济发展结合起来进行研究，探讨跨县域经济的发展模式及其运行机制。少数民族贫困县之间既有相似性又有互补性，如何突破县域局限，从区域大视野来整合资源、协同发展、互利双赢，也是促进少数民族贫困地区发展值得研究的重要课题。

附　录

附录一

民族自治地方国家扶贫工作重点县一览（2006年）

地区	数量	县（旗、市）名称
河北	5	丰宁满族自治县、宽城满族自治县、围场满族蒙古族自治县、青龙满族自治县、孟村回族自治县
内蒙古	31	托克托县、武川县、和林格尔县、清水河县、固阳县、达尔罕茂名安联合旗、宁城县、林西县、巴林左旗、巴林右旗、克什克腾旗、翁牛特旗、喀喇沁旗、敖汉旗、库伦旗、奈曼旗、科尔沁右翼中旗、扎赉特旗、多伦县、太仆寺旗、化德县、商都旗、察哈尔右翼前旗、察哈尔右翼中旗、察哈尔右翼后旗、四子王旗、准格尔旗、鄂托克前旗、杭锦旗、乌审旗、伊金霍洛旗
吉林	4	龙井市、和龙市、汪清县、安图县
黑龙江	1	杜尔伯特蒙古族自治县
湖北	9	长阳土家族自治县、恩施市、来凤县、建始县、鹤峰县、利川市、咸丰县、宣恩县、巴东县
湖南	11	桑植县、江华瑶族自治县、城步苗族自治县、通道侗族自治县、泸溪县、凤凰县、花垣县、保靖县、古丈县、永顺县、龙山县
广西	28	龙胜各族自治县、隆安县、马山县、天等县、龙州县、田东县、平果县、德保县、靖西县、那坡县、凌云县、乐业县、西林县、田林县、隆林各族自治县、南丹县、天峨县、凤山县、东兰县、巴马瑶族自治县、都安瑶族自治县、大化瑶族自治县、罗城仫佬族自治县、环江毛南族自治县、忻城县、融水苗族自治县、三江侗族自治县、金秀瑶族自治县

续表

地区	数量	县（旗、市）名称
海南	5	五指山市、白沙黎族自治县、琼中黎族苗族自治县、陵水黎族自治县、保亭黎族苗族自治县
重庆	5	黔江区、石柱土家族自治县、彭水苗族土家族自治县、酉阳土家族自治县、秀山土家族苗族自治县
四川	20	马边彝族自治县、小金县、黑水县、壤塘县、雅江县、新龙县、石渠县、色达县、理塘县、盐源县、普格县、布拖县、金阳县、昭觉县、喜德县、越西县、甘洛县、美姑县、雷波县、木里藏族自治县
贵州	36	道真仡佬族苗族自治县、务川仡佬族苗族自治县、关岭布依族苗族自治县、镇宁布依族苗族自治县、紫云苗族布依族自治县、威宁彝族回族苗族自治县、印江土家族自治县、沿河土家族自治县、松桃苗族自治县、黄平县、施秉县、三穗县、岑巩县、天柱县、锦屏县、剑河县、台江县、黎平县、榕江县、从江县、雷山县、麻江县、丹寨县、荔波县、独山县、平塘县、罗甸县、长顺县、三都水族自治县、兴仁县、普安县、晴隆县、贞丰县、望谟县、册亨县、安龙县
云南	51	禄劝彝族苗族自治县、寻甸回族彝族自治县、宁蒗彝族自治县、普洱哈尼族彝族自治县、墨江哈尼族自治县、景东彝族自治县、镇沅彝族哈尼族拉祜族自治县、江城哈尼族彝族自治县、孟连傣族拉祜族佤族自治县、澜沧拉祜族自治县、西盟佤族自治县、双江拉祜族佤族布朗族傣族自治县、沧源佤族自治县、梁河县、泸水县、福贡县、贡山独龙族怒族自治县、兰坪白族普米族自治县、香格里拉县、德钦县、维西傈僳族自治县、弥渡县、永平县、云龙县、洱源县、剑川县、鹤庆县、漾濞彝族自治县、南涧彝族自治县、巍山彝族回族自治县、双柏县、南华县、姚安县、大姚县、永仁县、武定县、绿春县、泸西县、元阳县、红河县、金平苗族瑶族傣族自治县、屏边苗族自治县、文山县、砚山县、西畴县、麻栗坡县、马关县、丘北县、广南县、富宁县、勐腊县
甘肃	14	张家川回族自治县、天祝藏族自治县、临夏县、康乐县、永靖县、广河县、和政县、东乡族自治县、积石山保安族乡族撒拉族自治县、合作市、临潭县、卓尼县、舟曲县、夏河县
青海	12	大通回族土族自治县、民和回族土族自治县、化隆回族自治县、循化撒拉族自治县、尖扎县、泽库县、甘德县、达日县、玉树县、杂多县、治多县、囊谦县

续表

地区	数量	县（旗、市）名称
宁夏	8	盐池县、同心县、固原县、海原县、西吉县、隆德县、泾源县、彭阳县
新疆	27	疏附县、疏勒县、英吉沙县、莎车县、叶城县、岳普湖县、伽师县、塔什库尔干塔吉克自治县、乌什县、柯坪县、和田县、墨玉县、皮山县、洛浦县、策勒县、于田县、民丰县、巴里坤哈萨克自治县、阿图什市、阿克陶县、阿合奇县、乌恰县、尼勒克县、察布查尔锡伯自治县、托里县、青河县、吉木乃县
西藏	74	拉萨市城关区、林周县、当雄县、尼木县、曲水县、堆龙德庆县、达孜县、墨竹工卡县、那曲县、嘉黎县、比如县、聂荣县、安多县、申扎县、索县、班戈县、巴青县、尼玛县、昌都县、江达县、贡觉县、类乌齐县、丁青县、察雅县、八宿县、左贡县、芒康县、洛隆县、边坝县、林芝县、工布江达县、米林县、墨脱县、波密县、察隅县、朗县、乃东县、扎囊县、贡嘎县、桑日县、琼结县、曲松县、措美县、洛扎县、加查县、隆子县、错那县、浪卡子县、日喀则市、南木林县、江孜县、定日县、萨迦县、拉孜县、昂仁县、谢通门县、白朗县、仁布县、康马县、定结县、仲巴县、亚东县、吉隆县、聂拉木县、萨嘎县、岗巴县、樟木口岸办事处、噶尔县、普兰县、札达县、日土县、革吉县、改则县、措勤县

资料来源：中央政府网 http://www.gov.cn/test/2006-07/14/content_335883.htm。

附录二

民族自治地方国家扶贫工作重点县一览（2012年）

地区	数量	县（旗、市）名称
河北	3	丰宁满族自治县、围场满族蒙古族自治县、青龙满族自治县
内蒙古	31	武川县、宁城县、林西县、巴林左旗、巴林右旗、翁牛特旗、喀喇沁旗、敖汉旗、库伦旗、奈曼旗、阿鲁科尔沁旗、科尔沁左翼中旗、科尔沁左翼后旗、科尔沁右翼前旗、科尔沁右翼中旗、扎赉特旗、太仆寺旗、化德县、商都旗、察哈尔右翼前旗、察哈尔右翼中旗、察哈尔右翼后旗、四子王旗、鄂伦春自治旗、莫力达瓦达斡尔族自治旗、卓资县、兴和县、阿尔山市、突泉县、苏尼特右旗、正镶白旗

续表

地区	数量	县（旗、市）名称
吉林	4	龙井市、和龙市、汪清县、安图县
湖北	9	长阳土家族自治县、恩施市、来凤县、建始县、鹤峰县、利川市、咸丰县、宣恩县、巴东县
湖南	11	桑植县、江华瑶族自治县、城步苗族自治县、通道侗族自治县、泸溪县、凤凰县、花垣县、保靖县、古丈县、永顺县、龙山县
广西	26	龙胜各族自治县、隆安县、马山县、天等县、龙州县、田东县、德保县、靖西县、那坡县、凌云县、乐业县、西林县、田林县、隆林各族自治县、凤山县、东兰县、巴马瑶族自治县、都安瑶族自治县、大化瑶族自治县、罗城仫佬族自治县、环江毛南族自治县、忻城县、融水苗族自治县、三江侗族自治县、金秀瑶族自治县、富川瑶族自治县
海南	4	五指山市、白沙黎族自治县、琼中黎族苗族自治县、保亭黎族苗族自治县
重庆	5	黔江区、石柱土家族自治县、彭水苗族土家族自治县、酉阳土家族自治县、秀山土家族苗族自治县
四川	20	马边彝族自治县、小金县、黑水县、壤塘县、石渠县、色达县、理塘县、盐源县、普格县、布拖县、金阳县、昭觉县、喜德县、越西县、甘洛县、美姑县、雷波县、木里藏族自治县、甘孜县、德格县
贵州	36	道真仫佬族苗族自治县、务川仫佬族苗族自治县、关岭布依族苗族自治县、镇宁布依族苗族自治县、紫云苗族布依族自治县、威宁彝族回族苗族自治县、印江土家族自治县、沿河土家族自治县、松桃苗族自治县、黄平县、施秉县、三穗县、岑巩县、天柱县、锦屏县、剑河县、台江县、黎平县、榕江县、从江县、雷山县、麻江县、丹寨县、荔波县、独山县、平塘县、罗甸县、长顺县、三都水族自治县、兴仁县、普安县、晴隆县、贞丰县、望谟县、册亨县、安龙县
云南	51	禄劝彝族苗族自治县、寻甸回族彝族自治县、宁蒗彝族自治县、普洱哈尼族彝族自治县、墨江哈尼族自治县、景东彝族自治县、镇沅彝族哈尼族拉祜族自治县、江城哈尼族彝族自治县、孟连傣族拉祜族佤族自治县、澜沧拉祜族自治县、西盟佤族自治县、双江拉祜族佤族布朗族傣族自治县、沧源佤族自治县、梁河县、泸水县、福贡县、贡山独龙族怒族自治县、兰坪白族普米族自治县、香格里拉县、德钦县、维西傈僳族自治县、弥渡县、永平县、云龙县、洱源县、剑川县、鹤庆县、漾濞彝族自治县、南涧彝族自治县、巍山彝族回族自治县、双柏县、南华县、姚安县、大姚县、永仁县、武定县、绿春县、泸西县、元阳县、红河县、金平苗族瑶族傣族自治县、屏边苗族自治县、文山县、砚山县、西畴县、麻栗坡县、马关县、丘北县、广南县、富宁县、勐腊县

续表

地区	数量	县（旗、市）名称
甘肃	14	张家川回族自治县、天祝藏族自治县、临夏县、康乐县、永靖县、广河县、和政县、东乡族自治县、积石山保安族乡族撒拉族自治县、合作市、临潭县、卓尼县、舟曲县、夏河县
青海	12	大通回族土族自治县、民和回族土族自治县、化隆回族自治县、循化撒拉族自治县、泽库县、甘德县、达日县、杂多县、治多县、囊谦县、玛多县、曲麻莱县
宁夏	8	盐池县、同心县、固原县、海原县、西吉县、隆德县、泾源县、彭阳县
新疆	27	疏附县、疏勒县、英吉沙县、莎车县、叶城县、岳普湖县、伽师县、塔什库尔干塔吉克自治县、乌什县、柯坪县、和田县、墨玉县、皮山县、洛浦县、策勒县、于田县、民丰县、巴里坤哈萨克自治县、阿图什市、阿克陶县、阿合奇县、乌恰县、尼勒克县、察布查尔锡伯自治县、托里县、青河县、吉木乃县
西藏	74	拉萨市城关区、林周县、当雄县、尼木县、曲水县、堆龙德庆县、达孜县、墨竹工卡县、那曲县、嘉黎县、比如县、聂荣县、安多县、申扎县、索县、班戈县、巴青县、尼玛县、昌都县、江达县、贡觉县、类乌齐县、丁青县、察雅县、八宿县、左贡县、芒康县、洛隆县、边坝县、林芝县、工布江达县、米林县、墨脱县、波密县、察隅县、朗县、乃东县、扎囊县、贡嘎县、桑日县、琼结县、曲松县、措美县、洛扎县、加查县、隆子县、错那县、浪卡子县、日喀则市、南木林县、江孜县、定日县、萨迦县、拉孜县、昂仁县、谢通门县、白朗县、仁布县、康马县、定结县、仲巴县、亚东县、吉隆县、聂拉木县、萨嘎县、岗巴县、樟木口岸办事处、噶尔县、普兰县、札达县、日土县、革吉县、改则县、措勤县

说明：笔者根据 2012 年 3 月国务院扶贫开发领导小组办公室公布的新的国家级贫困县名单进行整理而成。

参考文献

［1］阿尔弗雷德·韦伯：《工业区位论》，李刚剑等译，商务印书馆1997年版。

［2］阿瑟·刘易斯：《二元经济论》，施炜等译，北京经济学院出版社1989年版。

［3］埃德加·M.胡佛、弗兰克·杰莱塔尼：《区域经济学导论》，郭万清等译，上海远东出版社1992年版。

［4］艾萨德：《区域科学导论》，陈宗兴等译，高等教育出版社1990年版。

［5］安徽省桐城市政府办信息科：《安徽省加快县域经济发展纪实》，桐城政府网（www..tongcheng.gov.cn）。

［6］贝蒂尔·奥林：《地区间贸易和国际贸易》，王继祖等译，首都经济贸易大学出版社2001年版。

［7］蔡剑辉、张春霞：《县域经济发展的特色之路探析》，《福建农林大学学报》（哲学社会科学版）2003年第4期。

［8］蔡则祥：《县域经济发展中的金融支持问题研究》，《南京社会科学》2003年第7期。

［9］长阳土家族自治县发展和改革局：《长阳土家族自治县农业产业化发展现状及前景》，长阳政府网（fgj.changyang.gov.cn/art/2010/1/12/art_658_37862.html）。

［10］长阳土家族自治县人民政府：《县情概览》，中国长阳网（www.changyang.gov.cn）。

［11］长阳县旅游局：《长阳土家族自治县旅游业"十二五"发展规划》，清江画廊网（www.qjhlw.com/web1/tjd_news_show.asp?id=1121）。

［12］长阳县人力资源和社会保障局：《长阳县强化"立体培养"模式构

筑"人才皋地"》，湖北省人力资源和社会保障厅网（www. hb. hrss. gov. cn/hbwzweb/html/xwzx/dfdt/dtxx/20086. shtml）。

[13] 长阳县统计局：《2005年长阳国民经济和社会发展统计公报》，中国长阳网（www. changyang. gov. cn）。

[14] 长阳县统计局：《2009年长阳国民经济和社会发展统计公报》，中国长阳网（www. changyang. gov. cn）。

[15] 陈端计：《中国经济转型中的城镇贫困问题研究》，经济科学出版社1999年版。

[16] 陈海民：《县域范围内新型城镇化建设的思考》，《产业与科技论坛》2013年第12卷第22期。

[17] 陈锡文：《深化农村改革发展县域经济》，南方日报网（www. nanfangdaily. com. cn. 2003 - 11 - 07）。

[18] 陈志德：《吉林省县域经济发展机制与模式研究》，博士学位论文，东北师范大学，2006年。

[19] 成小平：《内蒙古特色农业发展研究》，硕士学位论文，内蒙古农业大学，2004年。

[20] 传志福：《加速发展县域经济研究》，硕士学位论文，重庆大学，2000年。

[21] 崔民选：《中国能源发展报告（2006）》，社会科学文献出版社2006年版。

[22] 戴伯勋、沈宏达主编：《现代产业经济学》，经济管理出版社2001年版。

[23] 单纬东：《基于资源理论的贫困县域经济竞争优势的获取》，《中国人口·资源与环境》2007年第17卷第4期。

[24] 丁爱玲：《山东省欠发达地区旅游业发展研究——以聊城旅游业发展为例》，硕士学位论文，青岛大学，2006年。

[25] 杜栋、庞庆华、吴炎编著：《现代综合评价方法与案例精选》，清华大学出版社2008年版。

[26] 段红艳：《欠发达地区旅游资源开发的战略选择——从比较优势到竞争优势》，硕士学位论文，武汉大学，2004年。

[27] 方赐德：《重视和发展县域循环经济》，《中共福建省委党校学报》2005年第7期。

[28] 费景汉、拉尼斯：《劳动剩余经济的发展》，王璐等译，经济科学出版社 1992 年版。

[29] 冯德显：《县域经济协调发展战略研究》，《地域研究与开发》2004 年第 23 卷第 4 期。

[30] 高焕喜：《县域经济有关基本理论问题探析》，《华东经济管理》2005 年第 19 卷第 4 期。

[31] 高隽编著：《人工神经网络原理及仿真实例》，机械工业出版社 2003 年版。

[32] 辜胜阻、李华、易善策：《依托县城发展农村城镇化与县域经济》，《人口研究》2008 年第 32 卷第 3 期。

[33] 谷家栋：《拓展县域经济集群化发展之路》，《决策探索》2004 年第 3 期。

[34] 郭素良：《发展县域经济促进农民增收》，《嘉兴学院学报》2005 年第 17 卷第 5 期。

[35] 郭熙保主编：《长阳经济发展战略研究》，武汉大学出版社 2010 年版。

[36] 国务院扶贫开发领导小组办公室：《中国农村扶贫开发概要》，中国财政经济出版社 2003 年版。

[37] 韩启德：《新型城镇化和县域经济发展是一项历史任务》，《人民论坛》2014 年第 10 期。

[38] 郝寿义、安虎森主编：《区域经济学》，经济科学出版社 2004 年版。

[39] 何青慧：《走与小城镇相结合的县域经济发展道路》，《宏观经济管理》2004 年第 9 期。

[40] 贺耀敏：《集群式经济：我国县域经济发展的新思路——兼论我国县域经济发展的几个认识误区》，《西北大学学报》（哲学社会科学版）2004 年第 1 期。

[41] 胡恩生：《县域经济发展中的"特色经济"模式当议》，《沈阳农业大学学报》（社会科学版）2003 年第 3 期。

[42] 胡福明主编：《中国县域经济学》，江苏人民出版社 1996 年版。

[43] 胡锦涛：《坚定不移沿着中国特色社会主义道路前进为全面建成小康社会而奋斗——在中国共产党第十八次全国代表大会上的报告》，新华网（www.xj.xinhuanet.com/2012 – 11/19/c _ 113722546 _

2. htm）。

[44] 湖北省委政策研究室、湖北省经济和信息化委员会、湖北省统计局：《2011 年湖北省县域经济发展报告》，《当代经济》2012 年第 4 期。

[45] 江西省统计局：《广东江西两省开放型经济分析与思考》，郑州经济信息网（mail. zzei. gov. cn/news. asp？id = 2617&lb = 39）。

[46] 蒋焕洲：《贵州少数民族地区县域经济问题及发展对策研究》，《特区经济》2010 年第 8 期。

[47] 金世洵、牛治富主编：《西藏县域经济发展战略研究》，中央民族大学出版社 2005 年版。

[48] 康晓光：《中国贫困与反贫困理论》，广西人民出版社 1995 年版。

[49] 柯美录：《加快县域经济结构调整的对策研究》，甘肃经济信息网（www. gsei. com. cn. 2004 – 11 – 01）。

[50] 雷振扬、李忠斌等：《长阳模式研究：一个民族自治县和国家扶贫开发重点县对发展的理解与实践》，民族出版社 2011 年版。

[51] 李春才：《欠发达地区工业化道路选择》，《求索》2004 年第 5 期。

[52] 李光富：《发展璧山县民营经济的基本经验及新思路》，《求实》2004 年第 5 期。

[53] 李辉：《湖北省长阳县：落实科学发展观 提高长阳特色农业综合生产能力》，中国农业推广网（www. farmers. org. cn/Article/ShowArticle. asp？ArticleID = 49834）。

[54] 李军：《欠发达地区县域经济发展战略研究》，硕士学位论文，吉林大学，2004 年。

[55] 李俊杰：《全面建设小康社会与民族地区经济发展战略——以武陵山区少数民族州县为例》，民族出版社 2006 年版。

[56] 李容根：《统筹城乡社会经济发展，建设社会主义现代新农村》，中国农业出版社 2004 年版。

[57] 李晓东：《长阳生态文化旅游业助推民族经济发展——访中共长阳土家族自治县县委书记马尚云》，《中国民族报》2010 年 3 月 12 日第 14 版。

[58] 李忠斌、李海鹏、文晓国：《民族贫困地区经济社会协调发展的成功实践——长阳模式的理论思考》，《黑龙江民族丛刊》2010 年第

2期。

[59] 李忠斌：《着力培育民族地区县域经济的核心竞争力：长阳县的调查与思考》，中国民族地区农业综合信息网（cscul. scuec. edu. cn/juecezixun/lilunzhidao/20090524/135751_5. shtml）。

[60] 厉以宁：《区域发展新思路》，经济日报出版社2000年版。

[61] 廖富洲：《欠发达地区城镇化中的问题及健康发展思路》，《学习论坛》2007年第23卷第8期。

[62] 廖乐焕：《中国少数民族地区县域经济发展战略研究》，博士学位论文，中央民族大学，2007年。

[63] 林峰：《中国特色县域经济发展模式研究——兼以河南省县域经济发展模式为例》，硕士学位论文，湖南师范大学，2006年。

[64] 林光彬：《我国县域经济发展中的问题与对策》，《中央民族大学学报》2006年第6期。

[65] 凌耀初：《中国县域经济发展分析》，《上海经济研究》2003年第12期。

[66] 刘福刚：《专家解读县域经济基本竞争力》，中国县域经济网（www. china – county. org）。

[67] 刘吉超：《中国县域经济发展模式研究评述及其反思》，《企业经济》2013年第2期。

[68] 刘沛生：《浅论县政府职能转变对县域经济发展的促进作用》，《科技与企业》2012年第18期。

[69] 刘七军、李昭楠：《关于欠发达地区劳务输出问题的思考——以甘肃为例》，《甘肃农业》2005年第6期。

[70] 刘奇中：《县域经济发展的制度创新问题研究》，《开发研究》2013年第2期。

[71] 刘照明：《县域经济社会发展纵横》，中国物价出版社2000年版。

[72] 龙茂发、马明宗主编：《产业经济学概论》，西南财经大学出版社1996年版。

[73] 龙祖坤：《民族地区县域经济的发展模式选择》，《生产力研究》2007年第2期。

[74] 卢荣善：《解决中国"三农"问题的大思路：工业化重心下移到县域》，《中国农村经济》2005年第4期。

[75] 罗斯托:《从起飞进入持续增长的经济学》,贺力平等译,四川人民出版社 1988 年版。

[76] 罗文祥:《深入学习领会党的十八届三中全会精神 以改革创新精神推动化隆县域经济社会跨越发展》,化隆回族自治县人民政府网(www. hdhl. gov. cn/html/9960/186911. html)。

[77] 马国民:《欠发达地区需加大民营经济的发展力度》,《生产力研究》2004 年第 7 期。

[78] 马庆栋、常景铎:《县域主导产业的生成分析》,《经济理论研究》2002 年第 4 期。

[79] 毛艳华:《县域经济的产业定位研究》,中国农村研究网(www. ccrs. org. cn. 2003 - 09 - 04)。

[80] 孟宪刚、刘福刚:《给县域经济更大的发展空间》,《经济日报》2005 年 12 月 2 日第 5 版。

[81] 民政部:《2012 年社会发展服务统计公报》,人民网(politics. people. com. cn/n/2013/0619/c1001 - 21892537. html)。

[82] 潘峰:《推动湖北县域经济跨越发展的对策》,《学习月刊》2011 年第 4 期。

[83] 乔恒:《县域经济科学发展机理及路径研究——以东北地区为例》,博士学位论文,东北师范大学,2007 年。

[84] 邱晓华:《努力壮大县域经济》,《在全国发达县域经济发展研讨会的报告》2003 年 9 月 6 日。

[85] 覃朝晖:《民族地区县域经济可持续发展评价研究》,《求索》2011 年第 1 期。

[86] 施正一主编:《民族经济学教程》,中央民族大学出版社 2001 年版。

[87] 十六大报告辅导读本编写组主编:《十六大报告辅导读本》,人民出版社 2002 年版。

[88] 十七大报告辅导读本编写组主编:《十七大报告辅导读本》,人民出版社 2007 年版。

[89] 史忠良主编:《产业经济学》,经济管理出版社 1998 年版。

[90] 宋效中、贾谋、骆宏伟:《中国县域经济发展的三大模式》,《河北学刊》2010 年第 30 卷第 3 期。

[91] 速水佑次郎:《发展经济学——从贫困到富裕》,李周译,社会科学

文献出版社 2003 年版。

[92] 孙维义、张斌:《坚持以人为本理念,促进县域经济发展》,《吉林师范大学学报》(人文社会科学版) 2005 年第 3 期。

[93] 谭文忠、刘庆、王贵、侯晏、邓昭华、罗凌:《浙江县域经济发展的实践和启示》,人民网(unn. people. com. cn/GB/22220/39456/39494/3183147. html)。

[94] 唐锦虹、叶菱:《对金融支持县域经济的思考》,《福建金融》2004年第 4 期。

[95] 唐仁建:《三种经济构建县域经济内核》,中国农村研究网(www. ccrs. org. cn. 2003 – 11 – 07)。

[96] 王安岭:《县域经济发展与地方政府职能转变》,《苏州科技学院学报》(社会科学版) 2004 年第 20 卷第 2 期。

[97] 王功平主编:《长阳县情概览》,中国文史出版社 2006 年版。

[98] 王海燕:《发展县域经济解决"三农"问题》,《理论学刊》2005 年第 6 期。

[99] 王怀岳:《中国县域经济发展实论》,人民出版社 2001 年版。

[100] 王曼:《县域经济发展动力机制与发展模式研究》,硕士学位论文,华东师范大学,2006 年。

[101] 王敏:《用科学发展观引领县域经济协调发展》,《党政干部学刊》2005 年第 8 期。

[102] 王青云:《县域经济发展的理论与实践》,商务印书馆 2003 年版。

[103] 王盛章、赵桂滨:《中国县域经济及其发展战略》,中国物价出版社 2002 年版。

[104] 王一鸣:《对发展县域经济的几点认识》,"三农"数据网(www. sannong. gov. cn. 2003 – 01 – 30)。

[105] 王一鸣:《新阶段县域经济发展的主题》,中国农村研究网(www. ccrs. org. cn. 2003 – 06 – 01)。

[106] 王长远主编:《县域经济发展战略》,中国经济出版社 1993 年版。

[107] 韦辫、韦春竹:《老少边穷地区县域经济效率的空间特征分析——以广西河池 10 个县市为例》,《广西民族大学学报》(哲学社会科学版) 2013 年第 35 卷第 1 期。

[108] 温家宝:《政府工作报告》,人民出版社 2011 年版。

[109] 吴海鹰主编：《宁夏县域经济研究》，宁夏人民出版社2004年版。

[110] 吴庭菊：《少数民族地区县域经济发展路径选择——以怀化市五个民族自治县为视角》，《湖湘论坛》2008年第5期。

[111] 伍新木、方惠明主编：《县经济概论》，中共中央党校出版社1988年版。

[112] 西奥多·W.舒尔茨：《改造传统农业》，梁小民译，商务印书馆1999年版。

[113] 谢庆奎：《政府改革与政府创新》，中信出版社2003年版。

[114] 谢自奋、凌耀初主编：《中国县域经济发展理论与实践》，上海科技出版社1996年版。

[115] 熊耀平：《县域经济发展理论、模式与战略》，国防科技大学出版社2001年版。

[116] 许宝健：《县域经济发展：本质、关键和措施》，《农业经济问题》2005年第4期。

[117] 亚当·斯密：《国富论——国家财富的性质和起因的研究》，谢祖钧等译，中南大学出版社2003年版。

[118] 闫恩虎：《县域经济要走新型工业化道路》，三农数据网（www.sannong.gov.cn.2003-08-21）。

[119] 闫天池：《我国县域经济的分类发展模式》，《辽宁师范大学学报》（社会科学版）2003年第1期。

[120] 闫天池：《中国贫困地区县域经济发展研究》，博士学位论文，东北财经大学，2003年。

[121] 闫天池：《中国贫困地区县域经济发展研究》，东北财经大学出版社2004年版。

[122] 杨崇瑞主编：《模糊数学及其应用》，农业出版社1994年版。

[123] 杨万江、朱允卫：《县域经济影响因素的数量经济分析》，《西北农林科技大学学报》2000年第6期。

[124] 杨荫凯、黄冬梅：《我国县域经济发展的基本思路》，《经济纵横》2005年第8期。

[125] 杨荫凯等：《中国县域经济发展论——县域经济发展的思路和出路》，中国财政经济出版社2005年版。

[126] 叶秀霜主编：《旅游经济学》，北京大学出版社2005年版。

[127] 游祖勇:《中国县域经济与政府行为分析》,经济科学出版社2000年版。

[128] 战炤磊:《中国县域经济发展模式的分类特征与演化路径》,《云南社会科学》2010年第3期。

[129] 张金山主编:《中国县域经济导论》,杭州大学出版社1997年版。

[130] 张金锁、康凯:《区域经济学》,上海人民出版社2003年版。

[131] 张人文:《边疆少数民族地区县域银行业金融服务的调查与思考——以江城县为例》,《时代金融》2012年第9期。

[132] 张文彤主编:《SPSS统计分析高级教程》,高等教育出版社2007年版。

[133] 张秀生:《县域经济发展:现状、问题与对策》,《武汉大学学报》(哲学社会科学版)2007年第60卷第4期。

[134] 张议:《加快贫困地区县域经济发展方式转变的思考》,《前进》2010年第7期。

[135] 张毅:《中国县域经济差异变化分析》,《中国农村经济》2010年第11期。

[136] 张志良:《中国贫困山区开发性扶贫移民研究》,人民出版社1997年版。

[137] 章猛进:《县域经济:社会主义新农村建设的重要载体》,新华网(news.xinhuanet.com/politics/2005-11/16/content 3789364.htm)。

[138] 赵华、张荣华:《县域经济发展动力的制度分析:框架与逻辑》,《广西社会科学》2013年第4期。

[139] 赵建芳:《论产业集群与县域经济》,《甘肃社会科学》2004年第6卷。

[140] 赵俊臣编著:《县域发展战略》,湖北人民出版社1997年版。

[141] 赵伟:《县域经济发展模式:基于产业驱动的视角》,《武汉大学学报》(哲学社会科学版)2007年第60卷第4期。

[142] 赵曦:《中国西部农村反贫战略研究》,人民出版社2000年版。

[143] 赵奕凌:《贫困地区县域经济发展滞后性分析与对策》,《科技情报开发与经济》2005年第6期。

[144] 浙江日报:《浙江县域经济活力四射——对我省30个百强县竞争力的解读》,泰州兴农网(tz.jsxnw.gov.cn/Artiele/ShowArtiele.

asp？Artlele=153）。

[145] 郑炎成、陈文科：《县域经济在国民经济中的现实地位变迁：理论与实证》，《财经研究》2006年第32卷第3期。

[146] 中共中央、国务院：《关于积极发展现代农业扎实推进社会主义新农村建设的若干意见》，新华网（news.xinhuanet.com.2007-01-29）。

[147] 中共中央：《中共中央关于制定国民经济和社会发展第十二个五年规划的建议》，人民出版社2010年版。

[148] 农业部：《关于加快西部地区特色农业发展的意见》，新华网（news.xinhuanet.com/zhengfu/2003-01/03/content_677941.htm）。

[149] 中国社会科学院经济学部课题组：《我国进入工业中期后半阶段（1995—2005年中国工业化水平评价与分析）》，《新华文摘》2008年第1期。

[150] 中郡县域经济研究所·县域经济基本竞争力评价中心：《第九届全国县域经济基本竞争力与科学发展评价报告》，中国县域经济网（www.china-county.org/bqx/pingjia.php）。

[151] 钟一民、孙雨南、冯威：《黑龙江省农村贫困地区县域经济发展战略的选择及反贫困对策》，《东北农业大学学报》（社会科学版）2007年第5卷第3期。

[152] 周德金、张静、萧海生：《民族贫困地区县域经济实现跨越式发展的思路与对策》，《湖北财税》（理论版）2003年第7期。

[153] 周金堂：《国家背景下的工业化与县域经济发展》，经济管理出版社2005年版。

[154] 朱凤歧、高天红：《中国反贫困研究》，中国计划出版社1995年版。

[155] 朱国传：《欠发达地区加快民营经济发展的策略》，《地方经济》2006年第5期。

[156] 朱建华、洪必纲：《县域经济发展规划中的金融支持研究》，《经济地理》2010年第30卷第4期。

[157] Amos, O. M., "Unbalanced Regional Growth and Regional Income Inequality in the Latter Stages of Development", *Regional Science and Urban Economics*, Vol. 18, No. 4, 1988, pp. 104-123.

[158] Audretsch, D. B., Feldman, M. P., "R&D Spillovers and the Geography of Innovation and Production", *American Economic Review*, Vol. 86, No. 4, 1996, pp. 253 - 273.

[159] Barro, R. J. and Martin, S. I., "Convergence across States and Regions", *Brookings Papers on Economic Activity*, No. 1, 1991, pp. 89 - 98.

[160] Becker, W. E., *Business and Economics Statistics with Computer Appliances*, Addison Wesley Longman Publishing Company, 1986, pp. 67 - 69.

[161] Chang Pei - Kang, *Agriculture and Industrialization*, Arcadia Press, 2002.

[162] Chen and Fleisher, "Two - sector Dynamic Model of Input - output Type", *Journal of Urban Economics*, No. 16, 1996, pp. 71 - 78.

[163] Clark, C., *The Conditions of Economic Progress*, London: Macmillan and Co. Ltd., 1951.

[164] Coulombe and Lee, "Non - linear Leontief Models in An Abstract Spaces", *Journal of Mathematical Economics*, No. 15, 1995, pp. 151 - 156.

[165] Dawkins, C. J., "Regional Development Theory: Conceptual Foundations, Classic Works and Recent Developments", *Journal of Planning Literature*, Vol. 18, No. 2, 2003, pp. 131 - 172.

[166] Debraj Ray, *Development Economics*, Princeton, N. J.: Princeton University Press, 1998.

[167] Gene, M., Grossman, *Economic Growth: Theory and Evidences*, Cheltenham, 1957.

[168] Goldin and Wintersed, A. L., *The Economics of Sustainable Development*, Cambridge: Cambridge University Press, 1995.

[169] Hansen, D., Petersen and Smith, *Measuring the Effectiveness of Regional Economic Policy*, Dordrecht: Martinus Nijhoff, 1994.

[170] Hirschman, A. O., *The Strategy of Economic Development*, New Haven: Yale University Press, 1958.

[171] Hodgson, M., *Economics and Institutions: A Manifesto for a Modern Institutional Economics*, Cambridge: Polity Press, 1998.

[172] James, V. U., *Sustainable Development in the Third World Countries*, Praeger Publisher, 1996.

[173] Krueger, A., "Policy Lessons from Development Experience Since the

Second World War", in J. Behrman and T. N. Srinivasan, *Handbook of Development*, 1995.

[174] Kuznets, S., "Economic Growth and Income Distribution Inequality", *American Economic Review*, Vol. 45, No. 1, 1955, pp. 1 – 28.

[175] Lewis, W. A., *Theory of Economic Growth*, Homewood, IL and Boston: Ridard. D. Irwin Inc., 1965.

[176] Myrdal, G., *Economic Theory and Underdeveloped Regions*, London: Gerald Duckworth & Co. Ltd., 1957.

[177] Nafziger, E. W., *The Economics of Developing Countries*, Englewood Cliffs, N. J.: Prentice – Hall, 1956.

[178] North, D. C., "Institutions", *Journal of Economic Literature*, No. 1, 1991, pp. 134 – 145.

[179] North, D. C., *Institutions, Institutional Change and Economic Performance*, Cambridge: Cambridge University Press, 1990.

[180] North, D. C., *Structure and Change in Economic History*, New Haven: Yale University Press, 1983.

[181] Perroux, F., "Economic Space: Theory and Application", *Quarterly Journal of Economics*, Vol. 64, No. 1, 1950, pp. 64 – 89.

[182] Perrroux, F., "Note on the Concept of Growth Poles", in T. Livingstone eds., *Economic Policy for Development: Selected Reading*, London: Harmondsworth, 1971, pp. 278 – 289.

[183] Porter, M., *The Competitive Advantage of Nations*, New York: The Free Press, 1990.

[184] Rosenstein Rodan, "Industrialization and the Big Push", *Journal of Political Economy*, No. 5, 1969, pp. 1003 – 1026.

[185] Rutherford, M., *Institutions in Economics: The Old and New Institutionalism*, Cambridge: Cambridge University Press, 1994.

[186] Schmitz, H. and Nadvi, K., Clustering and Industrialization: Introduction, World Development, Vol. 27, No. 9, 1999, pp. 1503 – 1514.

[187] Scott, F. G., *A New View of Economic Growth*, New York: Oxford University Press, 1959.

[188] Srinivason, *Income Distribution Problem in the Globalization*, World

Bank Report, Washington D. C. , 2001.

[189] Subrata Ghatak, *Introduction to Development Economics (Third Edition)*, London, New York: Routledge, 1995.

[190] Williamson, J. G. , "Regional Inequality and the Process of National Development: A Description of the Patterns", *Economic Development and Cultural Change*, Vol. 8, No. 2, 1956, pp. 3 – 45.

[191] World Commission on Environment and Development, *Our Common Future*, New York: Oxford Paperbacks, 1987, p. 43.

后 记

少数民族贫困地区县域经济发展问题是少数民族贫困县摆脱贫困和建成小康社会的重要课题。本书采用理论研究与实证分析相结合的方法，对少数民族贫困地区县域经济的特征、发展现状、影响因素、发展模式及实施方法进行了深入、系统的研究，以求揭示县域经济发展的一般规律，并结合少数民族贫困地区的实际，提出适合少数民族贫困地区的县域经济发展模式，为少数民族贫困地区的发展作出贡献。

本书是在笔者承担的湖北省社会科学基金项目"湖北少数民族贫困地区县域经济发展研究"（项目编号：2012096）的研究成果的基础上进一步补充修改而成的。因此，本书的顺利完成得到了湖北省社会科学基金的资助，在此谨向湖北省社科基金管理部门、评审专家和有关管理人员表示衷心的感谢！

同时，本书的出版得到了中南民族大学管理学院学术著作出版基金的资助，在此表示感谢！

此外，对书中所引用的文献资料的作者表示感谢。本书能从资料收集到撰写成书凝结了很多人的心血，在此一并表示感谢！

特别感谢中国社会科学出版社对本书的出版给予的大力支持！

最后还要感谢我的家人，正是他们在精神上对我发自内心的支持和鼓励，在生活上对我无微不至的关心和照顾，才使我能够在繁忙的工作中挤出时间完成本书的撰写工作。

谨以此书献给所有关心和支持我的领导、老师、同人、朋友及家人！

李 刚
2014 年 7 月于中南民族大学